国家社会科学基金青年项目（项目批准号：15CGL008）

战略性新兴产业技术创新的空间形态演化研究

陈 瑜／著

图书在版编目(CIP)数据

战略性新兴产业技术创新的空间形态演化研究 / 陈瑜著. —上海：立信会计出版社，2023.6
（序伦财经文库）
ISBN 978-7-5429-7236-1

Ⅰ.①战… Ⅱ.①陈… Ⅲ.①新兴产业－产业布局－研究－中国 Ⅳ.①F269.2

中国国家版本馆 CIP 数据核字（2023）第 115570 号

责任编辑　张巧玲
助理编辑　倪丹燕　汪玉玲

战略性新兴产业技术创新的空间形态演化研究
Zhanlüexing Xinxing Chanye Jishu Chuangxin De Kongjian Xingtai Yanhua Yanjiu

出版发行	立信会计出版社	
地　　址	上海市中山西路 2230 号　邮政编码　200235	
电　　话	(021)64411389　传　真　(021)64411325	
网　　址	www.lixinaph.com　电子邮箱　lixinaph2019@126.com	
网上书店	http://lixin.jd.com　http://lxkjcbs.tmall.com	
经　　销	各地新华书店	
印　　刷	江苏凤凰数码印务有限公司	
开　　本	710 毫米×1000 毫米　1/16	
印　　张	16.5　插　页　1	
字　　数	238 千字	
版　　次	2023 年 6 月第 1 版	
印　　次	2023 年 6 月第 1 次	
书　　号	ISBN 978-7-5429-7236-1/F	
定　　价	79.00 元	

如有印订差错，请与本社联系调换

前　言

战略性新兴产业是科技创新最为密集的经济领域之一,也是驱动现代经济转型升级的支柱产业。2008年金融危机爆发以后,全球经济竞争加剧,伴随着劳动力成本上升,世界各国纷纷强化发展战略性新兴产业,以获得国际竞争优势。面对这种复杂多变的国际竞争环境,发展战略性新兴产业是我国实现产业链由低端制造向中高端产业转型升级的必由之路。然而,尽管新兴产业在我国已经发展多年,但和欧美等发达国家相比,我国的新兴产业无论在规模还是在产出效率上都有很大的差距,存在着新兴产业布局不太合理、缺乏有效的协同发展机制等问题,这些问题导致产业投资重复;同时,相关宏观政策也有待完善。因此,本书采用空间形态的思想来研究战略性新兴产业布局优化与协同机制问题,通过对产业技术创新的空间分布、空间集聚形态、跨区域协同机制和演化机制四个维度的现有理论研究,以及行业实践观察的归纳总结,提出了一个新的空间形态演化理论框架,并从国际、全国、区域、产业和企业五个层次,由国际到国内、由整体到局部逐层深入实证分析,找出了战略性新兴产业技术创新的空间形态演化路径和协同机制,为战略性新兴产业空间布局优化、产业间协同发展提供有效的路径和政策指导,以促进产业布局优化、资源配置合理,并减少新兴产业建设中盲目投资,提高技术创新绩效。本书的主要研究成果如下。

通过战略性新兴产业实践观察和相关理论的文献综述,提出了一个新的空间形态演化理论框架,把产业的空间分布、空间集聚形态、跨区域协同机制和演化机制四个维度整合起来,形成产业技术创新的空间形态演化理论。

从国际层面对产业技术创新的空间形态演化理论进行实证分析,验证美、德、日等发达国家新兴产业技术创新的空间形态演化对技术创新绩效的积极影响,以及对我国战略性新兴产业发展路径的启示。

从全国层面对我国战略性新兴产业布局的空间形态演化理论进行实证分析,验证新兴产业技术创新的空间形态演化中产业整体布局、资源配置的合理性和总产出效率。研究发现,基于产业链的新型区域分工与空间协作能有效提高战略性新兴产业的效率。网络中利益相关或者地域相邻的创新主体更容易进行协作,合作的多元化和创新的开放性共同影响空间协同的网络形态。

从区域层面对长三角区域战略性新兴产业技术创新的空间形态演化理论进行实证分析,验证该区域的产业形态结构的合理性和协同创新效率。研究发现,长三角区域在新兴产业形态演化上从单一中心向多中心模式转变,形成一种有效的空间交互组织、分层集聚和创新网络,促进了区域的协同创新,规模以上企业数量、贸易开放度、金融机构的贷款额对长三角跨区域协同创新的影响最大,是实现长三角区域新兴产业跨区域协同的主要因素。

从产业层面对新兴产业技术创新的空间形态演化理论进行实证分析,主要以电子通信产业和光伏产业为例来检验产业技术创新的空间形态演化对产业创新绩效的影响。研究发现,研发人员的数量、新产品开发经费和技术改造经费对电子通信产业跨区域协同创新产生正向影响;在光伏产业的演化过程中,创新成本、政府补贴、预期市场收益率、生态位扩张成本等因素深刻影响光伏产业生态位的变化。

从企业微观层面对新兴产业技术创新的空间形态演化理论进行实证分析,主要以中集集团和科大讯飞为例来检验企业技术创新的空间形态演化对创新绩效的影响。研究发现,在产业链上实现资源整合与协同是企业提升创新能力的主要途径。

本书的主要创新点有:

第一,分别从战略性新兴产业的空间分布、空间集聚形态、跨区域协同机制、演化机制四个维度对产业空间形态演化进行归纳总结,提出了一个新的技术创新空间形态演化的理论框架,并从国际、全国、区域、产业、企业五个层面来逐层展开分析,检验理论框架的有效性和价值。

第二,宏观上,从国际层面分析美、德、日新兴产业技术创新的空间形态演化实践经验,为我国新兴产业技术创新发展提供政策指导。同时,也从全国层面分析我国战略性新兴产业的空间形态演化路径和协作机制,提出了基于产业链的新型区域分工与空间协作,有效提高战略性新兴产业的技术创新效率和形成整体的技术创新空间协同网络形态。

第三,中观上,从区域和产业层面分析新兴产业技术创新的空间形态演化路径和协同机制。其中,通过对长三角区域的新兴产业技术创新空间形态演化分析,发现长三角正从单一中心向多中心的创新网络模式转变。另外,通过对光伏产业的技术创新空间形态演化分析,发现创新成本、政府补贴、预期市场收益率、生态位扩张成本等因素深刻影响产业形态特征、演化路径,进一步影响其技术创新绩效。

第四,微观上,选择中集集团和科大讯飞为案例研究对象,分析企业技术创新空间形态演化的路径和行业内的协同机制。通过参与主体、驱动类型、空间协同机制来描述企业创新能力,并通过博弈模型的建立,发现超额收益率的分配系数、协调成本、系统中的成本分担系数、合作伙伴模仿技术的额外收益以及奖惩力度等六个指标影响企业技术创新的演化路径。

目 录

1 绪论 ··· 1
   1.1 研究背景与意义 ·· 1
   1.2 研究问题 ··· 4
   1.3 相关概念界定 ·· 5
   1.4 研究内容与技术路线 ··· 9
   1.5 研究方法与创新 ·· 13

2 文献综述及理论框架 ··· 16
   2.1 战略性新兴产业的相关研究 ······························ 16
   2.2 产业空间分布的相关研究 ·································· 21
   2.3 产业集聚形态的相关研究 ·································· 25
   2.4 产业跨区域协同机制的相关研究 ······················· 29
   2.5 产业演化机制的相关研究 ·································· 32
   2.6 文献评述及理论框架的提出 ······························ 34

3 美、德、日新兴产业的空间形态分析 ······················· 39
   3.1 引言 ·· 39
   3.2 美、德、日新兴产业的空间分布 ······················· 40
   3.3 美、德、日新兴产业的空间集聚形态 ················ 45
   3.4 美、德、日新兴产业的跨区域协同机制 ············ 48

3.5 美、德、日新兴产业空间形态对我国的启示 …………… 54
  3.6 本章小结 ………………………………………………… 57

4 中国战略性新兴产业技术创新的空间形态分析 ………………… 59
  4.1 引言 ……………………………………………………… 59
  4.2 中国战略性新兴产业的空间分布 ……………………… 60
  4.3 中国战略性新兴产业的空间集聚形态 ………………… 78
  4.4 中国战略性新兴产业的跨区域协同机制 ……………… 89
  4.5 本章小结 ………………………………………………… 103

5 长三角地区战略性新兴产业技术创新的空间形态分析 ………… 105
  5.1 引言 ……………………………………………………… 105
  5.2 长三角地区战略性新兴产业的空间分布 ……………… 107
  5.3 长三角地区战略性新兴产业的空间集聚形态 ………… 110
  5.4 长三角地区战略性新兴产业的跨区域协同机制 ……… 117
  5.5 本章小结 ………………………………………………… 126

6 电子通信产业技术创新的空间形态分析 ………………………… 128
  6.1 引言 ……………………………………………………… 128
  6.2 电子通信产业的空间分布 ……………………………… 130
  6.3 电子通信产业的空间集聚形态 ………………………… 136
  6.4 电子通信产业的跨区域协同机制分析 ………………… 140
  6.5 本章小结 ………………………………………………… 149

7 光伏产业技术创新的空间形态演化机制 ………………………… 151
  7.1 引言 ……………………………………………………… 151
  7.2 演化博弈在产业分析中的应用 ………………………… 151

  7.3 研究假设与模型构建 …………………………………… 153

  7.4 光伏产业演化路径分析 ………………………………… 154

  7.5 光伏产业技术创新的空间形态演化 …………………… 159

  7.6 本章小结 ………………………………………………… 167

8 企业技术创新的空间形态演化机制 ………………………… 169

  8.1 引言 ……………………………………………………… 169

  8.2 研究方法及案例对象的选择 …………………………… 170

  8.3 中集集团技术创新的空间形态 ………………………… 174

  8.4 科大讯飞技术创新的空间形态 ………………………… 185

  8.5 中集集团与科大讯飞双案例的比较 …………………… 193

  8.6 科大讯飞空间形态的演化机制 ………………………… 195

  8.7 本章小结 ………………………………………………… 209

9 总结、建议与展望 …………………………………………… 211

  9.1 研究总结 ………………………………………………… 211

  9.2 政策建议 ………………………………………………… 216

  9.3 研究局限与未来展望 …………………………………… 223

参考文献 ……………………………………………………………… 225

1 绪 论

1.1 研究背景与意义

技术创新是推动全球经济发展的主要力量。第一次工业革命，英国通过发明蒸汽机，实现了从农业社会向工业社会的迈进；第二次工业革命，德国抓住机电产业的发展机会，跻身世界工业化强国；第三次工业革命，美国以信息技术产业发展为契机，进入知识经济时代。

战略性新兴产业是技术创新最为密集的领域。战略性新兴产业主要指以重大技术突破和重大发展需求为基础，对经济社会全局和长远发展具有重大引领带动作用的产业。它是成长潜力巨大的产业，是新兴科技和新兴产业的深度融合，既代表着科技创新的方向，也代表着产业发展的方向，具有科技含量高、市场潜力大、带动能力强、综合效益好等特征（万钢，2010）。例如，通信技术产业、光伏产业、生物科技产业、物联网与人工智能产业、高端装备制造业等，是当前主要的战略性新兴产业。2008 年金融危机爆发后，全球经济竞争加剧，伴随着劳动力成本上升，世界各国纷纷强化发展战略性新兴产业，以便获得国际竞争优势。

面对复杂多变的国际竞争环境，以及我国经济发展现状，通过发展战略性新兴产业实现产业链由低端制造向中高端产业转型升级，已经成为国家战略。近十年来，国家的相关政策不断出台。例如，2012

年7月,国务院常务会议颁布《"十二五"国家战略性新兴产业发展规划》①,文件中明确了七大战略性新兴产业的范围以及发展重点。

2016年11月,《"十三五"国家战略性新兴产业发展规划》正式发布②,文件着重强调战略性新兴产业的突出位置,并提出要大力构建现代产业新体系,推动经济社会持续健康发展。

2017年1月,国家发改委发布《战略性重点产品和服务指导目录》③,对战略性新兴产业的产品及服务作了进一步的细分。

2018年3月,习近平总书记在参加十三届全国人大一次会议广东代表团审议时发表的重要讲话中指出:"我国经济正处在转变发展方式、优化经济结构、转换增长动力的关键期""要更加重视发展实体经济,把新一代信息技术、高端装备制造、绿色低碳、生物医药、数字经济、新材料、海洋经济等战略性新兴产业发展作为重中之重,构筑产业发展新体系"④。

由此可见,国家在制订发展规划和战略时,非常重视战略性新兴产业的发展。然而,尽管发展战略性新兴产业已经被提升到国家战略的高度,而且新兴产业在我国发展已经多年,但和欧美等发达国家相比,我国的新兴产业无论在规模还是在产出率上都有很大的差距。这是由于战略性新兴产业发展依靠的是特定的时间和空间的集合,并以技术创新为驱动,新兴产业的空间形态经常发生变化,需要跨区域进行资源配置、协同发展。在过去的十多年,我国的新兴产业布局都由各

---

① 国务院.国务院关于印发"十二五"国家战略性新兴产业发展规划的通知[EB/OL].(2012-07-20)[2022-12-25].http://www.gov.cn/zhengce/content/2012/07/20/content_3623.htm.2012.7.20.

② 国务院.国务院关于印发"十三五"国家战略性新兴产业发展规划的通知[EB/OL].(2016-11-29)[2022-12-25].http://www.gov.cn/zhengce/content/2016-12/19/content_5150090.htm.2016.11.29.

③ 国家发改委.国家发展改革委公布《战略性新兴产业重点产品和服务指导目录》2016版[EB/OL].(2017-02-04)[2022-12-25].http://www.gov.cn/xinwen/2017-02/04/content_5165379.htm.

④ 中国纪检监察报.我国经济正处在转变发展方式优化经济结构转换增长动力的攻关期[EB/OL].(2018-03-29)[2022-12-25].http://csr.mos.gov.cn/content/content_57101.htm.

省进行规划,缺乏全国统一布局,不仅产业投资重复,也造成资源浪费和产能过剩,阻碍了资源要素的合理空间流动。我国在新兴产业布局上,缺乏统一产业布局、优化和协同,影响了新兴产业发展的资源配置和产出效率。

因此,研究战略性新兴产业的空间形态演化、探寻合理的新兴产业空间布局与协同机制的理论,可以优化新兴产业布局和协同机理、提高资源配置效率、避免产业投资重复,并完善相应的宏观政策,这是本书的现实意义所在。此外,本书的实践意义还在于:

(1) 实现为战略性新兴产业健康、有序和区域间协调发展提供建议的目标。本书从空间视角出发,以战略性新兴产业空间形态演变为研究对象,沿着国际层面—国家层面—区域层面—产业层面—企业层面的逻辑思路,系统地研究战略性新兴产业技术创新的空间形态问题,对于我国制定完善战略性新兴产业的相关政策具有重要的实践意义。

(2) 探讨战略性新兴产业发展的空间维度,采取针对性措施,达到空间帕累托最优,减少地区建设中的雷同,突破资源稀缺的局限,为战略性新兴产业的创新资源在空间分布上的有效整合和合理配置提供建议,通过研究战略性新兴产业的空间分布格局、空间集聚形态、跨区域协同机制,更深入地了解战略性新兴产业的空间特征。

(3) 为战略性新兴产业发展的现状提供条理分明的分析框架,清晰地显示不同空间维度的发展特征及短板。这有助于战略性新兴产业的未来发展,通过加强空间联系、盘活存量资源,针对地区差异提出个性化发展方式,以解决战略性新兴产业在资源稀缺情况下进行创新发展的问题。

在理论方面,通过整理国内外相关研究的文献综述(第 2 章),我们发现新兴产业空间形态研究缺乏统一的理论框架,各个国家(地区)、各个区域和行业的演化路径和协同机制也存在差别,影响产业技术创新的布局优化和协同。因此,本书具有以下理论意义:

（1）通过文献综述，归纳一个新的新兴产业技术创新空间形态演化的理论框架，把产业空间分布、空间集聚形态、跨区域协同机制、演化机制四个维度整合在一起，找出影响产业空间布局和协同的关键因素，以提高新兴产业技术创新的资源配置和创新效率，填补相关研究的理论空白，丰富对战略性新兴产业空间形态发展的认识。

（2）从国际、全国、区域、产业、企业五个层面来逐层展开分析，对上述理论框架进行实证分析，验证相关理论的有效性和价值，并给出这一理论对我国新兴产业发展路径的政策启示。

（3）通过探索战略性新兴产业技术创新在空间上的形态变化以及空间协同的机理和过程，厘清我国战略性新兴产业的空间分布格局和空间集聚的特征，对实施战略性新兴产业在空间上的资源优化配置有重要理论意义，拓展了技术创新空间性的研究。

（4）研究战略性新兴产业的发展对区域和产业发展的双向作用，从地理和空间层面认识战略性新兴产业的形态变化，从而减少因产业重叠造成的资源浪费，使战略性新兴产业能更加持续稳定地发展；构建战略性新兴产业空间形态的演化博弈模型，并采用空间探索性分析方法和分位数回归模型，研究影响战略性新兴产业发展的主要因素，从产业以及企业空间协同与演化的角度丰富了战略性新兴产业发展战略的相关内容。

1.2 研究问题

在上述研究背景之下，本书主要研究战略性新兴产业技术创新的空间形态演化，以便优化新兴产业布局、提高新兴产业创新绩效。基于产业空间分布、空间集聚形态、跨区域协同机制和演化机制四个维度进行分析，从宏观、中观到微观，从国际、全国、区域、产业到企业逐层展开。具体来说，本书研究的问题可以分解为以下四个子问题：

（1）战略性新兴产业的空间分布格局对空间布局优化和技术创新

绩效有何影响？

（2）战略性新兴产业的空间集聚形态对空间布局优化和技术创新绩效有何影响？

（3）战略性新兴产业发展的跨区域协同机制对空间布局优化和技术创新绩效有何影响？

（4）战略性新兴产业/企业的演化机制对空间布局优化和技术创新绩效有何影响？

这四个子问题是全书研究的核心，在这四个子问题基础上，从"国际—全面—区域—产业—企业"这五个不同层面来分析这四个问题，就构成了本书的研究脉络，具体来说：

（1）从国际层面看，欧美主要发达国家是在什么样的经济背景下提出发展战略性新兴产业？发达国家新兴产业的空间分布格局、集聚形态、空间协同机制对创新效率的影响如何？我国可以从发达国家新兴产业空间形态演变中获得哪些有益的借鉴？

（2）从全国层面看，战略性新兴产业发展的空间分布格局和空间集聚形态如何？如何构建跨区域协同机制？哪些因素影响空间形态的演化？这些因素对战略性新兴产业的创新绩效会产生怎样的影响？

（3）从区域层面看，长三角地区作为全国经济发展的重要基地，其在战略性新兴产业发展的空间协同机制方面效果如何？主要影响因素有哪些？长三角地区的战略性新兴产业有哪些宝贵的经验总结？

（4）从产业层面看，光伏产业和电子通信产业的空间形态演化情况如何？

（5）从企业层面看，新兴企业如何通过协同创新构建创新能力？跨区域的空间协作如何帮助新兴企业提高创新绩效？

1.3　相关概念界定

空间作为人类经济生活的载体，对经济行为和产业集聚都有着重要影响。空间形态是考虑地理因素和空间因素后的经济交互关系。适合产业发展的空间形态将促进产业进一步在空间上的集聚,促进区域经济的发展;反之,不适合产业发展的空间形态将抑制产业的经济活动。空间形态与产业经济活动之间的关系还值得我们进行更深入的探讨。从创新的理论发展来说,创新作为时间和空间的集合,空间形态对创新的影响至关重要,空间形态也在成为创新发展的重要推力。

通过梳理已有文献,对空间形态及演化的研究主要聚集以下四个方面。

1.3.1 关于产业的空间分布

曾菊新(1996)指出产业构成要素的组合形式以及在空间上的流动状态,是空间形态的一种表现方式。姚愉芳(1998)对能源、就业和贸易的关系进行对比,采用历年中间投入产出表,发现改善空间结构可以促进产业的发展。赵改栋(2002)通过研究发现,产业与空间是影响空间结构最重要的两个因素之一。高洪深(2002)指出,要素的空间优化配置以及要素对空间经济的增长促进,区域增长与产业优化双重作用,共同影响了产业的空间形态。汤尚颖(2010)指出,空间形态创新是空间形态和创新两个概念的集成,是对区域经济各经济单位和各要素在空间中的相互关联、相互作用进行组合,并为其提供载体的过程。Marriotti(2017)研究了城市环境下的区位模式,研究表明,协同办公空间的区位模式与城市服务业的区位模式相似。Yin(2018)分析了中国2 859个县,然后利用空间自相关法对空间可达性的空间聚集特征进行了评价,研究发现,人均国内生产总值和第三产业产出在空间可达性方面的影响均表现出明显的区域特征。

1.3.2 关于产业的空间集聚形态

陆大道(1999)认为,产业在空间形态的重要表现形式之一就是产业的空间集聚。汤尚颖(2009)指出,当经济处于不同的发展阶段时,需要不同的发展模式。在经济发展的低级阶段,点状空间开发是合适的模式;在经济发展的中级阶段,出现以产业链、产业带、空间走廊等形式为主的带状空间形态;在经济发展的高级阶段,以点—轴空间形态为主,因此,在空间上要求有发达的交通网络体系、产业链体系、城市群体系与之配套生长。王承云(2012)采用 GIS 制图、聚类分析、因子分析等方法,基于实地 R&D 调研数据和实地调查,分析了长三角 16 个城市的空间形态演变。Yu(2018)以城市变迁的空间格局反映了城市化进程,作者研究了大城市发展过程中城市变化的空间格局,选择京津冀和长三角城市群作为研究区域,比较量化了 1984—2010 年城市扩张和变化始终遵循双核展开模式。Yang(2016)结合探索性空间数据分析,从位置、功能、频率、空间层次和间距等方面对北京市重点产业集聚的空间格局进行了探索。关伟(2007)指出城市空间单元概念,并认为高新技术园区作为重要的城市经济空间载体,它的布局和建设对社会经济结构以及城市经济发展产生重要影响。Lopez(2017)研究加拿大多伦多地区高科技和知识密集型企业的空间聚类后发现,交通基础设施的可及性和工人技术熟练度对这些部门形成工业集群有积极影响。

1.3.3 关于跨区域的协同机制

王力年(2012)认为协调是一个自组织与被组织的过程,各要素之间的独立运动与关联运动必然会投射到空间形态上。Bathelt(2014)从跨国公司的网络视角出发,提出了基于外国直接投资(FDI)活动的全球集群网络和全球城市区域网络。Wassmann(2016)考察了德国下巴伐利亚地区企业的合作模式,结果表明,空间上更具有多样化的合作关系的公司具有更高的创新可能性。Wu(2017)以长三角城市化的可达性和经济转型为研究对象,探讨了长三角城市化的空间格局和潜在决定因素,研究发现,长三角地区的空间集聚效应随着交通可达性的发展而增强,主要从苏南地区向其他地区扩散,交通可达性和全球化在长三角城市化中发挥着显著的积极作用。Scholl(2018)研究地理在研发网络中的作用,通过空间的纬度和经度精确地定位每个参与者,实证结果表明,跨国研发合作在很大程度上比预期要频繁得多。

1.3.4 关于演化的研究

演化经济学的理论体系最早可以追溯到达尔文的生物进化论和拉马克的遗传思想。演化经济学吸收了进化论中非均衡性演化的思想要点。演化的内涵在于发展和变化,意味着随着时间的流逝、旧要素的剥离和在此基础上由于量变的累积而导致的新要素的创生(周清杰,2006)。梁正(2018)指出任何经济体总是处在动态变化中,在这个过程中,不同的创新主体通过学习和研发投入,将形成自身特有的组织惯例,而不同的制度会产生适合区域特征的差异化的创新系统(Soskice 和 Hall,2001;柳卸林,2017,2019)。演化经济学强调产业在异质性环境中的演化博弈,同样涉及进化过程中的三个主要机制:遗传机制、变异机制和自然选择机制(贾根良,2004;刘辉锋,2005;周清杰,2006;陈明明和张国胜,2019)。企业个体被普遍认为是创新、技术扩散和技术变迁的中心,因而企业的异质性及其创新活动便成为演化理论在微观层面的重要研究议题(陈劲和王焕祥,2008)。技术创新行为的演化本质上是技术创新能力的"变异、选择、保留与传衍"的过程。Lavie(2006)提出了三种能力重构机制:能力替换、能力转变和能力进化,但对技术创新能力演化机理缺乏探讨。欧阳桃花等(2012)指出企业在外部环境变异的刺激下通过引入信息系统促进了组织信息技术能力的演化并使得组织得以跨越原先的边界,两者的协同演化构成了企业在动荡环境中的持续竞争优势。

通过文献梳理发现,对空间形态的研究更多地是从产业空间分布、产业空间集聚以及协同等方面展开的;对空间形态的影响机理和演化机制研究的挖掘还不够深入;将空间形态应用于战略性新兴产业的研究还处于起步阶段。基于此,本书界定战略性新兴产业创新的空间形态演化是指从空间视角研究战略性新兴产业的空间分布格局、产业集聚形态、跨区域协同机制以及新兴产业/新兴企业的演化机制。

1.4 研究内容与技术路线

本书主要通过文献综述和案例研究,提出了一个新的新兴产业技术创新空间形态演化的理论框架,并通过国际、全国、区域、产业和企业五个层面进行实证分析,研究战略性新兴产业技术创新空间形态影响机理和演化路径,探讨新兴产业布局优化路径和产业协同机制,以便提升新兴产业的资源配置效率和技术创新绩效,具体归纳总结出如下内容:

(1)战略性新兴产业技术创新空间形态演化的理论框架。

(2)战略性新兴产业技术创新的空间分布对资源配置和技术创新绩效影响的实证分析。

(3)战略性新兴产业技术创新的空间集聚形态对资源配置和技术创新绩效影响的实证分析。

(4)战略性新兴产业技术创新的跨区域协同机制对资源配置和技术创新绩效影响的实证分析。

(5)战略性新兴产业技术创新的演化机制对资源配置和技术创新绩效影响的实证分析。

战略性新兴产业的发展是一个系统性工程,既要从国家战略层面研究有利于新兴产业发展的政策环境,也需要从区域层面促进创新资源在区域间高效流动的机制,更需要从产业层面和企业层面识别创新空间演化的路径和协同机制。因此,本书从"空间形态演变"入手,针对战略性新兴产业发展过程中的各种问题和障碍,沿着"国际—全国—区域—产业—企业"的逻辑主线展开实证研究。相关研究内容的展开可以通过图1.1的技术路线图来描述。

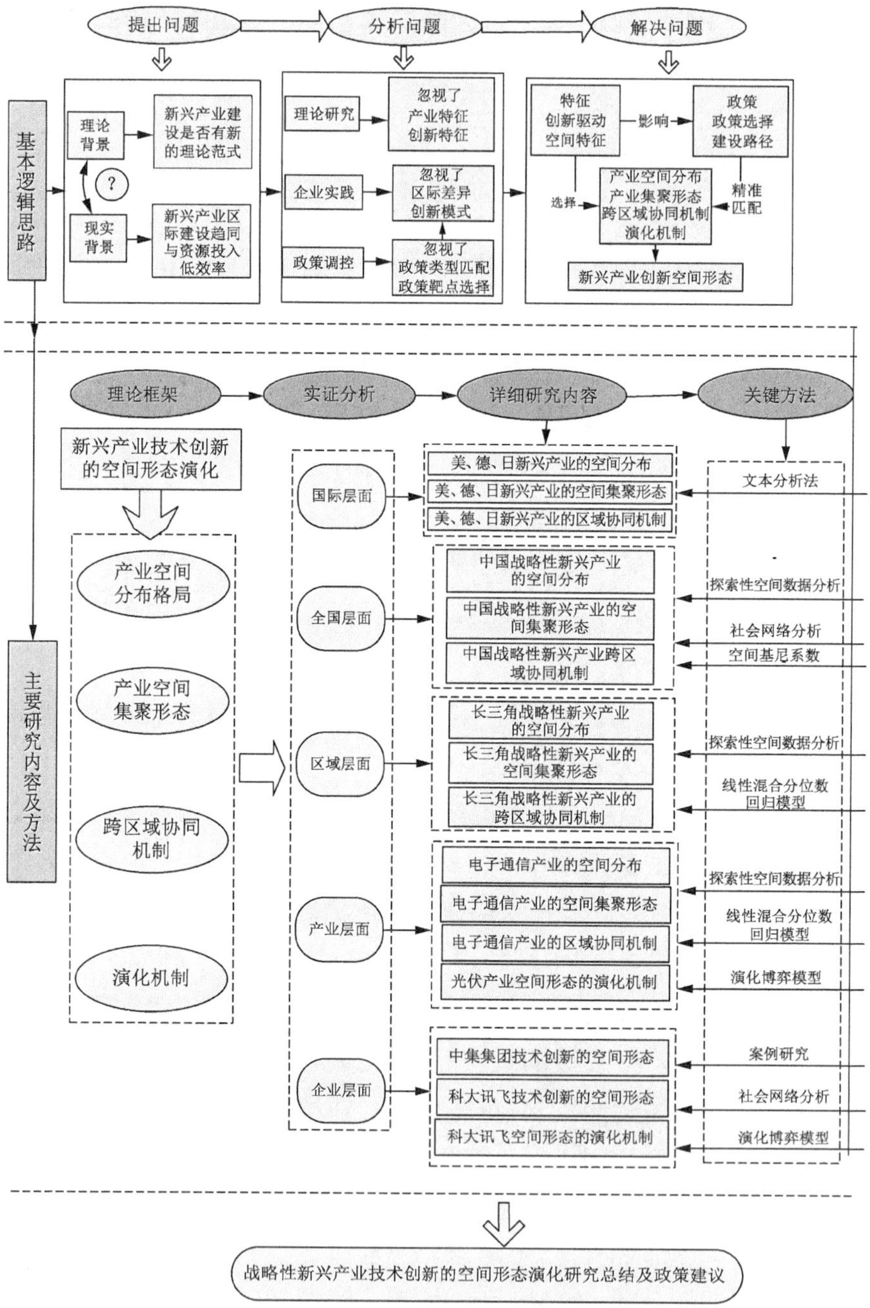

图 1.1 本书研究的技术路线图

图 1.1 技术路线图中,战略性新兴产业技术创新空间形态由新兴产业的空间分布、产业空间集聚形态、跨区域协同机制、演化机制四个维度组成,为了分析这一理论的有效性和价值,本书从国际、全国、区域、产业、企业五个层面来逐层展开实证分析,深入研究战略性新兴产业的空间形态演变路径和机理。该理论框架的特点在于:第一,系统研究了战略性新兴产业发展中空间分布、空间集聚形态和跨区域协同机制三个方面对新兴产业空间活动的影响。第二,从演化机制的角度对战略性新兴产业的空间形态展开研究,分析技术创新是如何促进战略性新兴产业的空间扩散,以及技术扩散又是如何推动战略性新兴产业的演化。第三,从多个层面系统地研究战略性新兴产业的空间形态。与传统产业不同,战略性新兴产业技术创新模式并不局限于某个主体,而是多部门参与的生态系统,因此,对战略性新兴产业的空间形态研究也不能仅仅局限在单独的宏观或者微观层面,而是要探讨各个系统之间的连接机制。

本书的研究从五个层面展开。

(1) 在国际层面,本书梳理和探讨了国际上发达国家发展战略性新兴产业空间协同机制,并以美国、德国和日本为例,分别讨论了美、德、日新兴产业的空间分布格局,美、德、日新兴产业的集聚形态,美、德、日新兴产业的空间协同机制。

(2) 在全国层面,本书运用探索性空间数据分析方法,分析了战略性新兴产业的全国空间布局情况,并通过计算 5 个细分新兴产业的空间基尼系数对战略性新兴产业的空间集聚形态进行了描述,再运用社会网络分析方法分析了中国战略性新兴产业跨区域协同机制以及网络拓扑特征。

(3) 在区域层面,本书以长三角区域为例,从区域层面分析创新的空间形态演化特征。本书先通过概述长三角地区近 15 年的发展过程,并用四分位地图、二维散点图、平行坐标图等工具分析长三角各城市的空间联系;然后基于多维邻近视角,分析长三角区域新兴产业的创新绩效，提出了促进战略性新兴产业发展的政策措施。

（4）在产业层面，本书以电子通信产业和光伏产业为例，分析了电子通信产业的空间分布格局、空间集聚形态和跨区域协同机制，以及对光伏产业演化路径的研究；通过建立演化博弈模型分析了在不同外部环境下，新兴产业的最佳行动策略。

（5）在企业层面，本书重点调研中集集团以及科大讯飞，运用案例分析法探讨了这两个样本企业技术创新的协同机制，并以科大讯飞为例，建立演化博弈模型，分析科大讯飞协同创新的演化机制，探讨如何从微观层面驱动战略性新兴企业创新。

五个层面之间的逻辑关系为：产业技术创新的空间形态演化理论为本书从国际、全国、区域、产业、企业五个层面逐层展开实证分析提供框架。其中，全国宏观层面制定的各项创新政策为区域、产业和企业层面的研究提供政策支持。区域和产业层面的新兴产业实践也为全国层面政策的落实提供支撑，同时也为微观企业的良性成长提供良好的产业环境。国家对战略性新兴产业的总体布局以及重要决策需要通过区域间的资源流动和协同创新活动来实现，区域和产业层面新兴产业的协同创新也是落实国家相关政策的重要途径，并且，区域和产业层面的研究也为微观层面新兴企业的创新活动提供环境和背景。微观层面的战略性新兴企业的发展是落实国家政策，真正提升企业创新能力的重要落脚点，同时，充分发挥微观企业的创新能力和创新积极性也是实现区域和产业发展的一个重要措施。企业是经济活动中最重要的微观主体，识别出影响微观企业创新的因素，并有针对性地采取措施是发展战略新兴产业的重要方式。因此，本书的研究按照"国际—全国—区域—产业—企业"的脉络，从宏观到微观依次展开，深入剖析战略性新兴产业技术创新的空间形态演化。

1.5 研究方法与创新

1.5.1 研究方法

本书使用的研究方法如下:

(1) 文献研究。本书第 2 章从战略性新兴产业、产业的空间分布格局、产业的空间集聚形态、产业的跨区域协同机制和产业演化理论等方面,对本书中所涉及的研究主题和领域进行文献综述,并在此基础上,提出本书研究的理论框架。后续的各章节分别对该理论框架进行实证研究。第 3 章从美国、德国、日本等主要发达国家对新兴产业发展的政策梳理中总结出发达国家发展战略性新兴产业的主要措施,分别从空间分布格局、空间集聚形态和空间协同机制三个维度进行总结。

(2) 空间探索性分析。本书第 4 章、第 5 章、第 6 章对战略性新兴产业的空间分布状况,运用空间探索性数据分析方法,包括四分位地图、二维散点图、条件地图、Moran'I 以及 Lisa 集聚等方法,定量研究从国家层面到区域层面到产业层面的战略性新兴产业空间形态特征。

(3) 社会网络分析方法。本书第 4 章分析跨区域的全国战略性新兴产业的空间协同机制,以及第 8 章分析微观企业科大讯飞和中集集团的区域空间协作,采用社会网络分析方法,探讨空间协同的网络拓扑机制。

(4) 演化博弈方法。本书第 7 章采用演化博弈的方法,讨论光伏产业演化机制,以及第 8 章也采用该方法归纳科大讯飞创新演化过程,对光伏产业的研究发现:政府补贴、预期收益率、生态位扩张决定了光伏产业的演化。对科大讯飞的研究发现:分配系数、超额收益、技术模范附加效益、成本分担系数、合作成本和罚金,决定了新兴企业的演化路径。

(5) 分位数回归模型。本书采用分位数回归模型,第 5 章对长三角27个城市创新能力差异进行分析以及第6章中对电子通信产业跨区域协同机制进行研究,讨论影响区域协同的关键因素。

(6)案例研究法。第8章采用案例研究法,选取代表性的企业科大讯飞和中集集团,通过对公司高层管理者进行深度访谈,同时观察企业的实际运营状况,以及深度分析访谈内容和数据,提出新兴企业空间形态的分析框架,从驱动类型、参与主体和空间协同机制三个维度和企业的初创期、成长期、成熟期三个不同阶段构建分析模型。

1.5.2 研究创新点

本书的创新点在于:

(1)本书通过行业观察和相关理论的文献综述,分别从战略性新兴产业的空间分布、空间集聚形态、跨区域协同机制、演化机制四个维度对产业空间形态演化进行归纳总结,提出了一个新的技术创新空间形态演化的理论框架,并从国际、全国、区域、产业、企业五个层面来逐层展开分析,检验理论框架的有效性和价值。

(2)宏观上,本书从国际层面分析美国、德国、日本的新兴产业技术创新的空间形态实践经验,为我国新兴产业技术创新发展提供政策指导。同时,也从全国层面分析中国战略性新兴产业的空间形态演化路径和协作机制,提出了基于产业链的新型区域分工与空间协作来优化全国的新兴产业整体布局,以便有效提高战略性新兴产业的技术创新效率和形成技术创新空间协同网络形态。

(3)中观上,本书从区域和产业层面来分析新兴产业技术创新的空间形态演化路径和协同机制。其中,通过对长三角区域的新兴产业技术创新空间形态演化分析发现,长三角地区正从单一中心向多中心创新网络模式转变。在这种组团式的协同创新机制中,核心城市对创新要素配置起主导作用。影响长三角跨区域协同的主要因素包括规模以上企业数量、贸易开放度和金融机构的贷款额。另外,对电子通信产业和光伏产业的技术创新空间形态演化分析,发现创新成本、政府补贴、预期市场收益率、生态位扩张成本等因素深刻影响其各自的产业形态特征、演化路径和产业间的相互协同。

(4) 微观上,本书选择科大讯飞和中集集团为案例研究对象,分析企业技术创新空间形态演化的路径。通过参与主体、驱动类型、空间协同机制来描述企业创新能力,并通过建立演化博弈模型,发现获取超额收益率、超额收益率的分配系数、合作成本、系统中的成本分担系数、合作伙伴模仿技术的额外收益以及奖惩力度六个指标影响企业的空间形态演化和创新绩效。

2 文献综述及理论框架

战略性新兴产业发展对于经济结构调整以及产业升级,实施国家创新驱动发展战略都有重要的现实意义。当前我国经济呈现不平衡发展,首先,空间分布呈现东、中、西阶梯式分布,并且差异显著;其次,受行政区划影响,各地新兴产业建设雷同现象比较严重,无法形成统一市场,并且由二元经济导致的城乡差距在持续扩大。通过对战略性新兴产业空间形态的研究,促进产业资源在空间上的优化分布是我国实现经济转型发展、获得国际市场经济话语权的重要保障,本章对战略性新兴产业研究相关文献进行梳理,分别从产业空间分布、产业集聚形态、产业跨区域协同机制和产业演化机制四个方面归纳出战略性新兴产业空间形态演化的内在机制和理论基础,为后文的进一步研究提供理论支撑。

2.1 战略性新兴产业的相关研究

对战略性新兴产业的研究始于 2008 年全球金融危机以后,从战略性新兴产业的发展来说,其呈现以下几个特点:第一,知识溢出对战略性新兴产业技术创新的重要性。知识的溢出,有利于降低创新成本,并通过创新的扩散和辐射向外部传播,从而形成空间上的集聚。第二,共同研发的合作机制虽然增强了竞争,但也强化了空间上的集聚。刘志阳(2011)指出,战略性新兴产业之间共建成立供应链,合作开发高效物流系统以及成立共同投资基金等加强了产业之间的紧密合作。第三,技术先进性决定企业创新的前景。关莹莹(2012)指出,引入信息技术,对传统组织模式的改革和创新环节的投入是战略性新兴产业发展的重要路径。熊勇清(2011)认为战略性新兴产业与传统产业发展,正面临着"双峰逼近效应",两者之间关系呈现双峰逼近、协调发展和良币驱逐劣币三个阶段,要发展战略性新兴产业,就需要采用"双轮驱动、良性互动"的思路。王利政(2011)从技术水平和技术生命周期角度分析不同发展阶段所需要的模式。下文从治理模式、政策制定、全球价值链以及集群创新四个研究视角依次归纳。

2.1.1 治理模式视角

国内学者对战略性新兴产业的治理模式的研究依据企业规模大小可分为大企业和中小企业。对于大企业,实行事业部制是较为常见的一种方式,各个事业部制可以独立经营,自负盈亏,调动各事业部的积极性,但是部门僵化也是其最大的困扰。对此,魏江(2009)指出,大企业可以在事业部制的基础上实施矩阵制的组织模式,建立产品开发项目小组,形成多维立体组织结构。除了从企业规模角度来分析,也有学者从治理结构的角度来分析。张庆昌(2010)认为,技术创新平台的建设联合了高校、科研院所、科技中介以及企业,将互补性较强的多家机构联合起来,形成了系统性更强的公共服务体系。

2.1.2 政策制定视角

学者们通过国际比较,得出战略性新兴产业的主要政策影响因素。孟玉静(2011)认为,战略性新兴产业创新发展的主要驱动力在于要创造机制引导资源流向战略性新兴产业。Oliver Falck(2010)发现,有针对性的政策可以使企业发展从4.6%增至5.7%,同时使开支降低19.4%。张庆丰(2011)认为,要实现战略性新兴产业与地方经济发展相结合,战略性新兴产业与高技术园区有效对接,需要处理好市场机制和政府的关系,引导消费者观念等十项措施来打造战略性新兴产集群。姚芸芸(2012)分析了私人风险资本与战略性新兴产业的对接和促进作用。Huang(2016)采集了江苏昆山地区公司的数据来比较该地区传统产业与新兴产业公司的研发和创新实践。Yu(2016)对中国云计算产业的兴起和成长过程进行研究发现,中国云计算产业涉及技术和制度基础设施的共同发展,从而形成一个初步的云生态系统。Liu(2016)通过对一家中国制造企业进行案例研究发现,传统企业可以利用技术制图的分析工具,在新兴产业中抓住新的创新机会,研究表明,积累技术能力不仅可以推动公司在当前价值链向上移动,也可以帮助企业飞跃到一个新兴市场,捕捉新的机会。Wang(2017)通过对144家生物技术公司的调查发现,不同的研发联盟对公司的创新绩效有积极的作用,这些作用受到环境因素和联盟网络位置的影响。Winterhalter(2017)探讨了医疗器械及实验室设备行业的创新商业模式,基于5个案例研究的数据,分析了企业建立价值创造和价值捕获机制的方法。Rong(2017)通过对中国和欧盟(德国、法国和丹麦)电动汽车生产商的多个案例研究,建立了企业生态系统结构、运行机制和集成配置模型,探讨了电动汽车商业生态系统的三个关键运行机制,即愿景开发、平台组织和制度重构。

2.1.3 全球价值链视角

国外学者对战略性新兴产业的研究,从全球化的角度,分析如何通过组织边界的扩展、跨集群联盟的出现来促进战略性新兴产业的发展。Huang(2010)指出,由于新兴产业技术不确定性高,企业往往也是采取多样化的战略。Carsten(2010)分析了20世纪初德国的化学和电力工业,这在当时都是属于新兴产业,他发现,对创新有正向作用的因素主要是目标奖金的设置,而对创新有负向抑制作用的因素有职称、学历等。吴福象(2011)通过GVC模式指出,战略性新兴产业发展需要在差别化基础上走规模化和集团化发展道路,才能发挥产业集聚优势和范围优势。Guimon(2018)认为在过去十年中,中国和印度等大型

2 文献综述及理论框架

新兴国家的跨境研发投资出现前所未有的增长。Awate(2018)以印度太阳能行业为研究对象,评估新兴市场公司在新兴产业背景下的策略,研究发现,新兴企业的长期生存能力取决于它们在产出和创新方面的快速追赶能力。Moehrle(2018)分析了大约 37 000 项与 RFID 技术相关的专利认为,技术管理者应该根据技术和商业专利之间的相互作用来制定策略,根据不同应用领域来启动发展战略。Daim(2018)研究了机器人技术在电力领域的应用,建立了一个分析框架来评估新出现的机器人技术对于产业组织的影响并进行定量分析。Chen(2018)介绍了多准则决策分析(multiple criteria decision analysis,MCDA)的方法论发展,运用 MCDA 对现有文献中归纳的五个维度进行分析,找出通过制度中介促进新兴产业发展的关键决定因素和相互依存关系。Botchie(2018)讨论了技术转让在促进新兴经济体的经济增长、企业和人力资本发展方面发挥的作用。Stare(2018)通过网络平台链接参与者,评估了网络平台向旅游创新生态系统演变的动力。Wang(2018)研究调查了亚太地区十大生物制药公司,从"动态能力"的角度考察知识网络、交互因素和移动性能力关系,研究发现,复杂而动态的市场环境是由各种相互作用因素之间的动态关系所驱动的。Huang(2018)提出,突破性创新是非线性的,需要生产者(供应)和用户(需求)之间的协调,他提出的技术交付系统(TDS)为创新的供应端提供了一种有效的链接方法。

2.1.4 集群创新视角

Maine(2014)研究技术的融合如何能产生彻底的创新,从而在企业和行业层面创造机会,他从创新管理的角度对晶体管和两种纳米生物技术药物的发展进行了详细的研究,说明创新管理策略对于从技术融合中发展根本性创新至关重要。Hansen(2014)通过对马来西亚 1970—2011 年生物质电力设备行业的 8 家公司的调查来探讨在新兴经济体背景下,企业依靠国外技术合作伙伴的学习和计划试验的内部学习相结合,在技术能力方面取得了最大的进步。Tsai(2015)以社会资本理论为基础,探讨了两种类型的网络位置(集中性和结构性漏洞)和跨境协作关系如何影响生物技术公司的跨境研发协作联盟,研究发现,探索性合作削弱了网络中心对跨界研发合作联盟的影响,但加强了结构性漏洞对跨境研发合作联盟建立的影响。Dutta(2015)研究了新兴产业的创业意向后发现,除了传统的意愿决定因素(如意愿感知、可行性感知、技术创新以及企业家的相关知识和经验)是关键驱动力,新兴产业的创业意图也是通过一个包含因果关系和实施原则的过程发展起来的。Mcguire(2015)利用汤姆森创新数据库(thomson innovation database)的专利数据分析得出飞机研发的复杂性仍然是一个巨大的障碍,只有坚定的政府政策和具备强大创新能力的公司才能克服这些新兴市场的障碍。Gallego(2015)调查了3 759家哥伦比亚制造企业采用信息和通信技术(ICT)的情况,研究发现,3个主要因素影响公司采用ICT策略,即人力资本、组织变革和创新成果。Yang(2015)认为在2008年全球金融危机之后,中国政府制定了7大战略性新兴产业促进产业技术升级,虽然越来越多的人注意到这些政策对新兴产业带来的作用,但对创新动力的后续影响仍未得到充分研究。他以深圳市的LED产业为调研对象,通过深度访谈,考察了外商投资企业和国内企业在不断变化的制度环境中是如何调整其创新策略的。Yan(2016)从新兴市场经济体的40家航空公司收集数据,实证研究环境创新对公司财务绩效和运营效率的影响,他将环境创新分为基于技术和基于过程的创新,研究发现,基于技术的环境创新对航空公司的收入产生了正向影响,但只有基于过程的环境创新才对航空公司的利润产生积极的影响。Smirnova(2016)基于对24所大学和28家电信公司调查数据的分析,探讨了哈萨克斯坦的知识转移渠道、合作障碍以及校企互动的效益,结果表明,使用的交互方式之间存在一定的差异,代理人对障碍的感知也存在显著差异,与短期生产活动相关的利益是公司优先考虑的。Dan(2016)从中国台湾和韩国的经验出发,考察了中国大陆31个省份"战略性新兴产业"(SEI)技术专业化的动力,以及这些省份发展这些产业的策略可能产生的效果,分析发现,中国的经济分权制度在一定程度上确保了省级产业政策制定的有效性,然而矛盾的是这些地区激进地发展战略性新兴产业的战略风险是很大的,甚至可能是无效的。

由此可见,对战略性新兴产业的研究主要集中在治理模式、政策制定、价值链创造和集群创新等方面,并不能完整反映新兴产业技术创新的主要特征。相反,新兴产业技术创新的空间形态演化决定了战略性新兴产业空间布局优化、产业间协同发展,进而影响产业投资的资源配置和技术创新绩效。下面将从产业空间分布、产业集聚形态、产业跨区域协同机制和产业演化机制四个维度来梳理相关的理论研究。

2.2 产业空间分布的相关研究

区域的极化发展到经济一体化的过程是一个空间结构不断优化的动态平衡过程。创新对产业空间结构的影响是推动区域空间高效化和公平化所必需的动力。空间形态的本质就是经济活动的主体在多种力量驱动下共同作用达到的空间动态平衡状态。在空间结构上进行帕累托改进,不仅受各创新要素内在联系的影响,也受到文化制度等外在因素的影响。

各空间分布中要素禀赋的不同造成了区域空间形态上的差异,通过创新要素的流动和知识的溢出可以缩小这种禀赋差异,因此,要素流动是平衡空间形态差异、增强区域关联性的重要途径之一。要素流入对接收地形成劳动力共享、产业集聚、溢出增强等效应,加速接收地的经济发展,通过传导效应缩小了欠发达地区与发达地区的差距。

对产业空间分布的研究,国内的专家学者从不同角度对空间的动力机制进行了研究,归纳起来,主要有如下几方面。

2.2.1 探讨空间优化的内在动力机制

陈建军(2008)认为,产业的空间集聚可以带动产业结构升级和区域经济的索洛剩余递增,集聚使产业间外部性内部化,扩散使内部性外部化,两者对立统一,可全面实现空间结构的相对均衡,促进区域经济的发展。吴建楠(2009)认为,基础设施水平与各省市经济发展水平直接相关,东部沿海地区由于便捷的交通运输加快了人力、物流、资金的集聚,推动了空间结构优化,而西部地区的基础设施较弱,影响了第二产业、第三产业的发展。单许昌(2012)认为,空间优化有两条路径:一条路径是以马克思经济学说为代表的资本内在扩张逻辑,资本的增殖扩张支配着社会资源的流动,资本扩张是优化空间结构的内在动力;另一条路径是以克鲁格曼为代表提出的空间要素,外部经济是空间扩张及演化的内在动力。鲍伶俐(2010)认为,资本和技术的双重作用促进了空间流动性和产业的关联,并以上海市浦东新区为例,说明了外部经济促进了企业内部成本的下降,并形成了范围经济,从而导致企业的空间集聚。

2.2.2 产业的调整与转移促进空间结构优化

产业结构合理布局可以避免同地区出现同构化现象,通过专业化分工,提高总体的空间效率。蔡昉(2009)认为,应该用比较优势理论发展产业,尤其在空间上的产业战略安排,在东中西三类地区之间形成雁阵发展模式。梁琦(2010)认为,产业的空间转移基本上遵循省内转移—区域内转移—区域间转移的趋势。徐维祥(2011)认为,在考虑产业空间转移时要更关注产业适宜度问题,他认为,东部沿海已经出现产业过度集聚,继续增加投入反而会引起生产效率下降,因此,通过产业转移到外部区域不但可以缓解生产要素的过度增加导致的不经济不平衡,同时也可以通过区域比较优势带动经济发展。盛朝迅(2012)认为,产业的空间分布应建立在参与全球价值链的基础上,通过向产业内外的分工延伸,可以避免在全球价值链中的低端区域锁定,这有利于空间的优化。吴玉鸣(2008)建立空间计量模型探讨全国每个省份的创新要素在空间上的分布情况。邬滋(2010)以创新专利为指标,分析了制造业的空间分布格局以及区域特征。方远平(2012)通过全局Moran指数指出,各个省份的创新要素之间存在着强烈空间正相关关系,并且创新要素之间因为集聚模式的不同产生了空间的差异。宋来胜(2013)通过GMM分析指出,区域的经济发展跟创新创业能力存在极大关系,创新创业的意愿和水平能够有效提升区域经济发展状况。

2.2.3 技术对产业空间溢出的影响

Colombelli(2014)分析了以纳米技术为核心的新技术对区域经济的影响,利用1986—2006年的专利数据,发现技术能力决定多样化的未来模式。Bahlmann(2014)考察了企业家网络的地理布局对企业探索性创新水平的影响,还讨论了企业间网络配置、空间锁定、探索性创新以及更广泛的空间和创新关系。Lvanova(2014)证明一个三重螺旋(TH)系统包含自交互,由此产生的创新系统可以被认为具有分形结构:不同规模的创新系统是在一个具有(S)cience、(U)seful 和(G)overnment 的笛卡尔空间中生成的,研究建议,要从生产实物转向生产创新技术。Binz(2014)研究技术创新系统(TIS)空间边界在国家层面和超国家地域差异的关系,他从关系的角度对空间进行分析,并通过对膜生物反应器技术的分析,说明了协作在知识创造中的空间特征是如何发生巨大变化的。Runiewicz(2014)分析东欧国家大学对知识溢出的影响,结果表明,本地和远程知识来源之间的相互作用和互补性非常重要。Pinkse(2014)通过对欧洲、美国和日本三家汽车制造商戴姆勒、通用汽车和丰田低排放汽车的多案例研究,研究了私营和公共保护在分别多大程度上影响企业战略,以及系统性创新对主流客户的吸引力。Lsabella(2015)提出了一种新的方法来评估产业经济结构的发展机会。

2.2.4 创新活动的空间分布的影响

Stuart(2003)提出了较小空间分布概念,并命名为 MSA (metropolitan statistical area),发现在 MSA 区域附近企业的创新活动非常活跃,并且 IPO 和并购数量也更多。Dahlander(2005)通过对 45 家在同一空间中集聚的生物医药公司的调研发现,集聚的共同特性是这些区域都有着很高的 R&D 投入、便捷的风险资本通道、频繁的公司联盟活动的开展以及大量专业人才的进入。Anderson(2005)认为,知识生产地区才是创新的源头,越接近源头地区,创新越活跃,越远离源头,创新的活力也随之下降,因此,创新的空间分布多在知识生产活跃、创新活动投入多的地方。Glaeser(2009)使用意大利北部的人口普查数据进行统计建模后发现,区域性小供应商集聚的地方更容易吸引规模小的企业进入,因为生产成本低,有利于中小企业开展创新活动,他认为,中小企业越集中的空间区域,创新的活跃度越高。Miguelez(2010)通过对欧盟专利数据的研究,提出创新者的空间流动引起了知识的流动,而知识的流动反过来促进了创新活动的集聚。Tabuchi(2018)研究了制造业的技术进步和迁移成本如何相互作用来塑造空间经济,制造业部门劳动生产率的提高促进了活动的聚集,而与技术和组织创新有关的运输成本的下降促进了活动的分散。

2.2.5 对空间测度方法的探索

Verspagen(2004)考察跨国公司空间分布的影响采用的方法是赫芬达尔指数,测算了外商投资的流动情况。Sun(2008)采用区位熵方法计算了专利分布情况后发现,技术许可、产品多样性以及专利数量都会影响产业的空间分布。Hunt(2018)提出一个问题:新产业部门来自哪里?他利用近一个世纪的历史数据,更全面地评估了潜在需求侧在驱动创业创新数量和多样性方面的作用。Nan(2018)认为,重组创新是创造性地结合不同知识领域的过程,研发协作中的重组创新——联合重组过程是组织内部知识与合作伙伴新知识的整合,是技术空间中知识搜索的推进器。Chen(2018)认为,全要素生产率(total factor productivity,TFP)是衡量长期经济增长的指标,由于区域经济的不平衡,中国区域建设发展存在较大差距,他基于 TFP 的测量,提出了一个具有变异系数、Moran 散点和收敛系数的双层次分析框架。Mugnusson(2018)根据可持续转型理论提出,创新政策应该为有前途的新技术创造保护空间,它们应该支持市场形成和增长的累积过程。

2.3 产业集聚形态的相关研究

对产业集聚形态的研究理论,按照时间可以分为古典空间形态理论和当代空间形态理论。

2.3.1 古典空间形态理论

在梳理古典空间形态理论时,按照时间顺序,可将其分为萌芽期、拓展期、成熟期三个阶段。第一阶段是萌芽期,其代表理论有农业区位论、工业区位论、中心地理论和市场区位论;第二阶段是拓展期,其代表理论有新经济地理学;第三阶段是成熟期,其代表理论有梯度转移、增长极理论以及核心—边缘理论等。下面依次详细说明。

2.3.1.1 萌芽期

萌芽期的代表理论有农业区位论、工业区位论、中心地理论和市场区位论。德国学者杜能在 1826 年出版的专著《孤立国同农业和国家经济的关系》中,阐述了农业生产的效率与空间布局的密切关系,这种关系呈现以市场为圆心的同心圆分布,也称为"杜能圈"。第一圈,适合布局鲜花、水果、蔬菜等易腐性农产品;第二圈是林业圈,生产及加工木材等;第三圈是农业轮作区;第四圈是谷草作区,主要供应畜牧产品;第五圈是三圃制;第六圈为畜牧区,再往外就是荒地。农业区位论说明了农业的经营效率与空间结构和空间分布形态有密切关系。工业区位理论是由德国学者阿尔弗莱德·韦伯(1997)首先提出的,韦伯依据生产费用最小、节约费用最大的原则提出,工业企业的空间布局只有满足这两个原则,才是最有效率的,因此,工业企业空间布局形态与距离运输成本密切相关。德国地理学家克里斯塔勒(1933)提出了中心地理论,他认为任何一个区域都有中心地,中心地对商品进行运输和集散,并且有三种不同的中心地空间模式,即市场模式、交通模式和行政模式。市场区位论是由德国学者廖什(1940)提出的,该理论指出,利润最大化才是企业在进行空间活动时应首要考虑的因素,并且他通过计算得出正六边形的空间形态是最有效率的。

2.3.1.2 拓展期

拓展期的代表性人物有克鲁格曼(P. Klugman),他将空间的因素引入城市发展和区域经济的研究中,从而开创了新经济地理学;他从空间的视角重新理解了国际贸易问题,并引入不完全竞争及规模经济理论等,不断完善新经济地理的理论体系。后面的学者在该理论框架下,继续加入技术因素和地理因素,从而丰富了对空间形态问题的研究。

2.3.1.3 成熟期

成熟期的代表理论有梯度转移理论、增长极理论和核心—边缘理论。梯度转移理论是由克罗莫(1975)和海特(1975)共同提出的,他们认为,经济的发展是梯度的,产业的发展与转移正是由区域经济的梯度势差引起的。高梯度地区向低梯度地区扩散转移,这与创新扩散转移的路径是一致的,并且这个过程也是动态的。增长极理论是由法国学者佩鲁(1950)提出的,他提出,某些经济发达或创新突出的区域会形成增长极,通过增长极的溢出效应带动周围邻近地区的发展。一般增长极先出现在经济发达区域,再通过水波状似的扩散,让整个区域经济都发展(谭崇台,2001)。核心—边缘理论的主要观点是核心区和边缘区一起共同构成了经济系统,其中,核心区的作用与增长极类似,经济发达,创新活跃,但是边缘区一般比较落后,只有当边缘区发展到某个阶段时,两者之间的差异才能逐渐缩小,直至完全融合,最终形成一体化格局(郝寿义,2004)。

2.3.2 当代空间形态理论

当代对空间形态的研究,归纳起来,有以下两个方面。

2.3.2.1 点、轴、流、网络构成的不同空间形态

例如,"飞地"工业园、批发城、自由贸易区、重点开发区等创新形式,对要素的空间组合、对创新溢出更加有效率。Sakai(2017)利用2003年和2013年的综合货运量调查数据,分析了在东京大都市地区,物流行业的重组是如何影响卡车运输效率的。Brakman(2017)分析了中国企业的本地化和分散情况,通过跟踪2002年至2008年企业区位模式的变化发现,经济自由化使制造业企业能够从集聚经济中获益。Kiroff(2017)考察了设计创意产业在奥克兰地区的空间分布,并确定了企业空间选址的关键决定因素。Morkute(2017)研究发现,产业间劳动再分配具有明显的地理特征,其中创造就业的地点主要取决于雇员的居住地点,而不是就业的地点。Markon(2017)在空间经济学领域中引入了基于距离的计算方法,并对这些方法进行了改进,以衡量经济活动的地理集中度。Li(2018)提出随着外国直接投资(FDI)的全球化,旅游业作为最早、规模最大的国际产业,越来越受到投资者的关注,他以中国主题公园的国际投资为基础,从空间模式和决策机制两个方面分析了20世纪90年代以来的国外旅游投资行为。Liu(2018)提出了一个基于Agent的模型CID-USST(creative industries development-urban spatial structure transformation),研究结果表明,即使在外部经济条件趋于稳定的情况下,更开放的工作市场信息将导致创意企业更快地集聚。Hana(2018)运用地理差异化分析方法,通过对捷克企业的空间分布研究发现,政府补贴往往流向与斯洛伐克和波兰接壤的地区,并且高新技术产业主要集中在大城市附近。Zhou(2018)以数字评估模型(digital elevation model,DEM)和地理信息科学(geographic information science,GIS)的空间分析方法为基础,探究影响县域经济空间分布的因素,研究县域财富分布与自然地形条件之间的空间关系。

2.3.2.2 产业的空间形态对城市群的经济活动产生影响

Pan(2016)提出风险投资公司在促进地区经济增长方面的重要性,他利用风投公司与国内首次公开发行(IPO)相关投资的数据集,结合位置分析与网络分析,对中国风投活动的空间形态进行研究,结果表明,北京、深圳和上海是中国领先的风投中心,该文解释了风投中心的动态变化是应如何嵌入中国的制度和文化背景中,这对于理解中国风投行业的演变和地理位置至关重要。Sigler(2016)提出了一种通过动态经济活动来理解城市空间形态的比较方法,他以企业选址为变量,探讨澳大利亚五大都市区的土地利用和经济活动后发现,某些新兴趋势,如CBD边缘区发展,值得更多关注。Sweeney(2016)将空间点过程的条件强度分解为趋势和相互作用,这一过程由三个不同的交互过程组成。Nillson(2017)提出了一种新的多变量空间统计方法,用于识别竞争零售网点之间的不同空间交互模式,并证明该统计量可以区分联合种群中的两两分类关联和聚类。Sonnenburg(2017)评估机场对城市经济的影响,分析了澳大利亚私人机场、邻近的就业区和主要都市就业中心的就业变化,回归模型显示,机场规模、靠近高速公路和劳动力可及性是决定就业中心增长的重要因素。Li(2017)基于中国30个省级地区146个制造业数据发现,创业活动有利于凝聚区域和知识创造价值的能力,结果证实当地条件和产业结构变量对中国制造业具有重要影响。Thi(2017)认为,在许多东南亚国家,如泰国、菲律宾和马来西亚,跨国企业(MNEs)的出现增加了集中化进程,特别是在首都地区及其周围,跨国公司被产业集聚所提供的正外部性所吸引,他在此基础上,分析了跨国公司的区位模式及其对空间形态的影响。Flores(2017)指出,人工智能(AI)产业在墨西哥被认为是战略性产业,因为它为墨西哥的商业团体提供了机会,让它们进入一个高竞争标准的全球价值链,研究结果详细描述了人工智能在产业分支和企业规模上的空间形态。

2.4 产业跨区域协同机制的相关研究

对产业跨区域协同机制的研究,主要从如下三个方面展开。

2.4.1 经济发展模式以及对要素空间分布形态的影响

从产业区的协同发展效应入手,本书分析经济发展模式以及对要素空间分布形态的影响。例如,从离散型的小农经济向规模化的工业经济转型,产业区作为一个新的空间形态应运而生,并且在技术进步、人力资源分布、生产要素聚集等方面起到推动作用。陈劲(2012)从整合维度与互动强度两个维度探索构建协同创新的框架,并论述了协同创新的理论框架与内涵。申俊喜(2012)从产学研的组织模式出发,认为,提升战略性新兴产业核心竞争力的基本途径是从点对点分散式合作到网络集成式合作,从单向知识转移到双向互动,一体化合作。Granger(2014)认为,创新研究重点讨论从科学知识扩展到更具有象征意义的文化形式,强调了社会化的方法对于研究创新的重要性,这种方法更多地强调了解社会网络、地方机构、当地场景和环境以及关系资本的重要性。Arbia(2014)研究企业的地理分布以及企业进入和退出的动态模式,利用时空非齐次 K 函数检测经济主体之间相互作用产生的企业进入和退出的时空聚类。Watkins(2014)对墨尔本工业的分布情况进行了实证分析,发现了两种主要的空间行为模式:与人口有关的分散和集中。Giuliani(2014)指出,企业的空间集中度问题一直是经济学理论和应用的中心问题。Chani(2014)分析了印度制造业和服务业创新的空间决定因素,他认为,基础设施和劳动力教育的质量是最强有力的预测因素,大量证据也表明,制造业中存在集聚经济,与美国相比,印度的地区条件对创新的空间模式具有更强的促进作用。Tan(2014)从理论上探讨了李嘉图和赫克舍-奥林两大理论对空间收入不平等的共同影响,并建立了一个没有传统部门的新的经济地理模型,通过结合这三种贸易力量,展示了空间收入不平等是如何随着经济一体化而变化的,得到了不同实证结果的四种演化模式。Ferru(2014)以合作伙伴的连接过程为重点,对协作的空间模式进行新的解释,他认为可以构建一个新的合作关系或更新一个旧的合作关系。Sohn(2014)分析了韩国 180 个制造业活动的空间分布,采用浓度和团聚测量方法对 180 个制造业的空间分布和关联进行检验,分析确定了五大主要产业集团的空间分布模式。Newell(2014)利用 1946 年至 2012 年俄罗斯的生产和贸易数据,展示了消费模式是如何影响资源和制造业的空间分布形态。Wang(2014)提出了一种空间自回归多项式 Probit 模型的估计策略,并将其应用于空间聚类和交叉选择研究中。Li(2015)利用负指数函数分析了北京 57 个经济部门的空间分布情况,对各部门的首选区位进行比较,研究结果表明,虽然产业的整体空间分布符合市场经济规律,但在城市核心中,政府力量比市场力量更强大,政府和市场的力量也塑造了中国其他城市的产业空间格局。陈劲(2019)基于华为企业业务集团(EBG)中国区的战略,讨论了数字化转型中的生态协同创新战略。

2.4.2 产业的空间协同效应

产业链的空间协同发展体现在区域之间在空间上的合作效益,通过区域差异,比较优势,地区之间的专业化分工合作,实现要素的有效互动。Mori(2015)研究产业集聚的方法是计算产业集群的局部密度,并根据集群占用的区域份额来衡量各个集群的空间范围。Chan(2015)提出一种新的融合算法,该算法结合语音方法和街道名称的近似字符串匹配,以街道类型后缀为权重,然后将该算法应用到澳大利亚墨尔本的整个街道网络中,帮助决策者、管理人员和处理基于位置服务的行业做出更好的决策。Lemoine(2015)分析了中国沿海地区经济差距的现象,沿海地区已将资本和技术转移到内陆地区,这种再平衡反映了内陆地区工业的追赶过程。Bauernschuster(2015)研究 19 世纪德国城市的空间扩散,这种空间扩散现象可以用文化的邻近性来解释。Cardamore(2015)通过检验双边 FDI 是否存在空间滞后依赖关系来检验第三国效应,结果表明,贸易成本在解释外国直接投资模式中起着关键作用,关税对不同行业的影响各不相同。Bade(2015)利用空间密度估计德国西部 27 个行业的本地化程度和变化(1992—2007年),占制造业就业三分之一的企业,通过空间重组,实现行业整合。Liu(2015)运用空间计量方法,对中国银行分行 1997—2011 年业绩的决定因素进行调查,实证证据表明,空间效应和城市化对分行绩效的影响是巨大的。Vidoli(2016)评估了意大利葡萄酒生产商的创新表现,嵌入式社区的存在会刺激当地学习的过程,通过当地参与者之间的持续交互来产生隐性知识的传播。Trevino(2016)提出并应用了一个新的研究框架来阐述贫困的空间层次,该方法同时结合量值变量和强度变量,通过观察 2010 年墨西哥 2 456 个城市,评估公共政策实施的效果。

2.4.3　外部环境和要素之间的相互作用

从外部环境和要素之间的相互作用讨论产业的协同机制。陈衍泰(2012)提出了新兴产业相互作用的四维度分析框架,分别是技术维度—市场维度—产业维度—制度维度。李桢(2012)认为资源、信息、人才、资金等要素都齐备的情况下,才能形成完整的战略性新兴产业链。喻登科(2012)认为,星行模式以及单核多核模式是战略性新兴产业协同发展的主要基础。Li(2018)探讨了环境合法性(外部非正式机制)对企业碳披露的影响,探讨了绿色创新(内部正式机制)作为中介的作用。Wong(2017)试图从科学、技术和工业产品这几个方面来分析,提出了一种连接不同分类(WoS-IPC-ISIC 索引)的方法,该研究将链接过程纳入背景,因为它可以为政策规划和技术目标提供帮助,所提出的方法使我们能够推测科学技术和工业产品的发展潜力。Geldes(2017)探讨不同类型的创新如何影响企业跨行业的创新发展。他选择智利作为新兴经济体,研究结果表明,只有产品创新会影响整个行业的创新绩效,不同类型的创新倾向受到技术创新和非技术创新的影响。Sun(2017)为了评价绿色技术创新对战略性新兴产业生态经济效率的影响,构建了包含积极因素和障碍因素的评价指标体系。Zhou(2017)的研究揭示了提高技术适宜性的两个关键因素:重新确定技术的特性和建立当地的供应系统。分析表明,在架构和组件方面的协同创新促进了新兴市场。Song(2017)认为随着技术革新的发展,新的服务种类正在出现,尤其在旅游业中,应用无人机系统以经济、高效的方式构建系统是非常重要的。Gorgoglione(2018)通过对意大利ICT产业消费者创新意识和传统观念的实证分析,结果表明,企业可以通过某种方式有效地将创新策略传达给消费者,但这必须通过选择正确的属性来实现。

2.5　产业演化机制的相关研究

对产业演化机制的相关研究,主要从如下三个方面展开。

2.5.1　从组织结构演变的角度分析产业的演化机制

陈衍泰(2012)对1988年至2010年全球风能产业不同动态发展阶段及其演化动力进行分析,并指出适合国情的公共政策创新、良好的产业生态组织和培育自主创新能力是未来风能产业可持续发展的方向。Nam(2015)通过对中国领先的汽车集团的比较,探讨了紧凑的组织空间对技术追赶的重要性,对比分析表明,上海汽车工业总公司(SAIC)在技术能力方面超越了两家本土竞争对手,部分原因是该公司在集团层面试行密集增长战略,鼓励调动和整合内部资源,并促进集团范围内的协同作用。Yao(2015)将遗传模型与知识模型结合在一起,遗传算法模型与知识模型的有效集成大大提高了遗传算法的优化性能。Hooge(2016)阐明通用技术设计的组织过程,通过不确定的试验进化策略来描述市场特征。Mckelvey(2016)认为,"创新空间"关注的是企业对创新的搜索以及企业为什么会影响特定地理环境下的创新。Lo Turco(2016)认为,企业产品空间演化具有很强的认知路径和依赖性,但企业在规模、效率和国际曝光度方面的异质性抑制了这种依赖性。Caragliu(2016)认为,知识溢出(KS)与地理邻近有关,他基于不同的邻近矩阵来测量知识溢出,研究结果表明,关系、认知、社会和技术上的紧密依赖使本地研发投资的回报最大化。Bi(2017)认为,近几十年来,弹道导弹到量子的跃迁,标志着中国在技术复杂的工业领域拥有新的产品创新潜力,其利用知识创造,探讨了模仿、适应和技术重组的广泛实践是如何帮助中国从一个复制组装者转变为全球航天工业的一个动态创新者的。

2.5.2 从技术进步及知识溢出角度分析产业的演化机制

R&D 的投入,企业创新能力的提升,创新和扩散的共同作用,推动区域经济增长,优化空间结构。虽然改革开放以来,我国经济改革取得了巨大的成就,但是经济增长很大程度上依赖的是外资的引进和以自身环境资源粗放投入的增长方式,代表技术的全要素生产率并没有显著提高。范群林(2010)认为,随着产品研发周期的缩短,创新不再像传统模式只发生在企业内部,而是通过主体之间相互作用影响整个网络结构,而网络又将创新链接到更广阔的创新系统中,进一步促进了空间扩散,从而促进空间结构优化。邵云飞(2011)提出,创新的溢出效应会随着距离的增加而递减。他以长三角地区为例,由于空间的邻近性,长三角地区形成了一个双向流动式的技术空间,对长三角地区各地的经济发展都有促进作用。

2.5.3 从知识的获取、转化和应用的角度分析创新的演化机理

由于技术创新能力无法在要素市场中通过交易获得,只能通过企业内部积累,企业技术创新能力的演化过程是企业核心技术、市场知

识存量的递增,是一个复杂的组织学习过程(Montealegre,2002)。知识的搜寻、选择、获取、消化吸收、集成、创造和应用是创新惯例形成的机制。高水平的探索性学习可以帮助企业获取外部知识,利用先发优势、战略柔性以及对客户需求的快速反应,来避免"锁定效应"和"能力陷阱"(Lichtenthaler,2009)。但是如何挑选复杂环境中企业创新所需要的知识,并把不同类型的技能和知识组合在一起,这就涉及"选择"。"选择"使新技能与市场需求匹配起来的"新知识"产生技术创新能力(Hu,2012),这是创新行为的基础,使技术创新成为企业边界内演化的结果(Salge,2013)。陈衍泰(2015)以产业生态系统中的龙头企业及其协同整合的行为主体为分析对象,分析在"构建-管理"产业生态系统两阶段过程中的"价值创造"和"价值获取"机制,选择杭州、深圳两个电动汽车产业创新生态体系的案例,分析其2000—2013年的动态演化过程,进行跨案例比较。

2.6 文献评述及理论框架的提出

2.6.1 现有研究的理论贡献

综上所述,现有的研究对产业技术创新的空间形态演化的理论发展主要贡献如下:

(1) 在产业技术创新的空间分布上,现有研究发现,产业布局的调整与转移、技术创新要素的流动和配置、知识管理和知识溢出等内在动力机制,并通过空间测度方法来测量技术创新绩效。因而,产业技术创新的空间分布对产业技术创新的空间形态演化和技术创新绩效有重要影响。

(2) 在产业技术创新的集聚形态上,现有研究发现,为适应经济发展的不同需求,节点、轴、流、网络等空间要素会在地域上组合成不同的形态;产业的空间形态会对城市群的经济活动产生影响;要素空间组合的不同形式会影响创新绩效和创新空间溢出效应。因而,产业技术创新的集聚形态对产业技术创新的空间形态演化和技术创新绩效有重要影响。

(3) 在产业技术创新的跨区域协同上,现有研究发现,产业区的协同发展会对经济发展模式以及要素空间分布产生影响,产业链的空间协同关系体现在通过区域差异、比较优势、地区之间的专业化分工合作,实现要素的有效互动,并且外部环境和要素之间的相互作用也影响产业协同机制。因而,产业技术创新的跨区域协同对产业技术创新的空间形态演化和技术创新绩效有重要影响。

(4) 在产业技术创新的演化路径上,现有研究发现,组织结构演变、技术进步及知识溢出,以及知识的获取、转化和应用都会影响产业的演化。因而,产业技术创新的演化路径对产业技术创新的空间形态演化和技术创新绩效有重要影响。

2.6.2 现有研究的不足

现有研究的理论贡献在于讨论了产业空间分布、集聚形态、跨区域协同对技术创新绩效的影响。然而,产业的空间分布、空间集聚形态、跨区域协同机制、演化机制四个维度对产业技术创新空间形态演化的影响是综合的,而不是单独作用的。因此,现有的研究没有将这四个维度结合起来考虑,以形成整合的产业技术创新空间形态演化理论。具体来讲,现有研究有以下不足需要进一步展开研究。

(1) 现有研究单独讨论了产业的空间分布、集聚形态和协同机制对技术创新绩效的影响,以及它们之间的相互作用如何影响产业和企业技术创新的演化路径。例如,产业空间分布会影响产业的集聚形态,适合产业发展的空间形态将促进产业进一步在空间上的集聚;反之,不适合产业发展的空间形态将阻碍抑制产业的经济活动,而产业的空间分布、集聚形态,又会进一步影响产业跨区域的协同,所以这三者是相互关联的。

(2) 现有的研究只从产业结构或企业演化的角度讨论战略性新兴产业。然而,在快速变化的环境中,产业和企业都会面临着未来成长的不确定性,因此,微观层面上企业技术创新演化对新兴产业在技术创新、资源配置、人才流动和知识管理等方面都是极其重要的。演化能够促进新兴产业内部创新资源的调整和流动,这有助于具体的产业或企业在产品、过程和服务方面的创新,并在新兴产业空间扩张上产生重要的路径依赖。

(3) 产业技术创新的空间形态对技术创新绩效的影响在不同的层面上具有各自的特点,现有的研究主要关注宏观层面上的政策制订、治理模式和产业布局的总体特征,没有深入地从多个层面来详细分析有关空间演化理论的具体应用差异。例如,国际新兴产业的发展实践会影响到政策的制订,国家对战略性新兴产业的总体布局以及重要决策又需要通过区域间的资源流动和协同创新活动来实现,区域和产业层面新兴产业的发展实践也是落实国家相关政策的重要途径,同时也为企业的微观创新活动提供土壤。企业的发展是提升战略性新兴产业的重要落脚点。因此,现有的研究需要进一步拓展到对不同层次的产业结构进行实证分析。

2.6.3 新兴产业技术创新空间形态演化的一般理论框架

基于以上理论分析以及对行业实践的观察,本书提出新兴产业技术创新空间形态演化的一般理论框架如图 2.1 所示。

通过文献综述提炼出的本书理论框架,由产业的空间分布、空间集聚形态、跨区域协同机制、演化机制四个维度组成,这四个维度构成了产业的空间形态。由于空间形态是动态发展的,市场动力不断地促进空间形态演化,演化的过程将推动新兴产业技术创新的空间布局优化和创新绩效的提升。但这一理论框架的有效性需要从国际、全国、区域、产业、企业五个层面来逐层展开实证分析。该理论框架的主要学术价值在于:

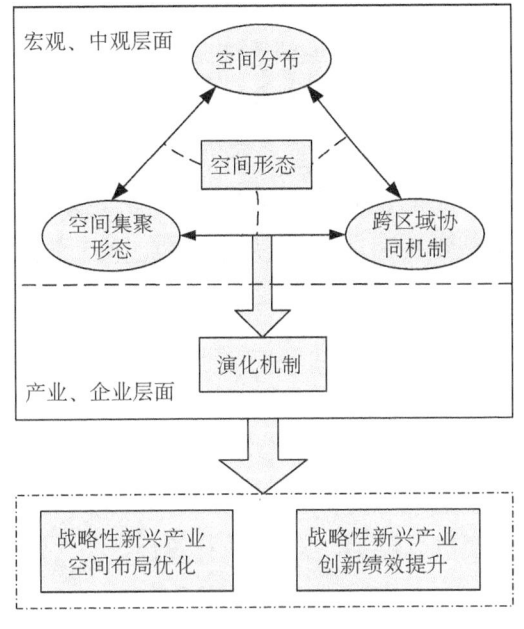

图 2.1　研究的理论框架图

（1）系统研究了战略性新兴产业发展中空间分布、空间集聚形态和跨区域协同机制这三个方面对新兴产业空间活动的影响。战略性新兴产业的空间形态不仅使技术特征发生变化，而且还对整个社会资源配置方式产生重大影响。例如，新能源的出现为人类开发能源提供了新的途径；新一代通信技术的出现，优化人类信息传递的质量。虽然战略性新兴产业的出发点是技术创新，但是它的空间活动与整个社会经济体系密不可分，其发展也带来了社会生活方式的大变革。

（2）从演化机制的角度对战略性新兴产业的空间形态展开研究。由于战略性新兴产业发展中技术和市场的不确定性，与传统的线性技术推动和需求拉动相比，新兴产业的技术发展和异质性是网络化、不断演进的，尤其是在创造、扩散和使用等方面，与传统产业有极大的区别。从演化的角度分析技术是如何促进战略性新兴产业的空间扩散，以及技术扩散又是如何推动战略性新兴产业的演化，这具有重要学术价值。

（3）从多个层面系统的研究战略性新兴产业的空间形态。与传统产业不同，战略性新兴产业技术创新模式并不局限于某个主体，而是以企业为主体，市场为导向，政府为主导，多部门参与的生态系统，因此，对战略性新兴产业的空间形态研究也不能仅仅局限在单独的宏观或者微观层面，而是要探讨各个系统之间的连接机制。企业之间的研发以及与外部环境的对接模式，国家、区域、产业如何在新兴产业的生态系统中发挥作用，研究战略性新兴产业与不同层面的外部环境的对接模式是具有重要学术价值的。

新兴产业技术创新的空间形态演化理论为后续章节的研究提供了分析框架，后续章节将分别从国际、全国、区域、产业、企业等层面来进行实证研究，逐层深入检验该理论的有效性。

3 美、德、日新兴产业的空间形态分析

3.1 引言

与传统产业相比,新兴产业具有成长空间巨大、技术更新快、市场潜力强等特点。新兴产业的发展对于经济体在更高层次上实现跨越式的增长,是重要的战略选择。尤其是近年来,各发达国家纷纷加大对新兴产业的投入,创新要素也向新兴产业聚集,相应培育政策出台的次数之频繁,以及扶持力度之大,都是历史上罕见的。

以美国为例,美国重视基础研发工作,并于2009年和2011年分别推出《国家创新战略》,该文件中,对研发投资极其重视,不仅大幅加大研发投资的比例,还推行研发税收减免。在产业方面,以新能源、生物、纳米、空间技术、医疗健康、教育为重点进行突破。比如,鼓励电动汽车的消费,不仅政府优先采购电动汽车,消费者若购买还可获得7 500美元的抵免。曾任美国总统的奥巴马,就在2010年11月颁发美国国家科学奖时强调创新的重要性,要保持美国制造业繁荣,就必须要保持技术创新的世界领先地位,通过新产品开发和新行业的产生,促进新经济的增长。

欧盟颁布的《欧洲2020战略》,帮助欧洲从经济低谷中走出来,减小了与美国的差距(薛澜,2013)。具体到各个国家:法国2009年制定《国家研究与创新战略》,研究创新实现经济的起飞。德国加大在能源、

安全、交通、通信、健康五大领域的投资,并颁布《德国 2020 战略》,通过技术创新,带来新的产业机会。英国 2010 年发布《数字经济法》,紧接着,又颁布《促进增长的创新》报告,明确提出纳米技术、数字技术、生命科学和装备制造业是未来四大关键行业,并且建立数字版权保护法,监管机构需要促进通信基础设施的建设。在亚洲,日本政府也不甘落后,2010 年发布《新增长战略》,坚持科技立国和信息立国的策略,将低碳、能源、旅游、信息技术、环保等作为重点发展领域(薛澜,2013;李健,2015)。

从发达国家的实践情况来看,对新兴产业的培育主要着眼于如下两个方面,并且同时要考虑结合本国独特的资源和禀赋条件。一方面是促进新兴产业发展的政策,包括人才培养、创新联盟等;另一方面是对新兴产业空间布局的重视。例如,美国的硅谷聚集了主要的科技企业,而波士顿、旧金山、圣地亚哥等城市则集中了大部分的生物企业;又如,欧洲的德国,新兴企业主要集中在柏林、慕尼黑、汉堡等城市,结构上也经历由散点分布到聚集成块的演变;再如,英国的剑桥镇聚集了欧洲最大的高技术产业集群。在这样集中生态环境中,企业创业活跃,知识流动频繁,信息交流快速。

3.2　美、德、日新兴产业的空间分布

新经济地理学从空间的角度揭示了产业的空间集聚本质上是生产相似商品或服务的企业为了降低交易成本在空间上的聚集,并提出了基于收益递增的 D-S 模型,按照 D-S 模型的假设,消费者的喜好多样化,消费品种也多样化,但是资源有效性导致规模经济和多样化消费之间存在矛盾,因此,经济活动不是线性演化,而是由非线性动态支配的。进一步地,新经济地理学提出引致产业空间集聚的要素包括知识溢出、报酬递增和外部经济,在经济上相互联系的企业由于空间上的邻近带来的成本节约或是由于产业规模扩大带来的规模经济,产业空间聚集是外部经济性的一种表现形式,产业集中有利于产生规模效

应,吸引同类型的产业产生向心力,有利于降低交易成本,提高防范风险能力。但是产业的形成并不是随机的,产业政策对产业的空间集聚及形态变化,以及出现的位置都有着重要影响。当产业政策促进产业的空间集聚时,经济活动的扩散和区域集聚的增强,因此,研究产业政策起到指导和监督的作用,对产业的长远规范发展有深远影响。

3.2.1 美国新兴产业的空间分布

不论是在小布什时代还是奥巴马时代,美国都高度关注新兴产业的发展,对新兴产业的扶持力度也非常大。因此,美国可以在新材料、新能源、生物、信息、电子等领域领跑全世界多年。新能源产业、环保、生物等产业也得到政府的重点支持,并奠定了世界领先的水平。表 3.1 整理归纳了美国历年对新兴产业的重要技术政策及要点,从而分析政策对于美国新兴产业在空间上分布的促进作用。

表 3.1 美国历年新兴产业重点发展领域

年份	提案	重点发展领域
2007	《美国能源独立及安全法》	・将可再生能源产量提高到 360 亿吨/年 ・提高能源使用效率 ・加速研发碳捕捉和封存技术
2009	《美国复苏与再投资法案》	・7 870 亿美元将用于环境保护、医疗、节能减排、新能源开发等领域的研发
2009	《美国清洁能源安全法》	・推动清洁能源投资,创造就业机会 ・减少碳排放
2009	《重整美国制造业框架》	・推出"再工业化"战略,大力发展清洁能源、生物工程、纳米技术、智能电网等 ・实施低收入家庭房屋节能改造 ・鼓励制造业通过创新实现产业升级,保护知识产权,鼓励企业创新创业,并成立国家创新咨询委员会加强组织领导
2010	《链接美国:国家宽带计划》	・通过税收优惠、政策激励、人才引进等途径提升美国新兴产业的全球地位
2015	《美国创新战略》	・强化创新要素,激励创新创业

资料来源:作者根据(李文军,2014;盛朝迅,2016;于新东,2011)等相关文献整理。

从美国历年的政策发布情况来看，美国把创新作为新兴产业发展的总纲领，高度重视在重点领域的突破，在历年的政策中，持续推进先进制造业、生物技术、新能源等新兴产业的发展，确保这些产业在世界上的领先地位，并且根据世界形势的变化，每年都会有所拓展。比如，2015年，将精准医疗、智慧城市建设等内容列入重点支持，2016年、2017年将人工智能技术也列入重点领域。从政策推进的实施效果来说，新兴产业的空间集聚有利于经济活动效率的提高，尤其是传统产业的更新换代和科技进步。这种对传统产业的改造，不是简单或重复的工业化，也不是返回劳动密集型和资源要素型的低端增长，而是通过改造更新技术、引领新产品、开拓新市场、挖掘新资源、建立新产业的方式创造引领新的经济增长点。改革中提到的对新兴产业的税负减免、知识产权改革、研发资金的加大比例、节能计划实施以降低能源成本、鼓励创新投资、减少司法诉讼成本等内容，都有利于提高新兴产业创新水平。

在新兴产业的培育上，美国还重视跨产业的技术交流合作。产业的空间融合不仅提高新兴产业的技术能力，也能让产业结构更加合理化，而且还会带动衍生产业的发展，而产生出的新产品和新服务又反过来进一步提高新兴产业的应用领域，因此，产业空间融合是一个正向循环的过程。在产业空间融合上，美国不仅打破了技术应用边界，拓展了产业原有的范畴，更是加大促进融合的步伐，提高企业的创新能力。例如，在信息产业的参与方面，美国接入了智能电网、信息传感网、公共安全网，将之作为新一代信息产业发展的主要方向；在生物技术方面，拓展了纳米技术和新材料与生物产业的融合，也大幅提高了研发经费。此外，产业融合的一个明显趋势就是吸引更多的社会资本参与新兴产业的投资，民间投资在科研资金中占到了很大比重，民间参与科技开发和应用，保持美国经济的创新活力。例如，鼓励公私合营探索清洁能源计划的商业化模式，还有民间资本进入信息产业领域等。作为美国老牌的芯片生产企业，英特尔已经与多家风投资本共同组成投资美国联盟(Invest in America Alliance),其主要投资目标是电脑、信息技术、生物科技等,已向美国有成长性的多家新兴企业投入巨资,以保持科技创新优势。

3.2.2 德国新兴产业的空间分布

德国的新兴产业技术创新能力处于世界领先水平,尤其是德国的新能源发展、信息技术一直遥遥领先。以德国的风电技术为例,风力发电技术创新能力的霸主地位确立与其国家战略对新能源技术的支持有关,德国风力发电技术创新水平的提高主要是通过政策引导、政府补贴以及市场培育等相关途径。德国政府对风力发电的补贴始于20世纪70年代,当时主要是支持大型轮机的研发,因为要应对石油危机,但是大型轮机并没有取得预期的效果,于是20世纪80年代,战略调整为支持中小型轮机的研发。德国本身具有机械制造完整的产业链,尤其是在知识人才和技术储备等方面,这些条件为中小企业电机的研发提供了重要保障。作为德国第二大工业城市的汉堡,在政策的有力促进下,很快成为世界领先的风电技术创新集群,风电资源占能源结构的20%,并且此后一直遥遥领先世界上别的国家城市。20世纪80年代后期,德国还通过固定上网电价政策极大促进了可再生能源的扩散。从2000年开始,德国意识到新兴产业是未来新的经济增长点,紧抓德国的优势产业,推出了一系列的代表性政策来促进新兴产业发展(表3.2)。

表3.2 德国历年新兴产业重点发展领域

年份	法案	重点发展领域
2000	《可再生能源法》	·世界上关于新能源开发的最早法案
2002	《信息技术研究》	·德国投资36亿欧元发展新兴产业,重点资助纳米、信息产业、新能源等领域
2006	《德国高技术战略》	·确立了17个优先发展的领域,系统全面阐述高技术战略的目标和行动

(续表)

年份	法案	重点发展领域
2008	《纳米创新计划》《低碳经济发展战略》《国家电动汽车发展计划》	·部署低碳经济、纳米创新和电动汽车
2010	《德国 2020 高技术战略》	·通过创新、研究和技术解决经济面临的困难,推出了 11 项未来规划,重点发展能源、交通、安全、通信、健康五大产业,以及相应行动计划

资料来源:作者根据(李文军,2014;邹秀萍,2014)相关文献整理。

这一系列战略规划和政策文件的推出,为新兴产业的发展提供了有力保障,促进了新兴产业的发展,使得德国的新兴产业在世界上有较大的竞争能力。

3.2.3 日本新兴产业的空间分布

日本面对全球掀起的新兴产业浪潮,也积极推出和新兴产业发展的各项战略规划,通过提高技术创新能力和选择更加开放的姿态为新兴产业发展提供平台。例如,对于日本的优势产业汽车产业来说,日本政府提出了技术开发、装备升级和制度完善三方面的战略,以开发与汽油汽车相匹敌的新能源汽车,同时,采取加强产业界和科研部门的合作、支持产业界与大学共同研究等措施,推动各种技术创新,以及将新能源的研发和应用列为关键领域,大幅提高研发资金的投入。日本对新能源的重视体现在:第一,大力开发核能。日本是世界第三大核能大国,核能电化率占 40%,受福岛事件影响,日本重新审视核能,着手制定《新的能源和环境战略》,降低对核能的依赖,开发更多核能计划以外的新能源,同时社会对节能和能源安全利用问题更加关注。第二,高度重视太阳能的开发利用。日本是世界上太阳能开发大国,为了提高全国使用太阳能的比例,减少对石化能源的依赖,日本还宣布对中小企业发展和应用太阳能提供补助。第三,大力支持风力发电。日本风力资源丰富,不仅政府对风电企业设备进行补助,剩余电量还可卖给电力公司,不仅如此,日本政府还投入专项基金用于风力发电蓄存技术的研发。表 3.3 梳理了日本政府所出台的各项政策对新兴产业的扶持。

表 3.3　日本历年新兴产业重点发展领域

年份	法案	重点发展领域
2008	《低碳社会行动计划》	·大力推动碳捕捉及封存技术,重点发展太阳能、核能和电动汽车等低碳产业
2010	《新国家能源战略》	·提出新能源创新计划,核能立国计划,节能先进基准计划等能源战略及相应政策措施
2010	《经济产业政策重点》	·提出"低碳资源大国"的建设计划,并通过建筑技术改造蓄电池开发
2010	《新成长战略》	·提出产业结构蓝图,重点发展核电、环保车辆、文化产业、健康、机器人、航空等产业

资料来源:作者根据(盛朝迅,2016;阎莉,2009;程永明,2010;李萍,2008)等相关文献整理。

日本通过科技和服务创造新的经济价值,促进经济的可持续发展,近几年以信息技术和先进制造业为核心,发展的重点也是与之相关的机器人技术、传感器技术、个性化定制。不仅如此,日本新兴产业的发展还特别重视市场需求这个巨大的引擎,通过加大国内国外市场开放来寻找经济增长动力,鼓励企业走出去开展更多海外业务,节能减排通过技术创新遏制温室气体排放,增强对新兴产业基础设施的投资,将科技研发投资占 GDP 的比例提高到 4% 以上。

3.3　美、德、日新兴产业的空间集聚形态

3.3.1　美国新兴产业的空间集聚形态

美国新兴产业的创新空间形态近几年有个很显著的变化,即创新资源在成熟地区及中心城区重新集聚,这种新趋势对城市的空间发展和功能转型起到重要作用,也对塑造城市资源集聚和城市发展产生深

远影响;这种新的转型和变革,对于我们认识美国创新空间形态,城市的经济形态和社会网络的联系属性都有很重要的作用。一个明显的特点就是越来越多的企业将公司迁移到空间紧凑、基础便利、人才集聚的中心城市,研发等部门则靠近实验室、高校集中的城市区域中。这与以往企业选址在城市郊区有很大不同,这样的变化反映了创新及与之相关社会属性的密切联系需要,创新不仅仅是研发机构的事情,它与企业、创业者、投资者、开发商、公共服务提供方、教育机构等有着千丝万缕的联系,尤其是这种联系通过新型媒介、交通、服务体系的链接产生作用,构成一个彼此互动的体系和网络,有学者将这种新的趋势变化,称之为"创新城区"(苏宁,2016)。这种新的创新空间形态大致可以分为核心枢纽型模式、科技园区模式、城市更新模式三种类型(李健,2015)。

3.3.1.1 核心枢纽型模式

核心枢纽型模式是指围绕着核心枢纽的创新机构,在其周边形成的相关机构共同构成的创新网络,其中包括各种商业机构、中介机构,以及产业链的上下游企业。在美国,一般来说,核心枢纽位于城市中心,这个枢纽可能是企业,也可能是研究机构,也可能是大学,核心枢纽通过商业或非商业的运作,带动相关机构参与创新活动,提升空间效率,并且借城市中心的独特优势,如便捷的公共服务和完善的商业网络,以及良好的城市基础设施,推进邻近区域的创新活动。在美国,核心枢纽型的典型代表有亚特兰大中心区、费城大学城、波士顿剑桥镇等,匹兹堡大奥克兰社区,以及坎布里奇市的肯戴尔广场等,这些区域由核心枢纽共同带动培育了一个兼容并蓄的新兴产业体系,并且在各自的区域内又保持着自己的特色。

3.3.1.2 科技园区模式

科技园区模式在美国也是比较广泛的存在。一般来说,科技园区位于城市的郊区,与中心城区有一定距离,在过去,科技园区一般是个封闭式的创新系统,研发人员基于保密和专利政策,很少与外界互动。科技园又更多是孤立的自成体系的系统,但是近几年来,随着商业活动的频繁,科技园区的商业密度也在不断增加,社区内的公共设施在完善,园区内的城市化水平及园区的社会联系频度和强度也在增强。北卡罗来纳创新三角区便是此类模式代表,还有旧金山附近的硅谷、亚利桑那大学科技园、威斯康星——麦迪逊大学研发园区,以及弗吉尼亚大学研发园区等,都是此类模式的代表。

3.3.1.3 城区更新模式

城区更新模式一般源于城市老工业中心改造、老的滨水工业带或仓储区,通过产业转型改造,形成新的产业空间结构和形态。从改造过程来看,先是打造这些区域与城市其他部分的联系,尤其是在交通上进行改造,并结合历史建筑遗迹等,既保留原有的历史风格,又加入现代新兴产业的特质,从而形成一种独特的模式。在改造中,推进空间资产的改良,吸引更多知识密集型企业加入,并结合生产、居住、公共服务、休闲旅游等不同模块功能,形成一个多元立体、平衡的新空间形态。美国的旧金山教会海湾、西雅图南湖联合区域、布鲁克林海军码头,还有巴塞罗那普力诺地区以及波士顿南岸滨水区的改造都属于此类模式的典范。

从美国新兴产业发展的三种空间形态来看,虽然他们在有些方面差异非常大,如网络属性、空间区位、创新模式以及资源各有不同,但是仍然有一些共性原则值得总结学习,如创新空间的网络性和产业的开放协同性。

3.3.2 德国新兴产业的空间集聚形态

德国的风电产业世界领先,一方面得益于政府的政策扶持,另一方面,也与其空间分布形态有密不可分的关系。这种空间结构使得德国的风电产业发展更有效率。从空间上看,风电技术创新经历了一定的空间区位选择过程,呈现出由分散分布到集中区域分布的演变,并且有非常强的空间相关性,形成了以若干城市为核心,逐渐向外辐射的空间格局。

最突出的是以汉堡为核心的风电产业集群、以柏林为核心的集群,还有以慕尼黑、斯图加特,以及奥利希和明斯特等为核心的风电创新集群(邹秀萍,2014)。由于经济、文化、政治技术等多种因素共同驱动空间分布形态,新兴产业的空间演化过程也是由多种因素共同影响的,像风电产业的空间演化就是一个例证。一些地区得益于较好的产业基础和人才优势,表现出持续的技术创新能力,像慕尼黑、汉堡等城市专利申请在逐年增加,另一些城市,则出现了断层。

3.3.3 日本新兴产业的空间集聚形态

日本的新兴产业空间形态呈带状分布,沿太平洋沿岸连成一条带状,新兴产业一般多在远离老工业区的新区上发展,当达到一定规模时,从中心向边缘扩散和转移,边缘地区也得到发展,然后新的产业中心出现,如此周而复始循环。

新兴产业的集聚集中在东京都、大阪府和名古屋市。高度的集聚化是日本新兴产业空间结构一个很显著的特征,这一点从研发机构的统计数量中可以看出(王承云,2010)。东京是集中最多研发机构的地区,有499家,占全国15.1%,大阪府有300多家,名古屋有100多家。日本新兴产业空间区域上分布不均衡,并且有以下几个特点:第一,东京以总部型企业居多,大阪府以工厂型企业居多,名古屋以总部+工厂型企业为主;第二,东京因为交通地理位置的优越性,研发与经营都更加方便,故总部型企业居多;而大阪府在交通上没有东京那么便利,以工厂型企业为主;名古屋交通条件居中,既包括总部企业,也包括工厂型企业(程永明,2010)。

3.4 美、德、日新兴产业的跨区域协同机制

3.4.1 美国新兴产业的跨区域协同机制

美国的大都市区,由于其城市设施的完善,交通的便捷,聚集了大

部分的新兴产业就业者,这说明大都市区的创新资源能够为新兴产业的成长提供强大的优势。从发展情况来看,对技术人才的要求越高,新兴产业越倾向于集聚在大都市区,因为大都市区的创新空间具有新兴产业发展所必需的教育、研发、咨询、工程、市场、人才等要素,一个有趣的现象就是科技水平与空间集中性呈正相关关系,美国新兴产业的跨区域协同机制,体现在以下几个方面。

3.4.1.1 新兴产业发展与城市更新的协同

美国的创新空间一般在城市郊区,由于地价的约束等因素,创新空间的发展为郊区周围的中低收入群体提供更多的就业机会与教育资源,创新空间的建设一般通过为传统街区、历史建筑注入新的内容,实现城市动能的更新,实现区域的综合化发展。在新兴产业发展中,城市更新与新兴产业的发展实现商业在空间上的有机统一,在提升区域经济活力的同时,增加了城市税收,进而促进了区域的可持续发展。美国新兴产业的发展与城市更新的协同,可以减少企业创新创业过程中的成本,同时,由于城市创新空间的交互性特质,为企业家与投资方、技术服务商之间建构有机网络,这种以创新为核心的多主体性,有助于经济发展的多样化,并且能够在城市区域有效集聚多种人才,促进创新活力。

3.4.1.2 新兴产业发展与产业结构转型的协同

新兴产业的建设推动了区域产业结构转型,这种推动,一方面体现在对大都市区新兴产业发展和支撑上,另一方面,也是对传统产业的改造。在美国的创新城区中,企业之间、员工之间的知识分享以及创意的交流相当频繁和活跃,浓厚的开放文化和网络建构推动企业有更多的外部机遇。不论是核心枢纽带,还是科技园区模式或是城区更新模式,新兴企业与传统产业相比,新兴产业更关注互动性,它不仅专注于新技术的研发,也注重与传统产业的结合,尤其是将传统产业(如健康、金融、时尚、广告)等业务嵌入新兴产业发展框架,从而产生更大的经济价值,另外,企业、分包商、供应商、辅助企业、员工、中介之间的横向联系也日益紧密,多元化融合发展的趋势非常明显。美国新兴产业创新要素能够方便地交流和移动,与其开放协同性密不可分。即使是最先进的企业也很难掌握到它所需要的全部知识,"多渠道研发路径"的转型成为趋势,因此,客户、风险资本、公司、竞争者、学术中心、创业家等协同改变了以往传统的公司经营模式,扩展到更广大尺度的区域空间。以生物医药产业为例,过去医药公司大多集中于郊区的创新飞地(即研发在郊区,市场在城市中心),因为这样可以更好地保护研发活动和知识产权,但是,随着生产成本的不断提高,尤其是远离研发地带来的药品开发成本提高和交通运输费用的增加,近年来,越来越多企业倾向于将企业搬到著名大学周边,更好地接收知识和创新的扩散溢出,像哈佛大学、麻省理工学院周边大大小小的生物技术公司的密布就是一个很好的例证,原有的空间载体和界限被重新打开,创新过程在更广阔的领域中进行。

3.4.1.3 新兴产业发展与区域优势资源的协同

区域优势资源是美国新兴产业发展的重要推动力,像东部地区的波士顿、纽约等城市的新兴产业的发展,其核心就是以利用本区域的创新资源为基础的。以纽约为例,纽约的低碳环保产业在全球处于领先位置,不仅如此,纽约的金融、媒体等产业的发展也是处于全球领头羊的位置,这些都是绿色产业发展不可或缺的要素。低碳环保新兴产业的发展带有资本密集、政府补贴,以及"重型"技术的特征。在良好的经济基础上,纽约也重视绿色产业的发展、对创新市场的开发,金融、客户、网络的发展,具有技术投入大、政府补贴强、资本参与高的特点。随着绿色产业装备技术的发展及商业化运作的成功,纽约更多地使用数字技术提升对能源、资源、环境的管理,例如,使用数字技术提升新能源管理效率,同时促进"清洁"能源在网络上的共享。纽约吸引更多可再生能源的使用者加入网络,加快环保低碳产业的应用范围。在这一思路引领下,纽约聚集了诸多创业型公司,有100多家相关企业在纽约创业,这带动了低碳环保产业的技术发展和市场开拓。绿色产业成为纽约的一张新名片,也是纽约保持持续竞争力的有力保障。

3.4.2 德国新兴产业的跨区域协同机制

德国对新兴产业的发展思路,从空间协同机制来说,主要有三个方面。

3.4.2.1 政府是新兴产业空间协同的主要保障

新兴产业要实现城市间的协同发展,必须依托城市群的产业基础、比较优势、技术优势等。因此,一方面,政府必须在熟悉跨区域产业发展情况的基础上,做出长远规划,做出主导产业的定位与布局,围绕产业链部署创新链,围绕创新链部署资金链和支持体系,并实现城市群之间产业链的链接。德国本身具备良好的机械制造工艺,特别是在高精尖机械制造方面,多年保持世界领先地位,再加上欧盟的鼓励和巨额资金扶持——欧盟计划在2013年前,筹措总金额1 050亿欧元的款项,其中,640亿欧元用于欧盟成员国推动环保产业发展,280亿欧元用于改善水质和提高废弃物处理水平,130亿欧元用于"绿色能源",鼓励欧盟主要成员国开发新产品,提高创新能力并落实各项法律法规(于新东,2011)。借此机会,德国更积极地调整产品结构,提高技术创新能力,使机床生产更符合智能化、数控化、自动化的需要,以保持全球的领导力地位,扩大全球市场份额。

3.4.2.2 区位优势和资源禀赋是新兴产业空间协同的前提

德国的城市带都是由几个大城市和若干个小城市组成的点状城市群,城市之间的资源禀赋有一定的差异,且产业结构互补性较强。例如,汉堡是德国重要的工业城市,2011年后,汉堡的经济结构已从第二次世界大战后以造船、航运等劳动密集型为主的产业转变成以高科技、信息产业和现代服务业为主,航空航天、电子、精密机械、光学和化学等新兴产业后来居上。新兴产业的发展对本地资源和技术优势的利用,并通过升级现有基础设施来提高终端的生产力,从而形成示范效应。不仅如此,汉堡在发展新兴产业的同时,还战略性地延伸到技术和产品的展览方面,在距离汉堡约 150 千米的胡苏姆举办国际风能展,该展览也成为国际风能领域的风向标,吸引了众多知名的风能开发商聚集汉堡。

3.4.2.3　通过产学研推动新兴产业关键技术突破

技术的突破与新兴产业发展密切相关。德国有以下几个方面的措施值得学习:

(1) 非常重视在创新环境中教育资源的投入。例如,在科研院所、高校、企业中努力营造良好的创新文化,并在各类大学中广泛开展创业创新的教育,提出"创新德国"的蓝图,并推动社会每一个成员参与创新,同时积极调动社会各方面的力量,让全国的创新行为能够持续发展①。

(2) 针对不同地区的创新扶持。例如,针对东部地区推出"东部创新能力",通过科技基地建设,促进东德形成具有国际竞争力的产业集群,建立跨区域的合作以及"农村试点"等,计划旨在提高农村地区的创新能力。

(3) 鼓励成立更多创新型企业。德国还制定了"EXIST"计划,让更多小企业获得成长空间②,"EXIST"计划的实施思路是给初创型企业提供资金,鼓励它们进行科技成果的市场化,并获得融资平台,得到快速发展的机会。

(4) 充分利用新技术带动企业成长。支持和促进企业在物联网、人工智能、微电子、生物科技等领域广泛参与企业产品结合,促进生产流程的数字化实现,建立"德国硅谷加速器"帮助德国新兴企业更好地进入国际市场。

---

① 陈明.向德国学创新(3)中国制造 2025 学什么?[EB/OL].(2015-03-14)[2022-12-05]. https://www.thepaper.cn/newsDetail_forward_1311064.

② 德国"EXIST 大学创业"资助项目:培育创企 2 300 家[EB/OL].(2019-06-05)[2022-12-05]. https://www.sohu.com/a/318659226_324617.

3.4.3 日本新兴产业的跨区域协同机制

日本由于国土面积狭小,创新资源高度集中在少数几个发达的大城市,大城市人才和信息网络基础齐备,为新兴产业研发提供所需的土壤以及广阔的消费市场。日本对新兴产业的发展思路,从空间协同性角度来说,主要有三个方面。

3.4.3.1 人力资源是新兴产业空间协同核心

新兴产业发展最重要的人力资源条件,它是决定日本新兴产业空间形态分布的因素。比如,东京市以总部型企业居多,因为在东京圈内的知名大学占到日本大学总数的1/3左右,良好的教育资源,不仅为企业提供了充足的高质量科研人员,同时也为科技人员的再学习、深造、充电等提供良好的支撑条件。新兴企业在选择区位时,除了考虑市场条件,还需要考虑员工的居住环境以及子女教育和交通等条件,不仅如此,像筑波市有很多大型企业的研发机构,其工作人员就来自筑波大学,还有一些在研究机构里已经退休的工作经验丰富的人员,企业也会继续返聘发挥余热。此外,在高校和科研机构林立的地区,企业可以迅速获得重要的情报资源,而大都市区又具有交通便捷的优势,对于企业开展合作研究有得天独厚的条件,像东京市和筑波市就有很多企业集聚在学术研究园内,大学与企业共同研发新产品。因此,日本新兴产业的发展靠近大学和研究机构,它们的所在地区是决定新兴产业空间形态分布的重要因素。

3.4.3.2 产业链的完善推动新兴产业空间协同

创新不单单是一个部门的事情,还涉及产业链上相关企业发生业务、技术转移或技术外溢等,创新中所发生的设备购买、租赁、人员的培训、进修,以及研发材料采购等,都会带来显著的外部效益,例如,像茨城县的筑波研究园,当地的经济发展主要依靠园区内创新活动带动的。如OA器械、样品、试剂、实验设备、实验耗材等在茨城县就是当地主要的收入来源,创新活动不仅带来技术上的效应,也为产业链的相关配套企业以及周边的城市带来显著的经济效益。

3.4.3.3 政府主导的产学研推动新兴产业空间协同

日本政府在新兴产业发展中扮演了重要的角色,政府成立了专门的连接产学研合作的机构,比如日本文部省成立的"国立学校与民间企业"机构,鼓励研究人员到企业去,解决企业实际问题,同时也鼓励企业工作人员到研究所进行学习,形成一个双向互动交流的产学研平台。日本在《科学技术政策大纲》中强调了产学研的重要性,以及各种加强产学研的合作措施,具体的合作形式包括联合式、委托式和重点资助式。联合式指政府成立特定的组织,该组织联合企业、院校、政府就某一社会重大项目进行研究。委托式是指政府委托有关机构或企业开发。重点资助式指由政府出面,并在经费上加以保障,组织有关机构就某一重大技术问题或关于社会民生的主要问题开展研究。新兴产业在空间上的集聚重要因素有人才、研发外溢性和产学研的推动。在新兴产业的集聚过程中,各类不同规模的企业发挥至关重要的作用:大企业是全球化的一支重要力量和载体;作为最具创新精神和创新活力的中小企业,在经济发展中具有巨大的推动作用;高校和科研院所是研发中的重要一员;政府则通过对创新环境的营造,推进产学研网络的合作。

3.5 美、德、日新兴产业空间形态对我国的启示

本章分别从美、德、日三个代表性的发达国家发展战略性新兴产业的空间分布、空间集聚形态和协同机制三个维度分析新兴产业的空间形态特征,并通过总结这三个国家的典型做法,分析对我国新兴产业发展的重要启示。

3.5.1 体系化和针对性的政策设计是决定新兴产业空间分布的重要因素

由于新兴产业的发展缺乏可参考的历史标准,也不能照搬传统产

业的做法,再加上在新兴产业发展初期,技术路线未定,容易出现技术和市场发展的双重困境,这时就需要政府支持与干预,表明坚定的发展决心,打破僵局,建立稳定的政策支持。而政策设计需要有延展性,例如,美国分别于 2009 年、2011 年、2015 年颁布了《国家创新战略》,不断调整完善创新政策,德国推出了三个版本的"德国高新技术发展战略",日本也相继推出系列的"创新战略",这些发达国家的做法都非常重视政策的针对性和延续性,紧跟形势变化发展,但是在具体实施层面,又出台了更多配套的细则文件,形成体系,这些做法都值得我们借鉴。又如,巴西发展新能源,并不像发达国家那样开发太阳能、风能、电能等,而是立足本国国情,巴西有丰富的生物资源,由政府主导,巴西各大公司参与的生物能源发展,探索出了与其他国家不同的符合本国特色的发展之路,如今巴西也是世界上最大的乙醇生产和出口国。

3.5.2　区域创新资源禀赋和制度环境决定新兴产业集聚形态

美国推出的"三个创新"战略,德国提出的工业 4.0 计划以及面向未来的高技术发展战略,还有日本的"新成长计划",都是结合国家的创新资源禀赋提出的。立足于自身优势产业的全球化,尤其在开放合作中,要坚持自主研发、培育内生技术能力,才能打破发达国家的技术垄断,积极用先进技术改造传统产业,探索符合我国国情的新兴产业发展之路,加入全球价值链的产业分工,借助新兴产业发展的契机,夯实基础设施建设、制度环境建设、人才培养等,为新兴产业发展提供高效、透明的外部环境。

新兴产业的集聚与公平有效的制度环境也密切相关。灵活的人才流动机制、成熟的风险投资和资本市场以及信用体系,推动新产品从实验室,甚至只是创意理念阶段到市场化的进程,都会推动新兴产业的集聚。

第一,对于人才的需求方面,要创造宽松的市场环境。美国在不同的阶段颁布不同的法律,鼓励创新和创业:2000年,发布"教育公务员特例",鼓励研究人员把科技成果转化为创业行为;2010年,颁布"初创企业扶助法案"①;2012年,颁布"小企业就业法案"②,鼓励民众参与创新。

第二,新兴产业在初创期,会面临很多困难,需要有"鼓励创新,宽容失败"的氛围,激励创业人员敢于创新的企业家精神,新兴产业的发展拥有更加多元、包容的文化土壤,才能吸引更多人到新兴产业创新领域。

第三,消除不正当竞争和垄断行为,为市场主体提供公平竞争的机会,尤其是对中小企业创新的保护,形成以领军企业的开拓创新与中小企业的合作创新为框架的坚实基础。

第四,对创新行为的鼓励,促进产业之间的融合。例如,平面媒体与"互联网+"结合产生了网络出版,广播媒介与移动的融合产生了手机电视。

第五,像社会认知理念和基础设施方面也需要跟进。比如,发展节能环保产业,先需要在社会上形成节能环保的生活意识,才能增大消费市场,还有像新能源的发展也需要加强对城市基础设施方面的投入。

3.5.3 产业创新体系是新兴产业空间协同的支撑

新兴产业的蓬勃发展离不开产业创新体系。例如,美国在发展新兴产业的过程中,就非常重视企业的创新,少政府干预,甚至在政策制订阶段,企业就加入政策制订的讨论中,美国的创新战略也把企业部门纳入其中考虑,甚至企业的战略还可能上升为国家战略,例如,IBM

---

① 财新网. 奥巴马正式签署创业企业扶助法[EB/OL]. (2012-04-06)[2022-12-26]. http://inte.rnational.caixin.com/2012-04-06/100376552.html.

② 黄润. 美国小企业就业法案的启示[EB/OL]. (2014-12-15)[2022-12-26]. http://www.cnfinance.cn/magzi/2014-12/15-20514.html.

提出的"智慧地球"(2008)[①],GE 提出的"工业互联网"(2012)已作为国家战略进行推广[②],还有德国的工业 4.0 计划也是从民间提议上升到国家战略。在发展新兴产业中,我国也要积极吸纳企业的力量,保障企业将主要精力投入创新的研发市场化,鼓励企业去发展新模式,促进新兴产业的快速成长。

完善的产业创新体系是新兴产业发展的重要支撑,基础研究、技术开发、融资环境等,任何一个环节上的薄弱或缺失,都会影响新兴产业的发展。因此,夯实产业基础、完善创新体系就显得非常重要。在新兴产业发展上,人才培养和基础研究又是重中之重,及时构建产学研互动,从融资环境、技术开发、政策框架等方面完善产业的生态环境才能给新兴产业的发展提供健康的支撑,例如,硅谷的发展得益于周边有全球顶尖大学,有高度集聚的风险资本,也有创新精神的企业家,以及宽容失败的硅谷文化;而欧洲各国,虽然在硬件条件上不比硅谷逊色,但是在创新体系方面都不如硅谷,无法与硅谷抗衡。

3.6 本章小结

本章分别从新兴产业的空间分布、空间集聚形态和跨区域协同机制三个方面对美国、德国、日本等主要发达国家新兴产业的发展进行梳理,有以下结论。

(1) 从新兴产业的空间分布看,政府政策影响新兴产业的空间分布。美国把创新作为新兴产业发展的总纲领,持续推进新能源、生物技术、先进制造业等新兴产业的发展,通过研发资金的大量投入以及研究基础设施的完善,确保这些新兴产业的全球领先地位。德国风力发

---

① IBM. Smarter Planet [EB/OL]. (2019-05-27)[2022-12-26]. https://www.ibm.com/ibm/history/ibm100/us/en/icons/smarterplanet/? mhq = smarter%20planet&mhsrc = ibmsearch_a.

② 从 GE 看工业互联网的前世今生[EB/OL]. (2018-07-13)[2022-12-26]. https://www.sohu.com/a/240943665_505211.

电技术创新能力的霸主地位确立与其国家战略对新能源技术的支持有关。日本通过科技和服务创造新的经济价值,促进经济的可持续发展。

(2) 从新兴产业的空间集聚形态看,新兴产业创新水平不仅取决于产业自身的结构和质量,也取决于产业空间结构及空间形态。美国的新兴产业近几年有个很显著的特征变化就是创新资源在成熟地区及中心城市重新集聚,这种新趋势对城市的空间发展和功能转型起到重要作用,也对创新空间塑造、资源集聚和城市发展产生深远影响。而这种新的创新空间形态大致可以分为核心枢纽型模式、科技园区模式、城市更新模式三类。德国的风电产业技术创新经历了空间区位选择过程,呈现出由分散分布到集中分布的演变,在空间形态上呈现出以中心城市为核心,向外辐射扩散的形态特征,并且中心城市与外围存在着紧密的空间联系和依赖。日本的新兴产业空间集聚形态呈带状分布,沿太平洋沿岸形成一条带状。

(3) 从新兴产业发展的跨区域协同机制来看,美国的新兴产业发展,主要通过构建空间创新网络、加快产业空间融合、提升区域协同创新水平等措施;德国促进新兴产业的空间协同,主要通过政府政策的强有力保障,充分发挥区位优势和资源禀赋以及推动协同创新,增强高校、科研机构、企业的深度合作;日本通过培养科技人才、创新驱动以及推动产学研协同创新等方法促进新兴产业的空间协同。

(4) 美国、德国、日本新兴产业的发展,对我国有重要启示:体系化和针对性的政策设计决定新兴产业空间分布,区域创新资源禀赋和制度环境决定新兴产业集聚形态,产业创新体系是新兴产业空间协同的支撑。

4 中国战略性新兴产业技术创新的空间形态分析

4.1 引言

战略性新兴产业的发展对我国应对国际市场的风云变幻、实现产业结构的优化升级和经济增长都有着极为重要的战略意义,其将成为未来中国经济发展的新引擎。战略性新兴产业的发展需要多方协作,不同主体间通过知识转移和知识协同将知识创新成果转化为现实的生产力。我国区域科技创新能力呈现不均衡性,这种不均衡已经成为当前我国发展战略性新兴产业所面临的一个关键问题(魏江,李拓宇,赵雨菡,2015)。刘志阳(2010)认为战略性新兴产业与金融是生态联动关系,会经历演进共生、协同发展、极限发展和共生四个阶段。柳卸林(2012)认为通过政策和市场力量,完善战略性新兴产业链才能促进新兴企业的发展,因此,从协同的角度,对完善产业链的培育高于对某些具体企业的扶持。Bychkova(2016)从战略选择、网络构建和网络失败等方面探讨了俄罗斯大学与产业合作网络的制度化。因此,如何培育以及利用本区域或者外区域的资源,并与创新活动进行匹配,促进空间协同创新,已经成为各级政府共同关注的问题。获得创新资源一般有两种途径:一是本区域内积累的资源;二是利用区域外资源。本区域内的创新资源可以通过高等院校、企业、研究机构的协同互动、知识共享等方式来实现,外区域的创新资源获得通过技术网络、产业链分工等途径实现。这两种组织方式涵盖区域之间的协同互动关系。本章主要关注战略性新兴产业技术创新的空间形态变化,分析了新兴产业的空间分布格局、空间集聚形态和跨区域的协同机制,这对实现战略性新兴产业在空间资源上的优化配置有重要意义。

4.2 中国战略性新兴产业的空间分布

我国战略性新兴产业空间分布形成了不同产业的集聚(徐鑫,2015)。

战略性新兴产业主要集中在环渤海区域、长三角区域和珠三角区域,以及中西部的"金三角"区域。其中以东部沿海发达城市较为集中,环渤海区域集中了大量的科教资源,在节能环保、先进制造、航空航天、信息技术等领域发展很快。长三角区域是新兴产业发展的核心地带,集中了云计算、物联网、节能环保、海洋工程等产业集群,还有珠三角区域在节能环保、新能源汽车、移动互联网领域具有特色,中西部地区的成都、重庆、西安等城市构成的西部"金三角"则是电子信息、光电子、新材料等新兴产业的集聚地(李金华,2014)。表 4.1 列出了七大战略性新兴产业的空间分布。

表 4.1 七大战略性新兴产业的空间分布

产业类型	分布区域	产业资源分布说明
新一代信息产业	环渤海、长三角、珠三角	(1) 三大区域占据全国集成电路产业规模 95%。 (2) 环渤海的北京、天津是计算机制造、云计算、物联网的研发中心,长三角的上海、南京、宁波、苏州、杭州是国家电子商务示范城。 (3) 珠三角的广州、汕头、深圳是最大的电子制造业基地。
生物医药产业	环渤海、长三角、珠三角	(1) 长三角的上海是中国医疗器械行业领头羊,聚集大量跨国医药公司的总部。 (2) 珠三角的广州是国家生物产业基地,深圳拥有首个国家基因库。 (3) 环渤海的北京拥有中关村生命科学园、大兴生物医药基地,是国家生物产业基地。

(续表)

产业类型	分布区域	产业资源分布说明
高端装备制造业	环渤海、长三角、珠三角，东北的沈阳、大连、哈尔滨	(1) 北京是高端装备制造业人才集聚地和研发中心。 (2) 青岛的造船、济南的智能制造、大连的海洋工程装备及轨道交通在全国都居领先地位。 (3) 上海是民航、智能制造、海洋工程产业基地。 (4) 珠三角的广州、深圳、佛山是高端装备制造业核心城市。 (5) 东北地区的沈阳、大连、哈尔滨是传统老工业基地，在重型机床、大型电力设备方面拥有核心优势
新能源	环渤海、长三角、西南和西北	(1) 北京集中了新能源研发中心；辽宁和天津是风电产业中心；山东是国家太阳能光热基地。 (2) 上海是新能源装备生产的主要基地；江苏是光伏生产制造主要基地。 (3) 内蒙古风能资源丰富，也是全国最大的风能基地；甘肃酒泉有中国第一个千万千瓦级风电基地；新疆新能源主要是风电和太阳能发电。 (4) 西南地区的四川是重要的硅材料和核装备制造基地
新材料产业	环渤海、长三角、珠三角、中部、西部、东北	(1) 北京是全国新材料产业人才集聚地区和科技研发中心；天津有国家半导体照明工程产业基地。 (2) 上海是全国重要的基础原材料基地和新材料研发基地；江苏的电子信息材料产业、浙江的磁性材料产业等优势显著。 (3) 广州主要集聚先进金属材料、有机高分子材料产业；深圳主要集聚的是新能源材料、生物材料以及电子信息材料产业。 (4) 中部地区的新材料产业基地主要分布在马鞍山、铜陵和蚌埠地区，另外，光电信息材料和金属材料主要分布在武汉地区。 (5) 西部的重庆是镁合金、铝加工、化工新材料的示范基地，四川有钒钛新材料、生物医药新材料等基地
新能源汽车	珠三角、长春、北京、上海、重庆等	上海已形成国际新能源汽车示范城；长春正在发展以纯电动汽车为代表的新能源产业集聚地；北京有福田汽车平谷综合产业园；广东中山有南方最大的锂电池及新能源汽车生产基地

资料来源：根据(李金华，2014；徐鑫，2015；庄德森，2017)等文献整理。

各省份都对战略性新兴产业发展给予高度重视,也分别发布了"十三五"发展规划纲要,对战略性新兴产业发展重点也有详细的论述,并根据本省份的资源条件,在某些领域给予强化。根据各省对战略性新兴产业规划文件以及新兴产业在每个分区区域的产业资源情况,在产业选择上有空间趋同现象。例如,新能源和新材料以及新一代信息技术产业被大部分省市作为优先发展对象,出现扎堆现象,中部地区多将高端装备制造业作为优先发展对象,北部地区多将新能源作为优先发展对象。

4.2.1 空间层次分析

4.2.1.1 数据来源

在指标选择方面,参考梁琦(2004)、王立平(2005)、周立(2006)、李习保(2007)等学者的研究,选择主营业务收入指标作为各省份战略性新兴产业创新产出的衡量,该指标包含信息全面丰富,并且从2001—2016年在统计年鉴中获取的数据序列完整。另外,再选择出口交货值衡量对外贸易对战略性新兴产业的影响。数据来源于2008—2017年的《高技术产业统计年鉴》和2008—2017年的《中国科技统计年鉴》。

4.2.1.2 四分位地图

分位数就是随机变量 x 的累积概率在(0,1)所对应的某一固定值的随机变量值,它包括上侧分位、下侧分位和双侧分位,用数学公式表示为:$\forall \alpha \in (0,1)$。

(1) 若 $p\{x > z_\alpha\} = 1 - F(z_\alpha) = \alpha$,则 z_α 为上侧分位数;

(2) 若 $p\{x < z_\alpha\} = F(z_\alpha) = \alpha$,则 z_α 为下侧分位数;

(3) 若 $p\{|x| > z_\alpha\} = \alpha$,则 z_α 为双侧分位数。

事件 $\{X \leqslant x\}$ 表示发生的频率,则 $F_n(x)$ 为样本分布函数。而 n 分位数就是将 $F_n(x)$ 分为 n 个等份的一系列数值点,四分位就是将概率分布分为 4 等份的数值点。上分位数用 Q_{75},下分位数用 Q_{25} 表示,上分位数的计算公式为：

$$Q_{75}=n\begin{cases}x_{\frac{3(n+1)}{4}}, & n=4k-1\\ x_{\frac{3(n+1)}{4}}+x_{\frac{3n+1}{4}+1}-x_{\frac{3(n+1)}{4}}, & other\end{cases} \quad (式4\text{-}1)$$

下分位数的计算公式为：

$$Q_{25}=\begin{cases}x_{\frac{n+1}{4}}, & n=4k-1\\ x_{\frac{n+1}{4}}+(x_{\frac{n+1}{4}+1}-x_{\frac{n+1}{4}}), & other\end{cases} \quad (式4\text{-}2)$$

根据分位数划分等级的地图称为分位数地图，在本书采用四分位地图来表示变量之间的空间层次。使用 Geoda10.0 软件，以各地区历年的主营业务收入为因变量绘制四分位地图，时间跨度为 2007—2016 年，以 3 年为时间间隔，绘制四分位图，深入观察全国战略性新兴产业技术创新的空间层次变化。

战略性新兴产业四分位地图分类如表 4.2 所示。

表 4.2　战略性新兴产业四分位地图分类

年份	第一区间	第二区间	第三区间	第四区间
2007	上海、山东、北京、福建、广东、江苏、天津、四川、浙江	安徽、河北、河南、黑龙江、辽宁、湖北、江西、陕西、湖南	贵州、内蒙古、云南、宁夏、甘肃、广西、山西、重庆	西藏、新疆、青海
2010	浙江、山东、福建、北京、广东、天津、四川、江苏	陕西、辽宁、重庆、江西、湖南、安徽、吉林、河北、河南、湖北	宁夏、甘肃、黑龙江、山西、内蒙古、广西、贵州、海南、云南	西藏、新疆、青海
2013	四川、江苏、河南、山东、北京、上海、天津、广东、浙江	辽宁、福建、重庆、安徽、陕西、河北、吉林、湖北、江西、湖南	贵州、内蒙古、青海、云南、海南、广西、甘肃、黑龙江、山西	新疆、宁夏、西藏

(续表)

年份	第一区间	第二区间	第三区间	第四区间
2016	福建、重庆、浙江、河南、山东、北京、上海、天津、四川、江苏、广东	湖北、陕西、吉林、江西、广西、湖南、安徽、北京、河北	甘肃、内蒙古、云南、海南、辽宁、山西、宁夏、黑龙江、贵州	新疆、青海、西藏

注：表格中的区间分布根据 Geoda 软件画出的四分位地图整理。

从表 4.2 的变化中可以看出如下几个现象：

从第一区间看，北京、上海、天津、山东、江苏、浙江、广东、四川，十年间一直处于第一区间，这几个省份（直辖市）也是战略性新兴产业的集聚地与发展重点。值得注意的是，2016 年，河南、重庆从之前的第二区间跃迁至第一区间，河南作为人口大省，积极发展新材料产业，已经形成洛阳国家硅材料基地、超硬材料产业化基地和光伏高新产业化基地；重庆在新材料领域内发展迅速，利用重庆丰富的矿产资源和人力资源，已经形成了铝加工、镁合金以及化工新材料等三个重要的国家基地，不仅如此，还有西彭铝等新型的材料工业基地。

从第二区间看，吉林、河北、陕西、安徽、湖北、湖南、江西这几个省份一直处于稳定但缺乏突破的情况。发生变迁的有辽宁和黑龙江。例如，2007—2013 年辽宁一直处于第二区间，2016 年调整到了第三区间；黑龙江从 2010 年后就一直处于第三区间。黑龙江作为东北老工业的重要基地，在新兴产业的发展中也面临着如何抓住发展机会，对老工业、重化工业进行转型改造，走一条更可持续发展的道路。总体来说，处于第二区间的大部分是中部省份，面临的一个共同问题就是如何抓住战略性新兴产业机会，对现有的本省产业进行升级转型。中部省份蕴含着巨大的发展潜力，若能通过战略性新兴产业的发展契机，走一条新型的创新发展之路，将对经济有极大的推动作用。

从第三区间看，十年中区间位置一直都没变的是内蒙古、云南、甘肃、贵州、山西、海南。这六个省份（自治区）旅游资源以及矿产资源丰富。从产业结构上看,这六个省份(自治区)的经济发展模式比较单一,虽然发展新兴产业相比东部地区没有雄厚的技术背景,但是可以依托丰富的旅游资源以及民族文化资源开发文化创意产业。另外,第三区间中,像广西在2016年跃迁到第二区间,因为广西以铟为代表的有色金属材料在全国占有优势,利用独特的矿产资源来发展新材料产业。

从第四区间看,青海、西藏、新疆近十年的位置没有变化,青海在2013年跃迁到第三区间,但是2016年又回到第四区间,而宁夏则在2013年调整到第四区间。这三个省份(自治区),虽然有丰富的资源,比如太阳能、风能、地热能等,但是由于缺乏基础设施、人才和资金等创新要素,战略性新兴产业在这三个省份(自治区)一直很难发展起来。

为了更具体地分析与战略性新兴产业主营业务收入密切相关的因素,下文分别通过散点图、条件地图等深入剖析。

4.2.1.3 散点图

散点图通过点的分布反映变量之间的相关情况。根据散点图中点的分布走向和密度,可以大致判断变量之间的相互关系。散点图是较好揭示两个变量相关性的可视化工具。图4.1中,散点图的斜线是最小二乘回归直线,说明主营业务收入与出口交货值存在正相关关系。

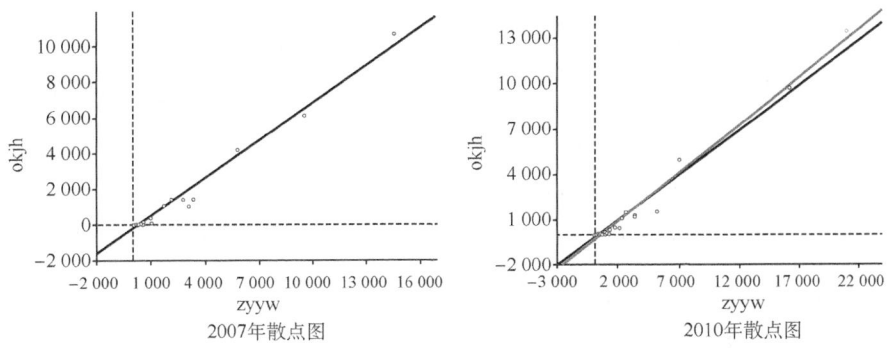

2007年散点图　　　　2010年散点图

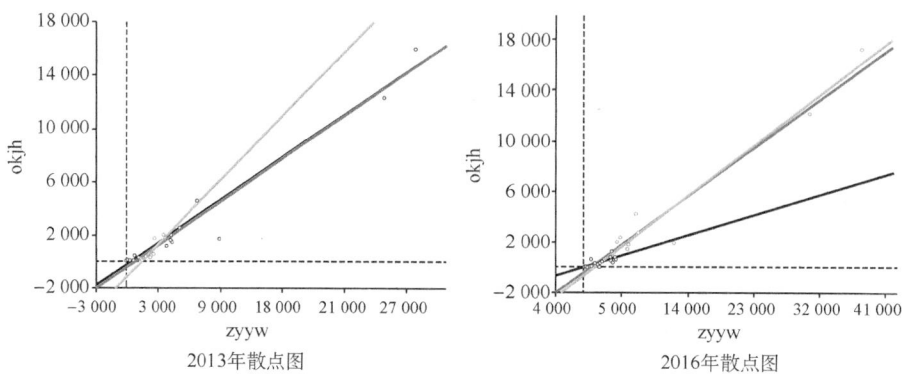

图 4.1　主营业务收入与出口交货值关系散点图

图 4.1 显示了新兴产业主营业务收入与出口交互值之间的关系,其中,R^2 表示的是拟合的程度,$Slope$ 表示的是直线斜率,$P\text{-}Value$ 是显著性水平。散点图的主要参数值见表 4.3。

表 4.3　散点图的主要参数值

年份	R^2	$Slope$	$P\text{-}Value$
2007	0.981	0.703	0.002
2010	0.980	0.630	0.001
2013	0.958	0.531	0.003
2016	0.953	0.427	0.017

注:表格中的数据根据 Geoda 软件画出的二维散点图(图 4.1)整理。

从图形所表示的参数值可以看出,主营业务收入与出口交货值存在强烈的正相关关系,说明战略性新兴产业的外向度很高。由图 4.1 可见,图上的小点代表的是各个省份及直辖市。通过 Geoda 软件刷光功能对应的数据找到对应的省份(直辖市、自治区),从 2010 年起,最右上角的点是广东,然后沿着直线往原点方向,由远及近依次是江苏、上海、浙江、福建、天津、四川,在快接近原点时,有一丛密集的小点,代表的是其余省份(直辖市、自治区)的丛聚。

2013年的散点图显示,最右上角的点是广东,沿着直线向原点方向,由远及近依次是江苏、上海、山东、河南、福建、北京、天津、浙江等,其余的省份(直辖市、自治区)丛聚成一簇。2016年的散点图则显示,最右上角的是浙江,然后是北京、江苏、上海、河南、山东、重庆、四川、福建、天津,其余的省份(直辖市、自治区)离原点近的丛聚成一簇。

二维散点图显示了新兴产业主营业务收入与出口交货值的关系,在散点图上能观察到的大部分处于东部沿海,外向型经济非常活跃,像2010年、2013年处于最右上角位置的有广东、江苏、上海,还有2016年的浙江、北京、江苏、上海等,说明近十年的发展,战略性新兴产业在空间分布上有了显著的空间形态特征,主要表现为以下几个特点。

(1) 已有产业基础决定了战略性新兴产业的空间形态。东部地区由于人才优势,技术力量强,已有经济基础较好,战略性新兴产业在东部沿海地区分布也非常集中;西部地区则因为各种创新要素的匮乏,如资金、人才短缺等,战略性新兴产业发展还比较落后;中部地区则以发展资源型的战略性新兴产业为主。这说明现代制造业的发展基础以及区域经济发展水平和人才条件决定了战略性新兴产业的集聚。

(2) 东部沿海发达省份的战略性新兴产业空间形态差异小,空间布局以集中式集聚为主,而中西部受人才、资金、地方规划影响出现较大差异,产业类型较狭窄,一般以具有区域比较优势的新材料、新能源等产业为主。

(3) 大型国有企业以及领军企业主导战略性新兴产业的空间形态。大型国有企业以及领军企业由于有技术、人才、政策方面的优势,在创新资源配置中也起到主导作用,大型国企所在的集聚地也是战略性新兴产业发展的活跃地带。

4.2.1.4 条件地图

条件地图是以空间变量构成的图表矩阵,反映不同地域的要素变量的特征,以及要素之间条件的差异性。在 Geoda 软件中,选择好两个变量后,根据区域位置的地理条件,会分成9个区间,每个区间反映变量在不同区域条件的相互关系。条件地图用于评估亚区间变量分布系统差异的程度。

条件地图将区域分为五类，＞75％，50％～75％，25％～50％，＜25％，接下来通过表4.4再进一步说明。

表4.4 战略性新兴产业空间形态的条件地图

年份	上离群值①区域	＞75％	50％～75％	25％～50％	＜25％
2007	江苏、广东、浙江、上海、北京	湖北、福建、陕西、四川、山东	河南、湖南、河北、安徽、贵州、天津、辽宁、江西、黑龙江	内蒙古、重庆、海南、云南、广西、山西、宁夏、吉林	青海、新疆、西藏
2010	江苏、广东、浙江、上海、北京	四川、山东、福建、湖北、陕西	黑龙江、江西、辽宁、天津、贵州、安徽、湖南、河南、河北	宁夏、山西、吉林、内蒙古、重庆、云南、海南、广西	青海、新疆、西藏
2013	江苏、北京、广东	山东、陕西、湖北、浙江、四川、福建、上海	黑龙江、河北、河南、安徽、贵州、江西、湖南、天津、辽宁	重庆、山西、宁夏、甘肃、吉林、内蒙古、广西、云南、海南	青海、新疆、西藏
2016	广东、山东、北京、江苏、浙江	福建、陕西、上海、四川、河南	黑龙江、河北、安徽、湖北、重庆、江西、湖南、天津、辽宁	山西、宁夏、吉林、贵州、甘肃、内蒙古、广西、海南、云南	青海、新疆、西藏

注：表中地区分布根据Geoda软件画出的条件地图整理。

从条件地图的空间分布情况来看，2007—2016年，我国战略性新兴产业的空间形态存在着扩散和集聚两类特征。江苏、山东、上海、北京、广东、浙江、江苏是战略性新兴产业的集聚地，作为我国的经济发达地区，这5个省份和2个直辖市有着研发力量雄厚、人力资源丰富、资金充足、大企业密集分布、制造业基础好等特点。这说明战略性新兴产

---

① 离群值(outlier)，也称逸出值，指在数据集中与其他数值比较差异很大的值。

业的集聚程度与地区经济发展是存在强烈的正相关关系,得益于创新要素的外溢性,与这些发达地区相邻的省份得到了扩散和带动作用,像安徽、河南等区域承接了东部新兴产业的生产线、装配线等,在技术扩散下,成为新兴产业发展的后方基地。

4.2.2 空间相关性分析

4.2.2.1 全局空间相关性

1) 探索性空间数据分析

ESDA(exploratory spatial data analysis),也称为探索性空间数据分析方法,主要用于探测及分析变量间是否存在空间相关性。ESDA 主要包括全局自相关和局部自相关,如果变量在空间上发生集聚,则说明该变量的空间自相关程度较高。探索性空间数据分析主要使用两种工具,第一种以判断全局关联性为主,如莫兰(Moran's I)指数,一般来说,各类指标都可以分为自相关性和交叉相关性两种;第二种是分析各个局部区域地域单元的关联性指标,如 Moran 散点图。空间关联性分为两类:一类是自关联性,表示某区域与其周围区域之间的相关性;另一类是交叉关联性,指两个不同变量在不同区域的相关性。为了计算空间关联性,我们需要运用到空间权重矩阵,运用的比较广泛的权重矩阵有车式邻接以及 K 最近邻接矩阵,但是无论是哪种权重矩阵,对矩阵元素值的定义都是:邻接为 1,不邻接为 0。

2) Moran'I 指数计算

全局空间自相关是用来衡量区间总体相关性大小及显著程度的指标,用 Moran'I 指数来表示。Moran'I 值也反映了全局相关性的程度,一般而言,Moran'I 越大,全局相关性越强,Moran'I 的数学公式如下:

$$I = \frac{\sum_{i=1}^{n} \sum_{j=1}^{n} W_{ij}(Y_i - \overline{Y})(Y_j - \overline{Y})}{S^2 \sum_{i=1}^{n} \sum_{j=1}^{n} W_{ij}} \quad \text{(式 4-3)}$$

其中，$S^2 = \frac{1}{n}\sum(Y_i - \overline{Y})$，参与计算的空间单元总数用 n 表示，空间权重矩阵用 W 表示，Moran'I 的值域范围为（−1～1），并且用检验值 Z 来推断：

$$Z = \frac{I - E(I)}{SD(I)} \quad (\text{式 } 4\text{-}4)$$

其中，期望收益用 $E(I)$ 表示，标准方差用 $SD(I)$ 表示，检验值 Z 的含义是：当 Moran'I>0，并且显著性很好，说明高创新产出区与高创新产出区域相邻；当 Moran'I<0，并且显著性很高，说明空间单元之间存在较大差异，高创新产出区的周围是低创新产出。

在 Moran'I 指数的计算中，需要用到空间权重矩阵 W，一般选择车式邻接权重矩阵来计算，即

$$W_{ij} = \begin{cases} 1 & \text{当 } i \text{ 空间单元和 } j \text{ 空间单元邻接} \\ 0 & \text{当 } i \text{ 空间单元和 } j \text{ 空间单元不邻接} \end{cases}$$

因此，W 是一个 $N \times N$ 的车式邻接空间权重矩阵。相应的计算结果在表 4.5 中显示。

表 4.5　Moran'I 指数计算结果

年份	W_1	W_2	W_3
2006	0.106	0.098	0.049
2007	0.276	0.126	0.063
2008	0.208	0.129	0.071
2009	0.252	0.136	0.082
2010	0.306	0.204	0.092
2011	0.319	0.268	0.106
2012	0.360	0.272	0.116
2013	0.386	0.282	0.139

(续表)

年份	W_1	W_2	W_3
2014	0.405	0.288	0.172
2015	0.407	0.295	0.184
2016	0.417	0.395	0.193

注：W_1, W_2, W_3 分别代表一阶、二阶和三阶的车式邻接矩阵。

从表4.5中的数据对比可以看出，十年间，全局相关性在显著增强，Moran'I 值呈现稳步上升的趋势，这说明空间相关性增强也加剧了战略性新兴产业的集聚，即拥有相同空间属性的新兴产业更容易聚集在一起。横向对比来看，一阶、二阶、三阶 Moran'I 值呈现逐渐缩小的趋势，说明距离对空间相关性有重要影响，创新产出呈现随着距离递增而逐渐衰减的一个趋势，由此说明，各省的战略性新兴产业发展在空间上是相互影响的，创新水平越接近的战略性新兴产业越容易集聚成生态群落。

4.2.2.2 局部空间相关性

1) 局部空间相关性分析概述

局部空间相关性侧重于度量某一空间单元与其周边区域的关系，常用的指标有 Moran 散点图、时空跃迁表以及 Lisa 显著性等。其中，Moran 散点图是局部自相关分析中应用最广的一种计算方法，它是用二维图表示某一空间单元与其空间滞后变量的相互关系。用 Z 来表示某一区域，则其空间滞后变量为 W_Z，Z 与 W_Z 构成四个象限，用图4.2表示，其中，横轴代表 Z，纵轴代表空间滞后变量 W_Z。

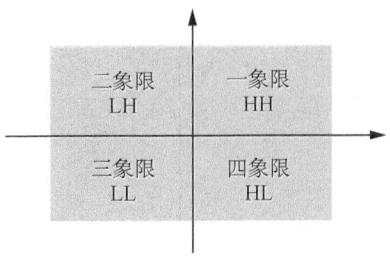

图 4.2 Moran 散点图

图 4.2 中，一象限是完全正相关象限，说明高创新与高创新地区集聚。三象限是完全负相关象限，说明低创新与低创新地区集聚。一和

三象限的共同点是具有相同空间属性的区域集聚在一起。二象限表示低创新水平区域,其邻居一象限是高创新水平区域。而四象限则表示高创新水平区域,其邻居三象限是低创新水平区域。二四象限是具有不同空间属性区域的聚集。

除了 Moran 散点图显示地区与其周围邻居的关系,局部空间自相关还可以用时空跃迁法测度。时空跃迁显示了区域在时间和空间上的变化轨迹,可以分为四个类型,其中,类型Ⅰ的跃迁路径是 $HH_t \to LH_{t+1}$、$HL_t \to LL_{t+1}$、$LH_t \to HH_{t+1}$、$LL_t \to HL_{t+1}$,表示在一二象限之间互相迁移或三四象限互相迁移;类型Ⅱ的跃迁是 $HH_t \to HL_{t+1}$、$HL_t \to HH_{t+1}$、$LH_t \to LL_{t+1}$、$LL_t \to LH_{t+1}$,表示一四象限互相跃迁或者二三象限互相跃迁;类型Ⅲ的轨迹是 $HH_t \to LL_{t+1}$、$HL_t \to LH_{t+1}$、$LL_t \to HH_{t+1}$、$LH_t \to HL_{t+1}$,表示一三象限互相跃迁或者二四象限互相跃迁;类型Ⅵ的轨迹是 $HH_t \to HH_{t+1}$、$HL_t \to HL_{t+1}$、$LH_t \to LH_{t+1}$、$LL_t \to LL_{t+1}$,表示不发生跨象限的跃迁,只在本象限内流动。Lisa 的全称是 Local Moran'I,它是测量某空间区域与其周围单元的相关性程度,与全局自相关相比,Lisa 是将 Moran'I 分解到各个局部的空间单元,它的计算方法如下:

$$I_i = \frac{x_i - \bar{x}}{S} \sum_{j=1}^{n} W_{ij}(x_j - \bar{x}) \qquad (式4-5)$$

式中,n 表示观测个数,$\bar{x}$ 是样本的平均值,x_i 是单个观测值。W_{ij} 是空间单元 i 和 j 的权重矩阵。

$$S = \frac{\sum_{j=1}^{n} x_j^2}{(n-1) - \bar{x}^2} \qquad (式4-6)$$

Lisa 的 Z 检验值为

$$Z(I_i) = \frac{I_i - E(I_i)}{S(I_i)} \qquad (式4-7)$$

式中，

$$S(I_i) = \sqrt{VAR(I_i)} \qquad \text{(式 4-8)}$$

I_i 和 Z_i 的不同组合，将局部空间自相关划分为四个象限：

(1) $Z_i > 0$ 且 $I_i > 0$ 时，处于第一象限，也称为高—高象限。中心区域和周边区域的发展都高于区域内平均水平，中心区域发展好，其周边区域发展也好，并且有较强的扩散效应，带动低水平区域的发展，产业类型将从高—高型演化为高—低型。

(2) $Z_i > 0$ 且 $I_i < 0$ 时，处于第二象限，也称为高—低象限。中心区域发展水平高于区域平均水平，而周边区域水平低于区域平均水平，中心区域较好，而周边区域不好，凸显了中心区域的集聚优势。中心区域较大规模的产业势能产生扩散效应，若周边区域发展，则产业类型将从高—低型向高—高型演化。

(3) $Z_i < 0$ 且 $I_i < 0$ 时，处于第三象限，也称为低—低象限。中心区域发展水平和周边区域发展水平均低于区域平均水平。若周边区域发展迅速，带动中心区域发展，将导致中心区域发展由低—低转向低—高型。若周边区域发展速度依然大大超过中心区域，将导致产业类型由低—低型向高—低型演变。

(4) $Z_i < 0$ 且 $I_i > 0$ 时，处于第四象限，也称为低—高象限。周边区域发展超过中心区域发展，说明周边产业发展对中心区域发展产生一定负面效应，导致中心区域边缘化。如果中心区域崛起，产业类型将由低—高型向高—高型转换。

2) Moran 散点图对比

为了全面反映战略性新兴产业的空间差异，通过 Moran 散点图找出区域之间的关系。Moran 散点图的横坐标代表中心区域产值的标准化值，纵坐标为空间滞后值，表示与中心区域的相邻区域标准化值的加权平均数。

以间隔期为 3 年，用 Geoda 软件绘制从 2007—2016 年全国新兴产业主营业务收入的 Moran 散点图变化趋势,见图 4.3。其中,空间权重选择的是"车式"连接权重矩阵创建。

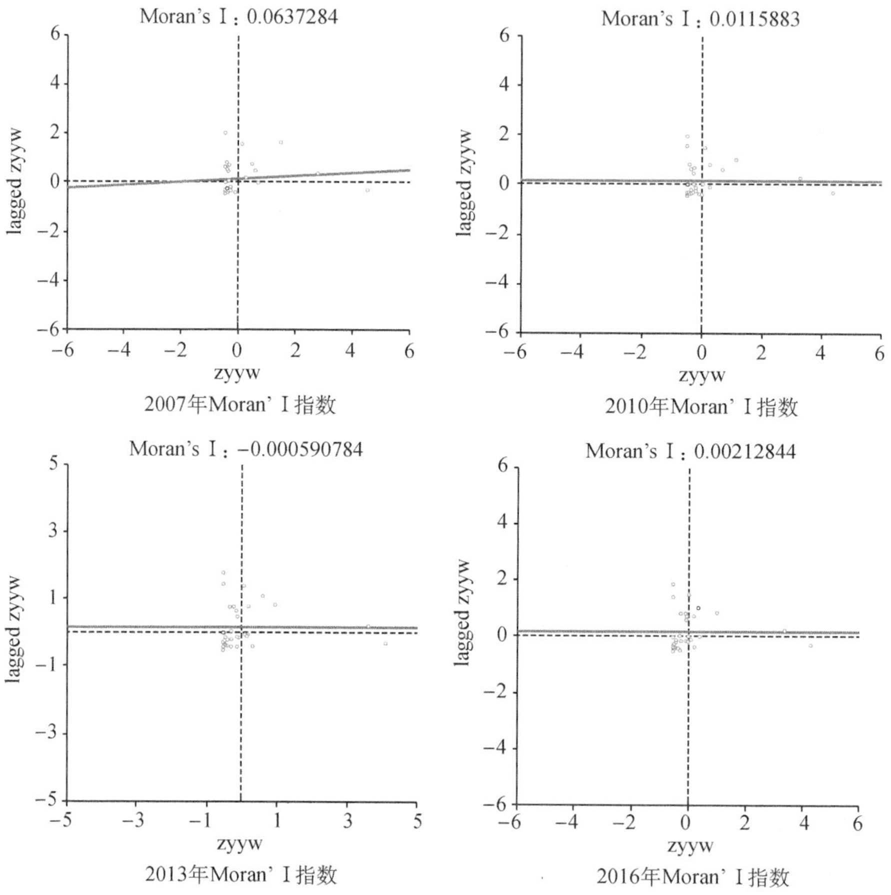

图 4.3　全国战略性新兴产业的 Moran 散点图

图 4.3 Moran 散点图传达了两个重要信息:

(1)局部区域的创新呈现空间强集聚的特性,即创新水平高的区域之间联系得更加紧密,区域之间的空间差异程度在扩大。

(2)随着时间的推移,各区域不断增强空间联系。为了清楚观察跃迁的路径,使用 Geoda 软件中的地图刷光功能①,并将各区域的十年跃迁情况,整理成表 4.6。

表 4.6 战略性新兴产业 2007—2016 年时空跃迁表

年份	HH 象限	HL 象限	LL 象限	LH 象限
2007	北京、浙江、江苏、福建、天津、上海、山东	广东	山西、云南、重庆、辽宁、黑龙江、河南、宁夏、内蒙古、陕西、西藏、海南、贵州、甘肃、四川、吉林、重庆、湖北、甘肃、新疆、青海	安徽、江西、广西、河北、湖南
2010	江苏、天津、山东、上海、浙江、福建	四川、广东	陕西、西藏、湖北、青海、甘肃、河南、山西、宁夏、内蒙古、黑龙江、吉林、新疆、辽宁、重庆、贵州、云南	湖南、安徽、江西、河北、广西
2013	浙江、北京、山东、江苏、福建、上海、天津	四川、河南、广东	湖北、贵州、青海、陕西、山西、内蒙古、黑龙江、吉林、辽宁、云南、重庆、宁夏、甘肃、西藏	广西、安徽、江西、湖南、河北
2016	浙江、山东、北京、江苏、天津、上海、福建	广东、重庆、河南、四川	甘肃、吉林、内蒙古、辽宁、云南、陕西、山西、黑龙江、新疆、青海、宁夏、湖北、西藏、贵州	广西、江西、安徽、湖南、河北

注:表格中的象限分布根据图 4.3 Moran 散点图整理。其中,HH 象限表示高—高集聚;HL 象限表示高—低集聚;LL 象限表示低—低集聚;LH 象限表示低—高集聚。

第一,从 HH 象限来看,一直处于这个象限内的是北京、上海、天津、江苏、浙江、福建、山东,四个沿海省份加三个直辖市,也是战略性新兴产业发展的第一梯队,形成了强强联盟的格局。

第二,从 HL 象限来看,广东省一直处于 HL 象限,说明广东自身经济实力强,但是周边省份,例如,广西、湖南以及江西的发展落后于广东,广东是一个区域的集化中心,吸引周边区域各种资源的高度集聚。从 2010 年起,HL 象限中,新增了四川,2013 年新增了河南,2016 年起新增了重庆。这些区域的发展也带动了周围区域的发展。

---

① 点击 Moran'I 散点图的点,即可显示该点对应的省份和相应的全部信息。

第三,从 LL 象限来看,处于 LL 象限中的省份(直辖市、自治区)也是最多的,十年中,在 LL 象限中没有发生跃迁的省份有东三省的黑龙江、吉林、辽宁,有处于大西北的甘肃、宁夏、青海、新疆、西藏五省份(直辖市、自治区),还有处于西南地区的云南、海南、贵州以及中部的陕西、山西、湖北,还有北部的内蒙古。这些省份(直辖市、自治区)十年间都处于 LL 象限,即自身区域和周边区域的发展水平都较低。但是有三个地区发生阶跃,分别是四川、河南、重庆。四川在 2007 年还处于 LL 象限,但是从 2010—2016 年一直处于 HL 象限,说明四川 2007 年起开始追赶。通过查阅资料发现,四川充分抓住战略性新兴产业的建设契机。例如,四川积极发展新能源产业,是国家重要的硅材料和核装备建设基地,拥有新光硅业、东方电气、中国二重等众多国内知名企业。四川也积极发展新材料工业,有新钒钛新材料、硅锂新材料、化工新材料、稀土新材料、超硬新材料、生物医学新材料等基地。四川在近几年的战略性新兴产业建设中表现抢眼,给中部区域的经济发展提供了很好的示范。河南在 2013 年发生跃迁,2013—2016 年处于 HL 象限,拥有丰富矿产资源以及劳动力资源,在新兴产业建设中,河南建设了超硬材料产业化基地和光伏高新技术产业化基地,走出了一条适合本省发展的道路。还有重庆,作为中部地区重要的直辖市,重庆在 2016 年实现跃迁,重庆形成了镁合金、化工新材料、铝加工等三个新材料高新技术产业化基地和西彭铝产业新型工业化示范基地。

第四,从 LH 象限来看,广西、安徽、湖南、河北、江西,5 个省份(直辖市、自治区)十年间一直处于 LH 象限,即它们的区域发展水平弱于周边省份,比如,广西毗邻广东,安徽毗邻江苏,湖南毗邻四川,河北毗邻山东,在十年间都没发生跃迁,也就是这 5 个省份(直辖市、自治区)十年的发展都比周围的省份要弱。

对于 H-H 型区域,可以大力培养研发、设计、营销,加强创新力,向产业链的高端延伸,加快淘汰落后生产能力,增强对周围区域的扩散和辐射带动能力;对于 H-L 型区域,可以将这些区域作为集聚重点,由于周围地区缺乏条件,可对中心区域加强扶持,使他们发挥扩散作用,带动周围地区崛起,向 H-H 型转变;对于 L-H 型区域,需要对这些区域加强基础设施建设,利用技术赶超,向周围发达区域学习,通过技术升级,促进提高战略性新兴产业的发展;对于 L-L 型区域,要进行系统的引导和帮扶,合理布局与周边地区的资源,通过先进区域的帮扶和引导,实现产业的协同发展。

3) Lisa 聚集图

无论是时空跃迁还是 Moran 散点图,分析的都是区域之间的相互关系,但是它并不能描述中心区域与周边区域之间的异质性,而 Lisa 集聚图则分析的是统计显著性高的区域,并且通过图形显示在一定的检验水平下,区域的空间分布形态。依然以 10 年为分析时长,时间间隔为 3 年,选择 2007 年、2010 年、2013 年、2016 年 4 个截面样本点,绘制 Lisa 集聚图。

该 Lisa 集聚图体现以下几个特征:

(1) 十年中,区域之间的分化非常明显,东、中、西部的空间形态呈现完全不一样的分布格局,东部地区以 H-H(高—高集聚)和 H-L(高—低集聚)为特征,并且呈带状分布,创新空间集聚显著。中部地区在显著性地图当中呈现空白,说明并不具备显著的统计特征,集聚类型以 L-H(低—高集聚)和 L-L(低—低集聚)为主。西部地区的集聚类型以 L-L(低—低集聚)为主。从空间形态上说,分化和断层的特点比较明显。

(2) 从 Lisa 聚集图看出,战略性新兴产业两极分化格局非常明显,东西部发展不平衡,而且行业集聚的差异程度也非常大。从图中可见,显著性高的区域很小,多数区域仍然处于低水平发展阶段。

(3) 趋同性现象非常明显,趋同性和过度集聚并不能带来资源的有效配置,需要根据每个省份的自身特色挖掘产业亮点。从 Lisa 显著性地图中也反映出一个很值得深思的问题:战略性新兴产业在布局上比较盲目,特别是中西部很多省份,对错位发展的思路以及对本省资源独特开发方面还有待提高,出现了为了抢占先机,一哄而上,重复建设的怪象,相近省份的产业的相关性、交互性不高,产业选择没有针对自身禀赋和资源,发展战略性新兴产业具有一定的盲目性,即使是区位相邻的地区,产业选择与区位优势结合不紧密。

(4) 从 Lisa 集聚图也发现,某地区在发展特定产业时,其周边地区也会以该产业为发展重点,说明地域相邻是产业集聚的一个非常重要的要素,因为相近的区位特点在资源上也有很多相似,例如,四川、重庆存在空间相关性,高端装备制造业都是这两个地区的重点发展产业。新疆、青海因为自然条件相似,光照充足,以发展新能源为主。还有山东、江苏、福建、浙江在空间上存在非常强的正相关性,都重点发展节能环保产业。

4.3 中国战略性新兴产业的空间集聚形态

关于空间集聚的讨论,学界的研究主要集中在区域经济和国际贸易领域。例如,空间经济学的代表学者克鲁格曼提出区域基尼系数的测量方法,并运用此方法研究国际分工(Krugman, 1991)。Durantou 和 Puga(2002)以城市为单元,使用就业数据,对比了美国 1977—1997 年部门专业化的发展新趋势。张纪(2006)以笔记本电脑行业为例,测算了笔记本行业的成本利润函数,并讨论了笔记本电脑的市场结构。陈栋生(2005)提出发展中部六省为都市圈,并以都市圈为平台,完善企业国际产业链,为供应链提供相应平台。魏后凯(2007)提出以产业链分工为基础,形成新型产业分工体系是缓解产业冲突的有效途径。刘艳(2013)用 E-G 指数方法发现战略性新兴产业的总体集聚程度较低,而吕岩威和孙慧(2013)则得出不一样的结论,他们计算得出战略性新兴产业的整体集聚水平较高,空间分布不均衡特征较明显。胡静和赵玉林(2015)使用战略性新兴产业上市公司的数据,发现在地区发展水平、地理位置、产业政策和产业基础等因素的影响下,新兴产业的集聚水平及其波动表现出明显的差异。汤长安(2018)则进一步细化研究,得出 H-H 型集聚的省份数量逐渐减少,L-L 型集聚的省份数量不断增加。

已有研究为考察中国战略性新兴产业的空间集聚及分工模式提供了良好基础,但仍存在一定的局限。例如,研究多使用公司财务报表等企业层面的数据,并不能全面反映战略性新兴产业的分工特征。针对新兴产业空间集聚总体状况的刻画,对分工模式以及空间分布形态缺乏更进一步的讨论,缺乏对细分行业的详细分析。由于战略性新兴产业有七大不同领域,不同行业之间产业分工模式以及空间集聚形态都有区别,不能简单用集聚程度高或低来说明,更需要细化到每个不同的子产业领域去研究才更有针对性。与已有研究相比,本书采集战略性新兴产业的细分行业省际数据,结合空间基尼系数,从空间集聚程度、区位分布特征、产业分工模式等多个层面对新兴产业的分工模式进行探索。

4.3.1 测量方法与数据

4.3.1.1 测量方法

空间基尼系数测量。Krugman(1991)在考察美国制造业的集聚程度时将洛伦兹曲线与传统基尼系数相结合,提出了空间基尼系数。本书使用空间基尼系数衡量战略性新兴产业空间集聚程度以及空间差异,其具体表达式如式(4-9)所示:

$$G = \sum n_i = \frac{1}{(s_i - x_i)^2} \qquad (式4\text{-}9)$$

其中,G 为空间基尼系数$(0 \leqslant G \leqslant 1)$,$S_i$ 为 i 省份战略性新兴产业占全国战略性新兴产业的比重,x_i 为 i 省份工业占全国工业的比重。G 值越小,说明战略性新兴产业的空间集聚程度越低,区域发展越均衡;G 值越大,则说明新兴产业的空间集聚程度越高,区域空间差异越大。

4.3.1.2 数据来源

根据《国民经济行业分类(2011)》,并结合《国务院关于加快培育和发展战略性新兴产业的决定》中对中国战略性新兴产业内涵的解释,本书选取 5 个行业作为战略性新兴产业的细分行业,分别是医药制造业(C27)、航空航天器及设备制造业(C37)、计算机及办公设备制造业(C39)、电子及通信设备制造业(C39)医疗仪器设备及仪器仪表制造业(C35,C40)。其中,医药制造业和医疗仪器设备属于生物产业,航空航天器及设备制造业属于高端装备制造业,计算机及办公设备以及电子及通信制造业属于新一代信息技术产业。本书以中国大陆30个省份(自治区、直辖市)(不包括西藏)为研究样本。在产业发展指标的选择上,本书用主营业务收入和利润总额来衡量战略性新兴产业发展水平,分别从经营状况和盈利能力两个方面探究战略性新兴产业的空间集聚及其演变。本书将样本考察期定为2006—2016年[①]。其中,这五个细分行业的主营业务和利润总额的数据来源于2007—2017年的《中国高技术产业统计年鉴》。由于在计算空间基尼系数时,还需要用到每个省份(自治区、直辖市)的工业值,每个省份(自治区、直辖市)规模以上工业的主营业务收入和利润总额的数据来源于2007—2017年的《中国工业统计年鉴》。在五个细分行业的原始数据收集中,也发现部分省份(自治区、直辖市)存在较严重的数据缺失。为了不影响计算,本书将每个细分行业中数据缺失严重的省份删除。其中,对于电子及通信设备制造业和计算机及办公设备制造业,删除青海、宁夏、新疆。由于航空航天产业,内蒙古、海南、云南、青海、宁夏、新疆这几个省份(自治区)的数据缺失严重,本书将这几个省份(自治区)删除。对于医疗仪器设备制造业,内蒙古和海南两个省份(自治区)的数据缺失严重,本书将这两个省份(自治区)数据删除。

4.3.2　5个细分行业空间基尼系数测算结果

表4.7和图4.4报告了基于主营业务收入的战略性新兴产业5个细分行业的空间基尼系数的测算结果。

---

① 由于2018年《高技术产业统计年鉴》停刊,为保持数据的完整性,选取2007—2017年的《高技术统计年鉴》,对应的数据为2006—2016年。

4 中国战略性新兴产业技术创新的空间形态分析

表 4.7 基于主营业务收入的 5 个细分行业空间基尼系数

细分产业	2007 年	2008 年	2009 年	2010 年	2011 年	2012 年	2013 年	2014 年	2015 年	2016 年
电子及通信设备制造业	0.061	0.074	0.087	0.084	0.081	0.073	0.075	0.067	0.070	0.071
航空航天器及设备制造业	0.200	0.111	0.106	0.104	0.087	0.084	0.088	0.102	0.104	0.113
计算机及办公设备制造业	0.111	0.093	0.093	0.095	0.090	0.081	0.069	0.068	0.049	0.045
医疗仪器设备及仪器仪表制造业	0.015	0.026	0.032	0.039	0.057	0.066	0.069	0.070	0.062	0.065
医药制造业	0.009	0.008	0.006	0.006	0.007	0.006	0.006	0.007	0.007	0.008

将表 4.7 中的数据体现在图 4.4 中。

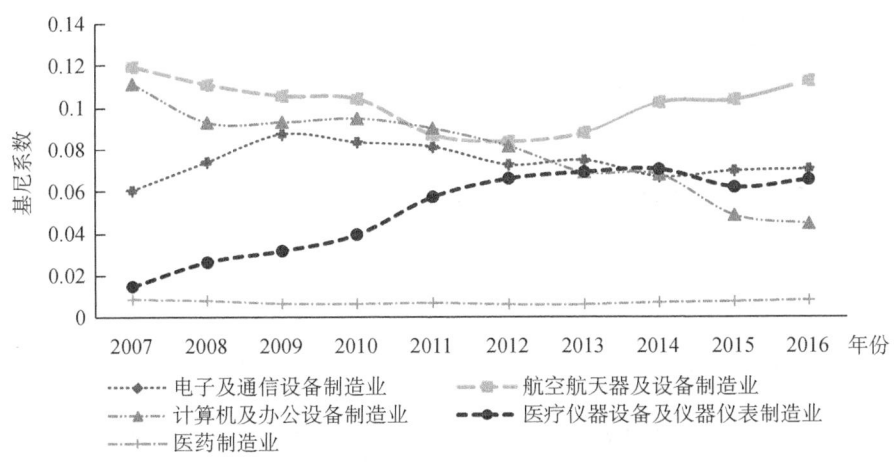

图 4.4 基于主营业务收入 5 个细分行业的空间基尼系数对比图

从主营业务收入看,最低的是医药制造业,十年间基本没变化,而且均未超过 0.01,并未表现出空间集聚特征。空间集聚程度最高的是航空航天器制造业,其次是计算机及办公设备制造业,表现出非常明显的空间集聚特征。电子通信制造业及医疗设备制造业,2007—2012 年空间基尼系数差异还是比较大的,属于中度集聚产业,但是 2012—

2016年这两个行业的空间基尼系数日益接近。

从盈利状况的角度分析5大细分行业的空间状况,表4.8列出了基于利润总额的5个行业空间基尼系数情况。

表4.8　基于利润总额的5个细分行业空间基尼系数

细分产业	2007年	2008年	2009年	2010年	2011年	2012年	2013年	2014年	2015年	2016年
电子及通信设备制造业	0.086	0.082	0.123	0.088	0.063	0.052	0.068	0.054	0.072	0.049
航空航天器及设备制造业	0.081	0.111	0.114	0.099	0.084	0.091	0.091	0.087	0.053	0.095
计算机及办公设备制造业	0.122	0.105	0.119	0.081	0.068	0.068	0.067	0.084	0.079	0.050
医疗仪器及仪器仪表制造业	0.034	0.037	0.031	0.033	0.059	0.055	0.059	0.061	0.055	0.057
医药制造业	0.008	0.007	0.006	0.005	0.006	0.005	0.005	0.005	0.008	0.007

将表4.8的空间基尼系数变化趋势体现在图4.5中。

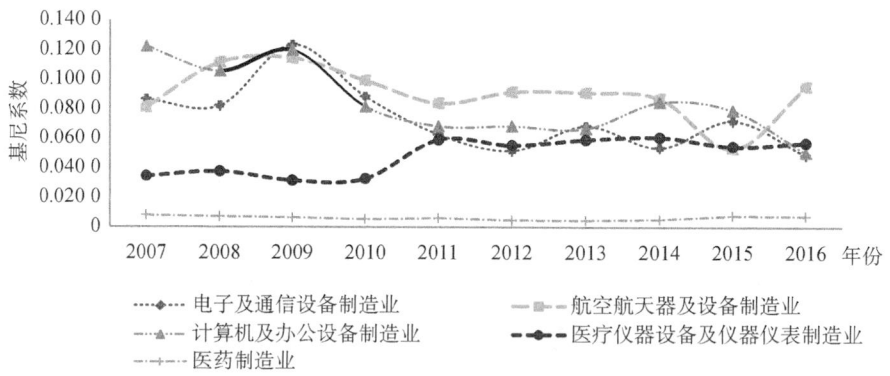

图4.5　基于利润总额5个细分行业的空间基尼系数对比图

从利润总额的空间基尼系数对比来看,不同细分行业空间集聚的演变趋势存在明显差异,其中,医药制造业依然是非常分散,未表现出空间集聚特征,但是电子通信设备、计算机制造及航空航天器制造业则波动非常大,这3个细分行业从2010年后逐渐表现出空间基尼系数下降的趋势,并且差异程度也在接近,2010—2015年,这3个细分行业的空间基尼分布在0.06到0.1的区间内,2015年起,航空航天器设备制造业则出现一个小反弹,从0.053 1上升到0.095 1。因此,从盈利能力和行业利润的角度来分析,这几个细分行业的空间差异在缩小。总体来看,这5大细分行业的空间特征是集聚与扩散并存。

4.3.3 5个细分行业的空间集聚形态

价值链包含所有生产活动及参与者的利润分配。马宁(2011)研究了太阳能光伏产业的全球价值链,认为缺乏核心技术,导致产品附加价值低。丁刚和黄杰(2012)提出产业链图谱概念,并以光伏产业为例,绘制空间生态图谱和产品生态图谱。在空间基尼系数计算结果上,结合5个细分行业的空间分布情况,进一步讨论产业分工模式。本书按照5个细分行业所属的板块来分别讨论分工模式。例如,电子及通信设备制造业和计算机及办公设备制造业都隶属新一代信息技术产业板块,医药制造业和医疗仪器仪表隶属生物产业板块,航空航天器制造隶属高端装备制造业板块。下面分这三个板块来分别讨论战略性新兴产业的分工模式。

4.3.3.1 新一代信息技术

2016年电子及通信设备制造业的区域空间分布情况见图4.6。

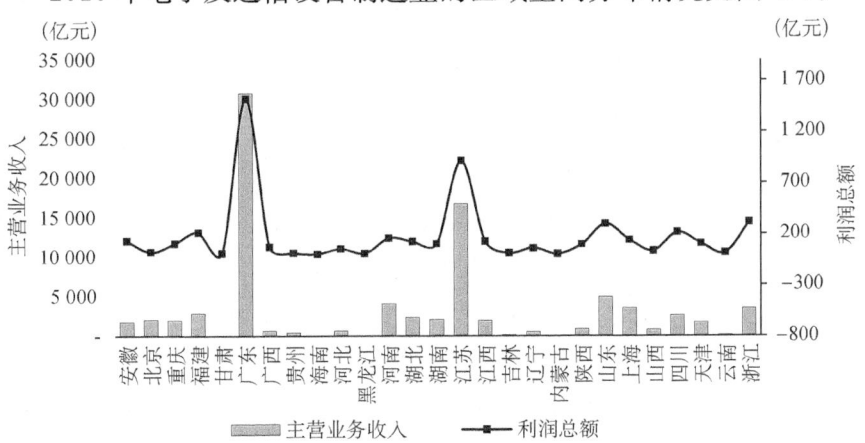

图4.6 电子及通信设备制造业2016年主营业务收入及利润总额空间分布

2016年计算机及办公设备制造业的区域空间分布情况见图4.7。

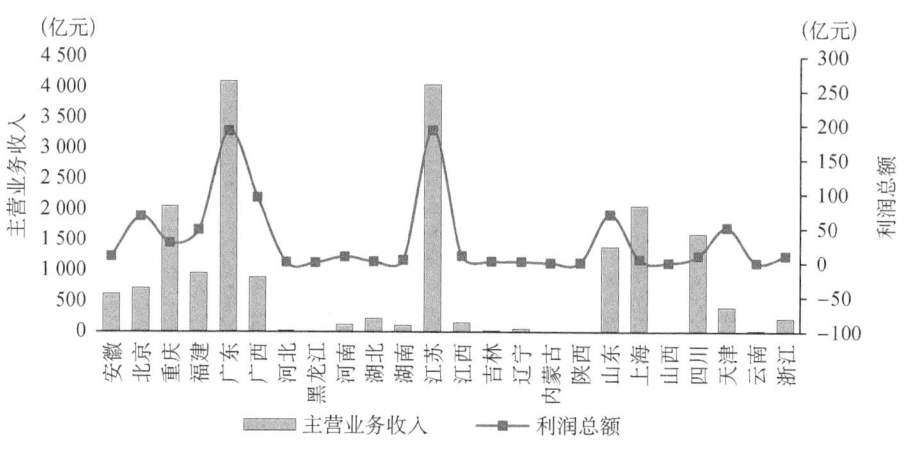

图4.7 计算机及办公设备2016年主营业务收入及利润总额空间分布

对比图4.6和图4.7，对电子及通信设备产业来说，从主营业务收入上看，2016年全国电子及通信设备制造业最高的前八个省份依次是广东、江苏、山东、河南、上海、浙江、福建、四川；而利润总额最高的前八个省份分别是广东、江苏、浙江、山东、四川、福建、河南、上海。主营业务收入主要从产业规模和经营状态角度衡量，利润总额主要从盈利能力的角度衡量。对计算机及办公设备制造业来说，从主营业务收入上看，2016年全国计算机及办公设备制造业最高的前八个省份是广东、江苏、上海、重庆、四川、山东、福建、广西；而利润总额最高的前八个省份是江苏、广东、广西、山东、北京、天津、福建和重庆。

电子及通信设备制造业空间基尼系数从2010年的0.084下降至2016年的0.071，呈现逐年下降趋势。而计算机及办公设备产业空间基尼系数从2010年的0.095下降到0.041，也是逐年下降。

对比图4.6和图4.7，新一代信息技术产业主要分布于广东、江苏、福建、山东、四川这些经济较为发达地区，这些地区不仅有丰富的创新人才储备，而且也是国家政策重点发展的区域。其中，广东的集聚程度是最高的，广东的信息技术人才优势和前期多个信息技术产业园区都为新兴信息技术产业发展提供深厚的基础。江苏也是信息产业集聚的省份,尤其是在信息技术产业的加工制造领域。通过空间基尼系数历年的分布情况也可看出,该产业也在逐渐由中心聚集区域向山东、四川、福建等省份扩散,从要素的空间流动上以及产业链的空间分布情况看,产业链的分工将产品生产制造嵌入不同区域的生产环节。基于产业链的空间协作,使生产过程更加精细可控,更加高效和有序。不同区域通过深度嵌入产业链的分工体系,更好地促进信息产业的发展。例如,四川的信息技术产业以发展集成电路和新型显示为主,资料显示,2020年,四川省将通过制造提升、发展配套产业健全的新型集成电路产业,并通过汇聚德州仪器、英特尔、中电子等领先企业,构建起在材料封装测试、工业设计、晶圆制造一体的集成电路产业链。因此,新形势下,只有根据新一代信息产业的特点,围绕产业链的不同环节建立有效的区域分工体系,建立起新一代信息产业高端化发展的政策框架,才能有效避免盲目扎堆、低端建设的痼疾,用新的思路来发展新兴信息技术产业。

4.3.3.2 生物医药产业

图 4.8 和图 4.9 分别显示了 2016 年医疗仪器设备和 2016 年医药制造业主营业务收入和利润总额的区域空间分布情况。

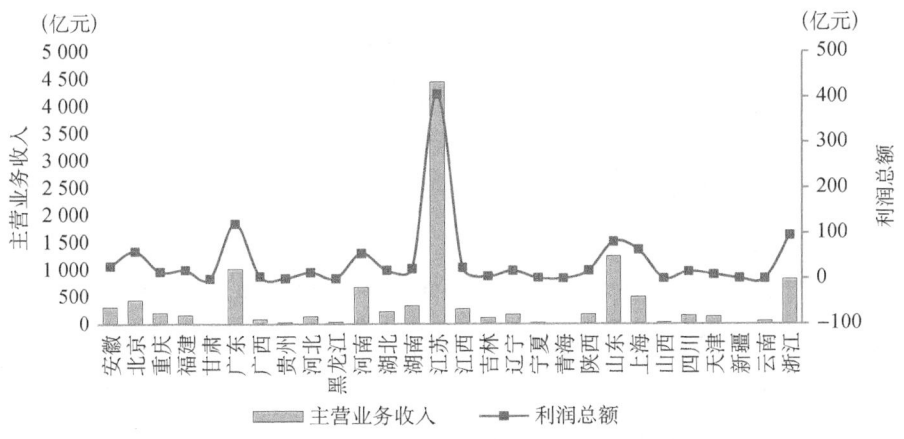

图 4.8 医疗仪器制造业 2016 年主营业务收入及利润总额空间分布

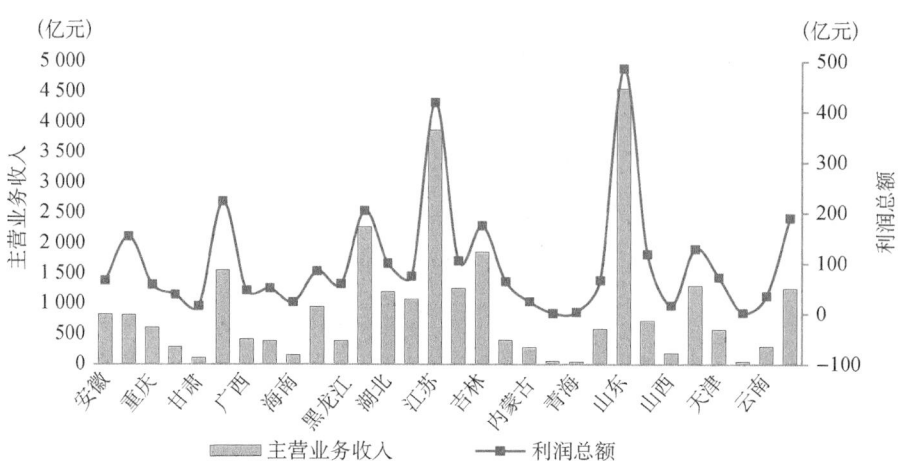

图 4.9 医药制造业 2016 年主营业务收入及利润总额空间分布

对比图 4.8 和图 4.9，对医疗仪器制造产业来说，2016 年全国主营业务收入最高的前八个省份依次是江苏、山东、广东、浙江、河南、上海、北京、湖南，而利润总额最高的前八个省份是江苏、广东、浙江、山东、上海、北京、河南和安徽。对医药制造业来说，2016 年主营业务收入最高的前八个省份是山东、江苏、河南、吉林、广东、四川、江西和浙江，而利润总额最高的前八个省份是山东、江苏、广东、河南、浙江、吉林、北京和四川。医疗仪器制造产业的空间基尼系数从 2010 年的 0.039 3 上升至 2016 年的 0.065 4，而医药制造业则变化不大，空间基尼系数的变化显示了生物产业呈现空间集聚的现象。

2010 年对生物产业是重要的一年，受国家政策利好的促进，生物产业进入快速发展，产业集聚程度也在逐渐提升。但是由于生物产业的风险性以及进入的高门槛，能否通过产业集聚带来关键技术的突破，吸引生物医药人才，发挥地区学研结合的优势，是未来生物产业能否取得突破性发展的关键。相比于其他产业，生物产业的发展有其特殊性。如果从 U 形曲线的形态来分析生物产业，生物产业在产业链的两头（研发、知识产权、品牌）投入需要更大，风险高，但是其附加值也更高。

从价值链的角度看,生物产业上游主要以药物研发、新药制造、临床试验为主,在价值链上游需要高层次的研发人才以及雄厚的资本投入。生物产业的价值链中游包括生物药制造,当企业获得生物药的技术工艺就可以批量生产。下游包括生物药的销售以及售后服务、药品安全性评价等。我国的生物医药产业在药品研发、新药制造等上游环节比较薄弱,主要企业分布在产业链的中下游。从生物医药产业价值链的区域分布来看,大致可以分为三类:第一类是生产制造驱动型。例如,江苏、浙江的生物医药产业属于典型的生产制造驱动型。这两个省份都是外向型经济较高的区域,有良好的生产制造基础。例如,江苏苏州工业区已形成了以生物医药制造为主的产业集群。全球50多家知名药企将生产基地落户于此,像葛兰素史克、礼来、百特等知名生物医药企业。又如,浙江杭州的国家生物产业基地形成以生物制造为重点,医疗器械为特色的产业集群,吸引了华东医药、胡庆余堂、民生药业等业内有较大影响力的企业入驻。第二类是科研驱动型。例如,上海的张江药谷是以科研驱动为主的产业集群。目前,张江药谷产业集群发展动力来自科技研发,以新药研发为主,从早期的靶点发现到中晚期的临床诊断,介入的企业数量也明显增多。第三类是资源禀赋驱动型,以山东、河南等省为主。山东、河南拥有丰富的生物资源,但很多企业主要还是集中在生物医药的生产制造上,在价值链中处于附加值较低的环节。从生物医药产业价值链的优化来看空间分工,不同区域应基于比较优势,选择适合本区域发展的模式,明确在医药产业价值链中的定位和分工。如果是生产制造有优势的区域,就应该在生产制造环节发力,努力降低制造成本。如果是研发有优势的区域,就应该在产业链上游发力,提高研发能力;通过价值链上核心产业、配套产业和支撑产业的空间协同,完善生物医药产业,并促进产业链的自我更新。通过产业的分级转移,发挥生产制造型、科研驱动型和资源禀赋型不同区域的优势,带动生物医药产业向价值链的高端延伸。

4.3.3.3 航空航天产业

将2016年航空航天设备制造业的主营业务收入及利润数据制成图4.10。

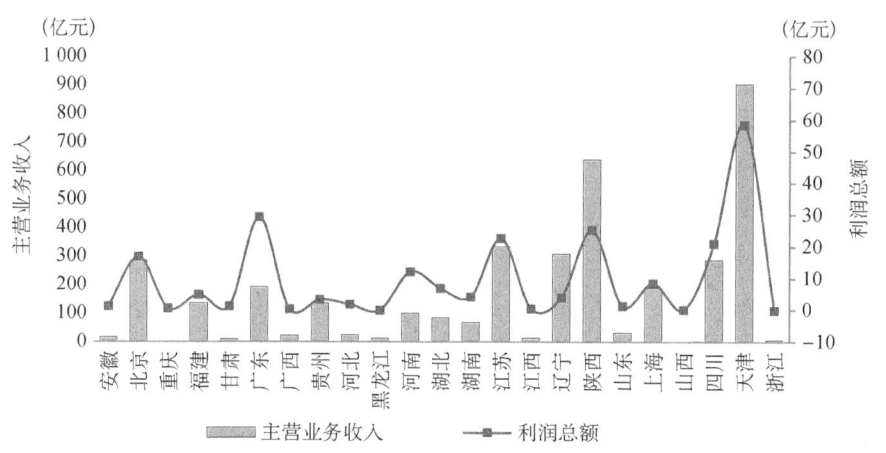

图 4.10　航空航天器制造业 2016 年主营业务收入及利润总额空间分布

从图 4.10 的区域分布情况看,对航空航天制造产业来说,2016 年全国主营业务收入最高的前八个省份依次是天津、陕西、江苏、辽宁、四川、北京、广东和上海,而利润总额最高的前八个省份是天津、广东、陕西、江苏、四川、北京、河南和上海。通过对比空间基尼系数(表 4.8),航空航天制造产业从 2010 年的 0.104 2 上升至 2016 年的 0.112 6,这表明,近些年,航空航天制造产业的空间集聚程度在加强。

航空航天产业的空间集聚变化趋势也表明高端装备制造产业具有双重属性。一方面要满足产业转型升级,经济发展需要;另一方面还要考虑国防建设的需要。高端装备设备产业的特征是技术要求高、资金投入大,主要为国家相关部门负责运营与管理,因此,它的产业集聚程度较高。从产业链的角度来看,航空航天产业包括上游的航天材料设计、研发、发动机制造,中游的航空维修和航空制造,以及下游的飞机制造和航空公司。这使得航空航天产业链特别长,也涉及国民经济的众多部门,其对国民经济有很强的带动作用。基于产业链形成区域间的分工与协作,能够推动航空航天等高端装备制造业及其配套产业的互动协作,并依托大项目(如载人航空、海洋工程、大飞机)技术密集、辐射广的特点,提升高端装备制造业的竞争优势,提升国家的整体科技实力。

4.3.3.4 空间集聚形态总结

上文分别以新一代信息技术产业、生物医药产业和航空航天产业为例,分行业说明了战略性新兴产业的不同分工模式。下面将在产业链分工的理论框架下来分析战略性新兴产业的空间分布。

第一,应根据不同产业的特征,通过优化产业链来实现区域间的分工协作。将产业链的上游配置在高级生产要素集聚的地区(不同的产业高级生产要素集聚地区也不一样),将产业链的中游配置在中级生产要素集聚的地区,以此类推,地区间基于产业链的分工形成发包—承包关系。将产业链的下游布局在劳动力、土地等生产要素成本低的区域,从而基于产业链的分工形成完整、有序、层次清晰的现代产业结构。

第二,从区域分工以及选择的产业切入点来说,不再追求大而全,而是把区域在产业链中的某个流程或工序,产业链中的位置,比较优势充分放大,在产业链中的某个领域做到最有效。

第三,基于产业链分工的思路下,区域不再要求要在产品的所有环节都要涉及,而要充分利用全球产业链的分工,找到价值链中最有优势的那一段,并把生产、研发、制造、渠道的优势发挥到最大,对缺乏优势的环节要主动"放弃"。

只有基于产业链的新型区域分工与空间协作,才能有效提高战略性新兴产业的效率,避免一哄而上、盲目发展、产能过剩的情况。

4.4 中国战略性新兴产业的跨区域协同机制

4.4.1 跨区域协同现状

区域在创新过程中要不断拓展合作关系以获取异质资源(Xie,

Fang,Zeng,2016),并促进区域的知识溢出效应(王珊珊,邓守萍,Sarah,2018),逐渐形成以区域为节点的网络。马萨德(Massard,2009)采用社会网络方法分析技术创新的空间扩散过程。穆·巫金(Mukim,2012)使用印度 1997—2007 年的专利数据,分析了经济的空间分布在多大程度上推动创新,通过计量研究得出人力资源、工业多样性、研发支出对技术创新的空间性产生至关重要的影响。Fernandez(2015)探讨了企业与大学合作的决定因素,以及它们是否因公司的技术水平而有所不同,基于开放创新(OI)模型的概念框架,证明了企业与合作伙伴之间的 OI 关系,结果表明,更有创新精神的公司更倾向于与大学合作。霍伯格(Hohberger,2015)认为在动态和不确定的技术环境下,行业创新活动的焦点会随着时间的推移而变化,提出了研发联盟和个体科学合作在影响企业创新方向和相对于行业创新焦点的地位方面的假设,对专利和联盟数据的分析表明,依赖外部个体科学合作的生物技术公司很可能更接近未来的创新焦点,因此,协同机制的使用影响着企业在创新空间中的地位(Villani,2017)。本节基于专利数据分析了我国新兴产业空间协同的现状,以了解不同区域在协同创新中的优势与弊端。

在数据获取方面,首先检索国家知识产权局网站的专利情况,申请专利人输入关键词为"双一流"高校①和"企业"的两两组合②,申请日期为 1985—2018 年,搜索时间为 2018 年 11 月到 2019 年 5 月,按照专利的申请日,将数据划分为 1985 年到 2017 年。因为有些专利从申请到授权还要经过 1~2 年的滞后期,所以专利的申请的最新年份到 2017 年。检索共得到 54 643 条专利数据。其次,对数据进行筛选,基

---

① 世界一流大学和一流学科,简称"双一流"。建设世界一流大学和一流学科,是中共中央、国务院做出的重大战略决策,也是中国高等教育领域继"211 工程""985 工程"之后的又一国家战略,有利于提升中国高等教育综合实力和国际竞争力,为实现"两个一百年"奋斗目标和实现中华民族伟大复兴的中国梦提供有力支撑。

② "双一流"高校和企业的专利申请大部分集中在战略性新兴产业领域,本节用"双一流"高校和企业共同申请的专利数研究战略性新兴产业的跨区域合作机制。

于年度专利数量完整的原则和双方合作的要求(一所"双一流"高校和一家新兴企业),若高校与企业都在同一省份,则属于同一区域内,不在研究范畴。"双一流"高校与企业不在同一省份的合作属于跨区域的合作,符合研究要求。根据这一筛选原则,我们通过网络爬虫一共获得19 635条专利数据,扣除重复专利和无效专利以及区域内合作专利等情况后一共得到符合研究要求的9 330条专利数据。最后,将这9 330条专利数据作为研究的数据样本,从申请(专利权)人中提取"双一流"高校和企业所在的区域进行分析①。

根据历年来我国区域产学专利申请情况(图4.11),我国跨区域产学专利申请趋势与产学专利申请趋势基本吻合,这说明跨区域空间合作在协同创新中占据着越来越重要的位置。

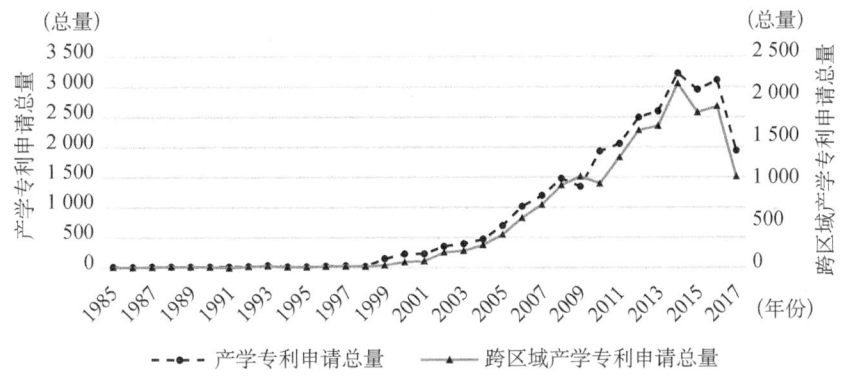

图4.11 跨区域产学合作专利趋势

4.4.2 跨区域协同的网络分析

Hurtado-Torres(2018)考察了企业研发国际化程度和地域多元化对企业创新绩效的影响,研究结果表明,不同国家研发单位之间的合作,可以提高研发国际化程度的积极效应,研究扩展了不同国家之间

---

① 对跨区域合作的定义:"双一流"高校与企业的合作都在不同省份,则属于跨区域合作;若"双一流"高校与企业合作在同一省份内,则不属于跨区域合作。

对新兴产业协作研发的效率。Goerzen(2018)提出在全球市场化跨界合作中，处于起步期的创业公司想要创新和国际化，需要跨越他们的组织边界，通过跨集群联盟与其他的产业集群的成员建立联系。本书采用社会网络法研究战略性新兴产业的空间协同情况。节点为中国30个省份，节点之间的联系为不同区域的"双一流"高校和新兴企业的联系(夏丽娟，谢富纪，2017)。网络中的结点数量越多，表明网络的规模效应也越大，相应地表明与该区域的合作也越多。因此，节点数量可以表征某地区的知识存量以及创新资源在网络中的流动状态。分析网络的节点与连接关系，可以形象地说明与某区域有合作关系的地区，从而建立空间协作关系，以提高区域的战略性新兴产业创新绩效。

为了更清晰地显示跨区域的技术创新空间协同的演化特征，本书将1985—2017年"双一流"高校与企业联合申请并授权的专利按照所属的省份进行分类，跨区域合作越多，所形成的线条就越粗。根据演化的情况，2000年以前，参与跨区域合作的省份很少，并且空间协作上也是集中在某两个省份之间。为形象展示2000年之间的演化过程，本书分别截取了空间形态上有代表性的年份，如1985年、1988年、1992年、1995年、1998年、2000年，加以说明(图4.12)。

2000年是一个分水岭。2000年之前，空间协同处于散点状，仅个别省份之间联系较紧密。例如，1985年，只有北京—山东、湖南—湖北、天津—吉林这三条联系线。从1992年开始，由单点联系演化为多点联系，形成了江苏—浙江—上海—山东—辽宁—北京—天津—湖北这样的一条很清晰的空间形态线。1995年，空间协同逐渐扩大到更多的地区，1998年开始出现了节点，例如，北京、上海，形成了江苏—上海—浙江、天津—北京、山东—北京、黑龙江—北京以及辽宁—北京。节点区域的位置越来越重要。2000年空间形态网络图的雏形形成。2000年以后的空间协同网络演化，本书以2年为间隔，分别选取2002年、2004年、2006年、2008年、2010年、2012年、2014年、2016年、2017年，如图4.13所示。

4 中国战略性新兴产业技术创新的空间形态分析

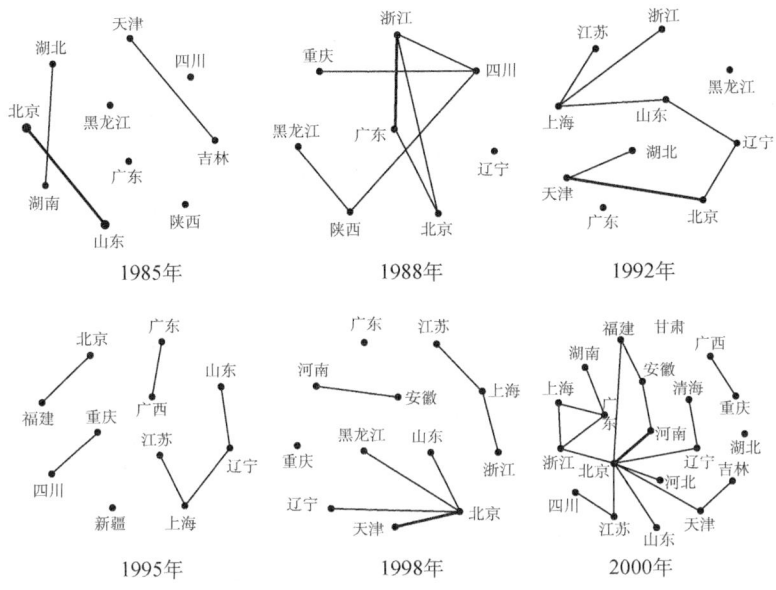

图 4.12 战略性新兴产业技术创新空间协同演化图(1985—2000 年)

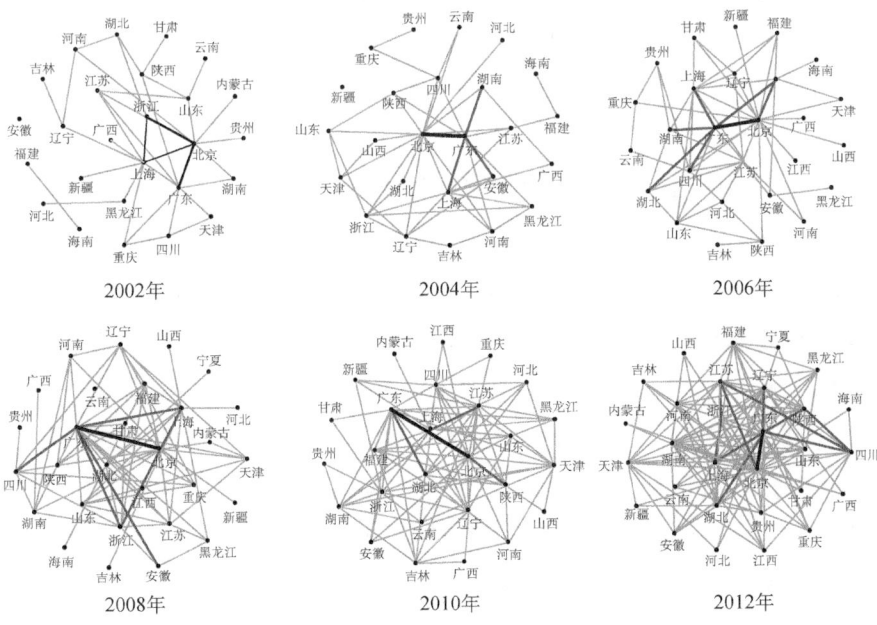

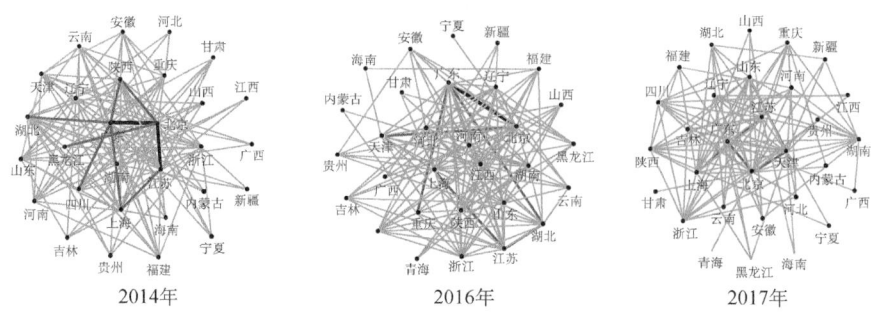

图 4.13 战略性新兴产业技术创新空间协同演化图(2012—2017 年)

2000 年以后,战略性新兴产业创新的空间协同联系越来越紧密。尤其是 2008 年以后,空间形态中关联网络连线增多,网络中的节点城市辐射带动作用也在不断加强。从各地区在空间网络中的位置及形态分析,呈现出明显的核心—边缘分布。处于网络核心位置的主要区域是北京、天津、上海、广东、江苏、四川等省份,它们在网络中发挥着桥梁的作用。而西北、东北、西南等北部和中西部欠发达省份,则在网络中处于网络边缘,在空间协同中处于被动地位。

通过对新兴产业空间协同创新网络图的分析,本书发现以下两点特征:

(1) 网络中利益相关或者地域相邻的创新主体更容易进行协作。这种趋势在 2008 年以后表现得尤其明显。2008 年以后,随着市场环境的改变,企业面临着激烈的竞争,企业之间的创新合作与联系更为活跃,跨区域获得知识和资源更加迫切,跨区域的空间协作也越来越频繁。

(2) 创新方式的主导性发生变化。2000 年以前,跨区域的创新协作网络尚未形成,创新方式主要集中在某几个区域之间,合作方式也是以点线联系居多。2000 年以后,跨区域空间协作创新的网络逐渐成型,2008 年以后,环境的剧烈改变,迫使新兴产业需要开展更多的外部协作,合作的多元化和创新的开放性共同影响了空间协同的网络形态。

4.4.3 跨区域协同的网络拓扑特征

本节进一步深入讨论战略性新兴产业空间协同的形态特征,分别使用社会网络分析法中常用的中心度、结构洞和网络密度来进一步刻画空间协同的网络拓扑特征。

4.4.3.1 中心度

中心度是通过网络中节点的分布状态描述网络集聚程度的一个重要指标。中心度高,意味着节点有更多连接,在网络中占据更有利的位置,也意味着可以拥有及利用更多的网络资源。中心度低,意味着节点分布分散,网络的集聚程度低(袁康,汤超颖等,2016)。中心度高的节点,无论是在信息的获取、渠道的控制乃至获得更多合作机会方面都有更多优势(李琳,吴越,2014)。将网络节点的拓扑属性应用到战略性新兴产业区域协同创新中。如果网络中心度高,就说明高中心度的区域在网络中占据核心地位,并且控制着资源和信息的流动,而且能够通过强联结关系吸引并领导网络中其他区域加入创新网络并进行协同创新,并通过制定协作规范来管控网络中其他区域间的协作,提升与其他结点的协同创新绩效。中心度又包括点度中心度和中介中心度。下文分别介绍。

1) 点度中心度

点度中心度是刻画网络节点中心性的重要指标。点度中心度越高,就说明该节点在网络中的位置越重要。本节用点度中心度表示各区域在空间协同创新网络中的位置。点度中心度越高,就代表该地区与其他地区的联系越多,在网络中控制资源信息流向的能力就越强。如果网络是有向的,其中一点 x 的点度中心度(记作 RD)的表达式为:

$$C'_{RD}(x) = \frac{x_{点入度} + x_{点出度}}{2n-2} \qquad (式4\text{-}10)$$

其中,n 是网络规模。如果网络是无方向的,式(4-10)可以进一步简化为：

$$C'_{RD}(x) = \frac{(x_{点度})}{n-1} \quad (式\ 4\text{-}11)$$

如果 $C'_{RD}(x)=0$，点 x 就是一个孤立点；反之，如果 $C'_{RD}(x)=1$，点 x 就是网络图的核心点之一。根据点度中心度的计算公式，使用 Unicet 软件计算的各个区域的点度中心度值见表 4.9。

表 4.9　区域点度中心度值

地区	2017年	2016年	2015年	2014年	2013年	2012年	2011年	2010年
北京	23	26	23	26	23	26	22	19
广东	18	16	19	17	19	18	15	14
天津	16	13	14	14	15	13	12	13
江苏	15	15	17	19	14	15	16	13
湖南	14	18	17	20	14	16	13	8
山东	14	17	16	14	10	11	9	7
上海	14	21	21	20	22	19	15	15
四川	12	11	17	12	14	11	13	12
浙江	12	14	13	16	11	13	13	12
陕西	11	19	12	14	15	13	11	11
辽宁	10	14	12	15	13	15	14	11
重庆	9	9	10	9	6	7	8	3
湖北	8	15	15	16	18	12	13	10
河南	7	10	11	10	9	9	9	6
吉林	7	7	6	6	5	4	3	8
安徽	5	7	9	9	7	6	5	4
福建	5	8	8	9	8	11	8	8
河北	5	8	6	5	3	3	3	5
江西	5	7	6	3	9	6	2	2
云南	5	8	5	11	8	6	3	5
黑龙江	4	8	6	7	9	7	7	5

(续表)

地区	2017年	2016年	2015年	2014年	2013年	2012年	2011年	2010年
新疆	4	3	2	3	3	3	2	5
内蒙古	3	2	3	3	3	2	1	1
山西	3	6	9	6	2	3	2	3
广西	2	4	2	3	5	3	2	2
海南	2	2	4	4	3	2	1	0
宁夏	2	1	4	4	2	3	3	0
甘肃	1	4	2	5	3	3	4	2
贵州	1	6	5	6	6	8	3	2
青海	1	3	1	0	0	0	0	0
西藏	0	0	1	0	1	0	0	0

根据表4.9的计算结果,点度中心度排在前四位的区域依次是北京、广东、天津、江苏。这说明这四个地区在区域协同创新的网络中占据着重要的枢纽位置,并且在网络中具有非常重要的影响力。点度中心度排名靠后的省份有吉林、黑龙江、贵州、青海等,说明这些区域与其他地区联系较少,在网络中处于边缘的位置。另外,从表4.9的分布层次来看,东部沿海省份的点度中心度明显高于东北、西南、西北等地区。由此说明东部沿海地区在网络中处于较中心的位置,控制着创新资源的流向和渠道。

2) 中介中心度

中介中心度将行动者与网络其他对手之间的合作程度视为一种优越位置。越多人依赖"我"与他人形成连接,"我"就越有权力。它是衡量网络中节点对资源控制程度的指标。本书用中介中心度来衡量地区在网络中的"桥梁"和"中介"的作用。中介中心度越大,某地区在网络中控制资源流动的能力就越强。它的计算公式见式(4-12)。

假设地区 j 和地区 k 之间的最短距离为 g_{jk},第三个地区位于地

区 j 和地区 k 距离上的概率为 $b_{jk}(i)$，则 $b_{jk}(i)=\dfrac{g_{jk}(i)}{g_{jk}}$。如果网络中节点总数为 N，中介中心度的计算公式为：

$$C_{RB}=\dfrac{2\sum\limits_{j}^{N}\sum\limits_{k}^{N}b_{jk}(i)}{N^2-3N+2},(j\neq k\neq i,并且 j<k)\quad(式4-12)$$

根据中介中心度的计算公式，使用 Unicet 软件计算的各个区域的中介中心度见表 4.10。

表 4.10　网络中各区域的中介中心度

地区	2017年	2016年	2015年	2014年	2013年	2012年	2011年	2010年
北京	114.55	87.51	66.68	79.35	64.50	112.98	109.38	74.62
湖南	52.14	39.82	23.68	36.10	38.87	21.31	28.22	13.07
天津	48.48	21.31	14.02	12.60	22	14.79	11.51	21.15
广东	39.19	13.57	33.08	10.78	33.89	14.34	18.87	25.83
山东	22.30	10.86	12.21	7.30	1.88	2.74	2.10	2.19
上海	17.33	27.45	41.19	22.30	48.97	29.35	29.39	40.33
江苏	14.50	8.57	14.34	21.91	5.38	12.02	16.82	15.71
陕西	12.56	24.55	8.03	12.96	25.42	14.59	9.10	10.98
浙江	9.74	5.47	5.27	10.03	2.89	4.45	7.98	30.79
四川	8.10	10.16	56.58	8.49	15.99	7.99	22.91	15.20
辽宁	7.61	15.76	14.22	10.34	8.44	14.47	29.90	9.79
重庆	5.51	8.10	8.72	1.36	3.08	1.35	2.56	0
湖北	3.67	10.48	48.30	19.22	43.90	15.44	36.33	8.72
河南	2.45	8.98	4.55	3.47	2.47	0.82	1.69	1.59
云南	0.79	1.06	1.03	2.72	4.05	0.64	0.19	0.79
新疆	0.51	0.29	0	0.10	0.17	0.13	0.10	0.37
江西	0.51	1.19	0.45	0.09	1.44	0.49	0.11	0
福建	0.43	10.41	0.13	0.34	0.61	9.94	1.47	3.54
河北	0.40	1.29	2.50	0	0	0.11	0.13	0.45

(续表)

地区	2017 年	2016 年	2015 年	2014 年	2013 年	2012 年	2011 年	2010 年
安徽	0.13	0.91	0.68	0.79	2.75	0.20	0.24	0
吉林	0.10	0.27	1.24	0.22	0.13	0	0	7.74
甘肃	0	0	0	0	0	0	0	0
广西	0	0.24	0	0	0.41	0	0	0.30
贵州	0	0.94	0	0.20	0.85	1.25	0.14	0.17
海南	0	0.20	0.42	0	0.41	0	0	0
黑龙江	0	1.21	0.81	0.22	1.52	0.32	0.89	0.69
内蒙古	0	0	0.36	0.11	0	0	0	0
宁夏	0	0	0.25	0	0	0.29	0	0
青海	0	0	0	0	0	0	0	0
山西	0	0.42	1.28	0	0	0	0	0
西藏	0	0	0	0	0	0	0	0

根据表 4.10 的计算结果,2017 年中介中心度排在前七位的区域分别是北京、湖南、天津、广东、山东、上海、江苏,说明这几个区域在新兴产业协同创新的网络中处于"桥梁"和枢纽的位置,对新兴产业发展需要的创新要素和核心资源有较高的控制权,其他地区需要借助这些中介中心度高的地区才能与另外区域产生连接。另一个值得关注的现象是在点度中心度计算中值较高的地区在中介中心度中值比较低。例如,浙江、河北、福建在网络中点度中心度计算中值较高,但是在中介中心度计算中值并不很高,可能的原因是与这三个地区相邻的上海、北京、广东在网络中具有绝对的核心位置,是创新资源交换的枢纽,使得与他们相邻的浙江、河北、福建在网络中地位以及对资源交换的渠道控制权削弱。

4.4.3.2 结构洞

如果一个社会网络中存在结构洞,则至少涉及三方。对于 A,B 和 C 来说,如果 A 和 B 有联结,B 和 C 有联结,而 A 和 C 无联结的话,这种结构就称为结构洞。在这种情况下,B 会因为 A 与 C 之间的结构洞获得有利的位置。因为 B 可以与 A 联结,也可以与 C 联结,B 拥有两个交易对象,而 A,C 要交易,则必须要通过 B 结构洞的存在。这种结构使得 B 可以控制 A 与 C 之间资源的传递,占据中间人的有利形势。所以结构洞是用结点在网络中的关系来表征权力,处于结构洞位置的节点具有控制信息的优势,在战略性新兴产业区域协同创新的网络中,某个地区占据结构洞的位置,就处于网络中区域连接的关键位置,通过控制资源的流动,获得大量与其他区域的合作关系,形成空间的协同效应。

对结构洞的衡量,主要依靠两个指标,一个是有效规模,另一个是效率。

1) 有效规模

有效规模(EffSize)指的是个体网络的规模减去网络的冗余度(Redundancy),即有效规模等于网络中的非冗余因素。Brakman(2017)对节点 i 有效规模 ES_i 的测量方法是:

$$ES_i = \sum_j (1 - \sum_q p_{iq} m_{jq}) \quad \text{(式 4-13)}$$

其中,j 代表与节点 i 联系的所有节点,q 代表节点 i 或 j 之外的第三方。$p_{iq} m_{jq}$ 代表在节点 i 和节点 j 之间的冗余度。p_{iq} 代表行动者 i 投入 q 的关系所占比例,对于二值网络来说,它就是常数 $1/n$,n 为网络的规模。

2) 效率

把某一节点的有效规模除以该节点所在网络的实际规模即为效率(Efficiency)。用公式表示为:

$$EF_i = \sum_j \left[1 - \sum_q p_{iq} m_{jq}\right] / n \quad \text{(式 4-14)}$$

其中,j 代表与节点 i 联系的所有节点,q 代表节点 i 或 j 之外的第三方。$p_{iq} m_{jq}$ 代表在节点 i 和节点 j 之间的冗余度。p_{iq} 代表行动者 i

投入 q 的关系所占比例,n 为网络的规模。根据结构洞的计算方法,网络中各区域的结构洞值结果见表 4.11。

表 4.11 网络中各区域的结构洞值

地区	2017年	2016年	2015年	2014年	2013年	2012年	2011年	2010年
北京	15.32	16.92	13.91	16.77	14.48	18.39	15.55	13.53
广东	10.44	7.25	9.63	7.35	10.16	8.67	7.40	8.14
天津	10.25	6.01	7.71	6.86	9.40	7.62	6.17	8.69
湖南	9.43	11	8.41	11.10	8	9.63	8.23	4.75
上海	8.52	11.38	11.76	10.40	13.27	11.21	8.33	9.27
山东	7.29	7.24	7.13	6.29	2.80	4.09	3.22	4.14
江苏	7.27	6.47	7.82	9.53	5.43	7.13	7.50	7.31
浙江	5.67	5	4.39	7	4.27	4.85	5.46	8.33
四川	5.36	5.36	10.53	5.67	7.14	5	6.85	6.83
辽宁	5	7.43	6.33	6.20	5.92	7.67	8.57	6.09
陕西	4.73	10.16	5.17	6.29	7.27	6.23	5.18	6.46
重庆	4.11	3.22	4.40	3	3.33	3	2.75	1
湖北	3.86	7.27	8.87	8.13	11.11	6.83	6.23	6.20
新疆	2.5	2.33	1	1.67	1.67	1.67	2	1.80
河南	2.43	3.60	4.27	3.20	3.44	2.56	3.44	3.67
江西	2.20	2.71	1.67	1.67	2.56	2.33	2	1
云南	2.20	3	3	3.91	3.75	2.33	1.67	2.20
福建	2.11	4.25	1.25	1.67	2	5	2.75	3.75
河北	2	2.75	4.33	1	1	1.67	1.67	2.20
安徽	1.40	2.43	2.11	2.33	3.29	1.67	1.80	1
吉林	1.29	1.57	3	1.67	1.4	1	1	5.25
甘肃	1	1	1	1	1	1	1	1
广西	1	1.50	1	1.8	1	1	2	2
贵州	1	2.67	1	1.67	2.33	2.75	1.67	2
海南	1	2	2	1	1.67	1	1	0
黑龙江	1	2.50	2.33	1.57	2.78	1.86	2.71	2.20

(续表)

地区	2017年	2016年	2015年	2014年	2013年	2012年	2011年	2010年
内蒙古	1	1	2.33	1.67	1	1	1	1
宁夏	1	1	1.50	1	1	2.33	1	0
青海	1	1	1	0	0	0	0	0
山西	1	2	2.78	1	1	1	1	1
西藏	0	0	1	0	1	0	0	0

结构洞值最大的几个地区依次是北京、广东、天津、湖南、上海、山东、江苏、浙江、四川。结构洞值越大,说明越处于网络中的关键位置上,控制着创新资源流动的渠道,也说明处于结构洞位置的区域,在协同创新中更具有主导权,通过结构洞来提高网络中的合作关系。

4.4.3.3 网络密度

网络密度描述了一个社会网络中各个节点之间的关联程度,节点间的关联程度越高,网络密度值就越大。具体计算方式为网络中实际存在的联结与可容纳的联结上限的比值。网络密度值的计算公式为:

$$\frac{L}{n(n-1)/2} \quad (\text{式 } 4\text{-}15)$$

其中,n 表示网络中的节点数量,L 表示网络中联结或连线的数量。

网络密度通过描述网络中节点的聚合度来表征亲密关系。在一个密度高的网络中,每个节点都会更频繁、更便捷地与其他节点产生联系,使得资源与信息在网络中的流动速度也会加快。科尔曼(Coleman,1988)认为,在高密度的环境中,节点间更容易建立信任关系,以及建立共同的行为模式。基于网络密度的意义,本书用网络密度来描述在跨区域的协同创新网络中,区域间如何建立良好的信任合作关系、加大节点间合作的深度和频次、加快网络内信息和资源的流动、提升区域间的协同创新绩效。根据网络密度的计算公式,得到的密度变化趋势图(图 4.13)。根据密度变化趋势图,1985—2017 年,整体网络的密度基本呈现快速增长的状态,说明网络中区域间的合作增加,区域间的亲密程度增加。1985—2017 年,随着国家政策的鼓励和经济发展的需要,区域间不断增加在科技上的合作。

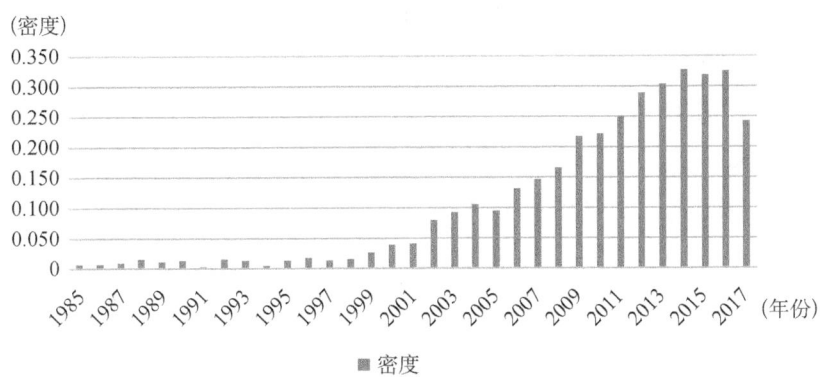

图 4.13　网络中区域合作的密度变化趋势图

4.5　本章小结

本章探索战略性新兴产业技术创新在空间上的形态变化以及空间协同的机理和过程,本章的主要研究内容如下:

(1) 运用 ESDA 方法,对战略性新兴产业技术创新的空间分布格局进行分析。研究发现,技术、人才、已有产业基础决定了战略性新兴产业的空间形态,东部地区由于人才优势、技术力量强,已有经济基础较好,战略性新兴产业分布非常集中;中部以发展资源型的战略性新兴产业为主;而西部地区产业类型单一,以新材料新能源为主。另外,战略性新兴产业两极分化格局非常明显,东西部发展不平衡,行业集聚的差异程度也非常大,而趋同性和过度集聚并不能带来资源的有效配置,需要根据每个省份的自身特色挖掘产业亮点。

(2) 使用空间基尼系数分别测算了战略性新兴产业的五大细分子

产业,空间集聚程度最高的是航空航天器制造业,其次是计算机及办公设备制造业,表现出非常明显的空间集聚特征。从利润总额的空间基尼系数对比看,不同细分行业空间集聚的演变趋势存在明显差异。根据空间基尼系数的计算结果,结合产业价值链理论,提出基于产业链的新型区域分工与空间协作,才能有效提高战略性新兴产业的效率,避免一哄而上、盲目发展、产能过剩的情况。

(3) 研究分析基于产研合作专利申请数据分析跨区域的空间协作情况,并用社会网络方法分析战略性新兴产业空间协作的网络演化情况。研究发现:①网络中利益相关或者地域相邻的创新主体更容易进行协作。尤其2008年以后,跨区域的空间协作也越来越频繁。②创新方式的主导性发生变化。2008年以后,环境的剧烈改变迫使新兴产业需要开展更多的外部协作,合作的多元化和创新的开放性共同影响了空间协同的网络形态。

(4) 使用中心度、结构洞和网络密度进一步刻画新兴产业空间协同的网络拓扑特征。其中,点度中心度排在前四位的区域依次是北京、广东、江苏、上海。说明这四个地区在协同创新的网络中占据着重要的枢纽位置,并且在网络中具有非常重要的影响力。中介中心度以及结构洞的计算结果显示排名靠前的省份有北京、湖南、天津、广东、上海、江苏,说明这几个区域在新兴产业协同创新的网络中处于"桥梁"和枢纽的位置,对新兴产业发展需要的创新要素和核心资源有较高的控制权,其他地区需要借助这些中介中心度高的地区才能与另外区域产生连接。

5 长三角地区战略性新兴产业技术创新的空间形态分析

5.1 引言

长三角地区地处沿江沿海"T"字带,是我国区域经济发展最活跃的地区,并且也以其经济规模总量和发展速度遥遥领先于其他区域[①]。作为经济发展重要载体的战略性新兴产业,是推动长三角地区产业结构升级的强大引擎和提高区域竞争力的关键。本章所采用的战略性新兴产业资料,来自上海、浙江、江苏的"十三五"规划文件。长三角地区战略性新兴产业的空间形态演化有以下几个特征:第一,新兴产业的种类和数量在不断增加。第二,产业分布区域基本上沿着沿湖、沿江、沿海展开,以及围绕铁路公路航空网络。第三,辐射范围也逐渐由少数几个核心城市扩展到长三角地区整个区域,战略性新兴产业的发展也使得区域经济水平在不断上升[②]。

长三角地区的空间形态从单一中心向多中心转变,已经形成以上海为中心,以苏州、杭州、宁波、南京、合肥等核心城市为次中心的圈层

[①] 国务院.长江三角洲区域一体化发展规划纲要[EB/OL].(2019-12-02)[2022-12-26]. http://finance.people.com.cn/n1/2019/1202/c1004-31484753.html.

[②] 根据2019年《长江三角洲区域一体化发展规划纲要》,规划范围正式定为苏、浙、皖、沪三省一市全部区域。以上海市,江苏省南京、无锡、常州、苏州、南通、扬州、镇江、盐城、泰州,浙江省杭州、宁波、温州、湖州、嘉兴、绍兴、金华、舟山、台州,安徽省合肥、芜湖、马鞍山、铜陵、安庆、滁州、池州、宣城27个城市为中心区(面积22.5万平方千米),辐射带动长三角地区高质量发展。

结构。多圈层和多中心的城市空间形态是长三角地区城市群发展的必然。这种多圈层的空间形态也决定了长三角地区未来的经济发展趋势和整体的经济状况。因此,分析长三角地区各城市之间的空间关系可以进一步厘清城市之间的经济联系。

上海作为长三角地区的核心城市,在人才储备以及金融业、航运、信息网络等方面都保持领先地位,在经济中心、贸易中心、金融中心、航运中心以及科创中心建设方面持续发力。江苏省具有毗邻上海的优势,近几年走出了一条富有特色的以高科技园区为经济新引擎的发展模式,其中以苏州、无锡、南京等城市为代表,聚焦"一中心""一基地"建设,充分发挥创新驱动在经济供给侧改革中的作用,以智能、绿色、数字作为提升产业的支撑点,推进跨界融合①。浙江省依托民间雄厚的经济实力,以及活跃的民营经济和中小企业,在战略性新兴产业领域探索利用财政资金形成的科技成果转化制度,实施"凤凰行动"计划,支持战略性新兴产业领域内的企业对接境内外资本市场,探索长三角地区内创新券的跨区流动②。安徽省以推进供给侧改革为主线,围绕"互联网+""中国制造2025",扩大开放合作,强化龙头企业引领,提升创新能力,加快发展壮大新一代信息技术、高端装备和新材料、生物和大健康、绿色低碳、信息经济五大产业③。

---

① 中共江苏省委办公厅.江苏省贯彻国家创新驱动发展战略纲要实施方案[EB/OL].(2016-12-23)[2022-12-26]. http://www.zgjssw.gov.cn/fabuting/wenjian/201612/t20161223_3215657.shtml.
② 浙江省人民政府办公厅.浙江省人民政府关于强化实施创新驱动发展战略深入推进大众创业万众创新的实施意见[EB/OL].[2018-08-20]. http://www.zj.gov.cn/art/2018/8/28/art_32431_298049.html.
③ 中共安徽省委办公厅.安徽省发展战略性新兴产业"十三五"发展规划(全文)[EB/OL].(2017-02-09)[2022-12-26]. http://zw.anhuinews.com/system/2017/02/09/007559082.shtml.

5.2 长三角地区战略性新兴产业的空间分布

5.2.1 全局空间相关性

5.2.1.1 数据来源

学术界关于创新产出测度指标一般采用专利数据,虽然专利数据不能反映区域所有的创新程度,但相对于其他数据更具有可靠性,能为区域创新相关研究提供重要的信息。国内外许多学者采用专利数据开展城市创新的相关研究,研究认为专利申请数比专利授权数更能反映区域的创新能力(Hagrdoom,2003)。因此,参考国内外学者的研究,选择专利申请数代表区域的创新能力。对全局空间自相关的分析,最常用的是 Moran'I 指标,相应的计算分析原理在 4.1.2 节已经有过详细阐述。本节采用的数据为 2009—2018 年的专利申请数,数据来源为《上海市统计年鉴》《江苏省统计年鉴》《浙江省统计年鉴》《安徽省统计年鉴》。

5.2.1.2 计算结果

根据 Moran'I 计算原理,用 Geoda 软件计算的结果见表 5.1。

表 5.1 长三角地区近十年 Moran's I 值

年份	2009	2010	2011	2012	2013	2014	2015
Moran'I 指数	0.071	0.116*	0.195**	0.207***	0.287**	0.305***	0.371***
P 值	0.143	0.090	0.033	0.003	0.028	0.003	0.009

注:* 表示显著性 P 值小于 0.05;** 表示显著性 P 值小于 0.01;*** 表示显著性 P 值小于 0.001。

表 5.1 中的数据显示,长三角地区各城市的空间联系近十年在逐渐加强,空间相关性程度也在提高,说明新兴产业的发展对长三角地区区域经济有巨大的拉动作用,但是具体到区域内部的空间联系情况,以及区域内部的空间发展演变,还需要进一步用局部空间自相关分析。

5.2.2 局部空间自相关

5.2.2.1 Moran 散点图

为了全面反映长三角地区各地市战略性新兴产业发展的差异,本书通过 Moran 散点图来探索。图 5.1 中,横坐标代表长三角地区各地市专利申请数的标准化值,纵坐标为空间滞后值,表示与中心区域的相邻区域标准化值的加权平均数,其中,空间权重矩阵选择的是"车式"连接权重矩阵。

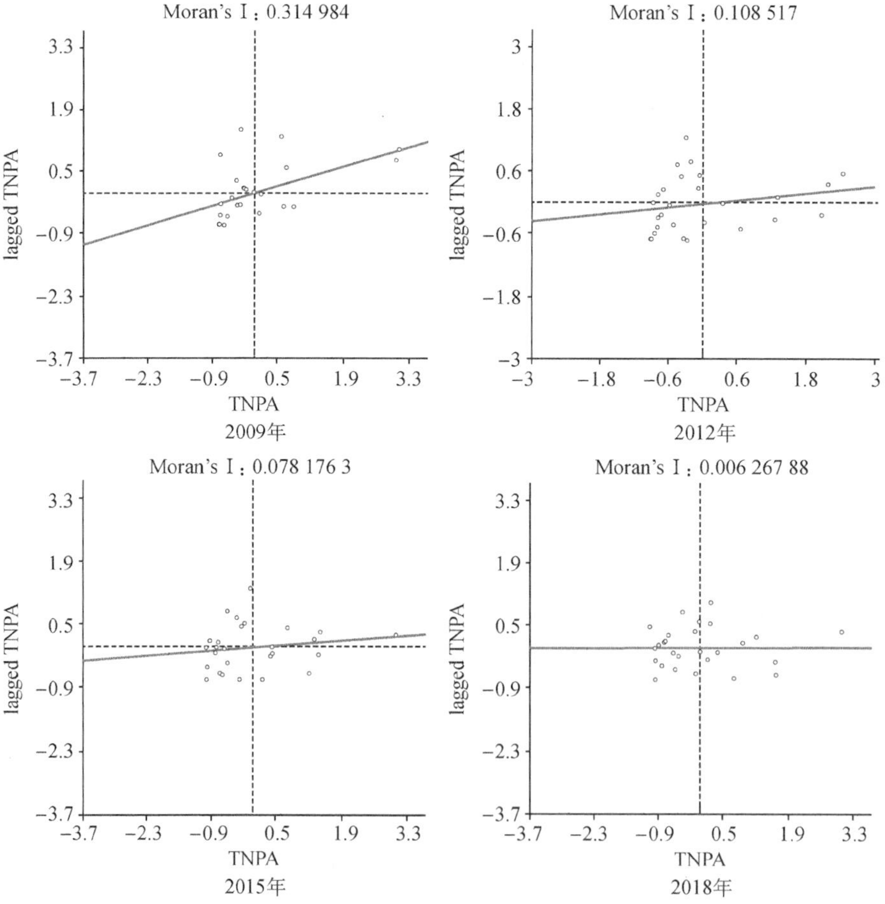

图 5.1 长三角地区局部自相关 Moran 散点图

将图 5.1 中各象限点的位置总结如表 5.2 所示。

表 5.2 Moran 散点图各象限的分布情况

年份	HH 象限	HL 象限	LL 象限	LH 象限
2009 年	苏州、绍兴、宁波、南通、上海	杭州、南京、无锡、合肥	盐城、扬州、镇江、常州、金华、温州、池州、宣城	泰州、嘉兴、湖州、舟山、台州、安庆、铜陵、马鞍山
2012 年	上海、苏州、南通、无锡	南京、杭州、宁波、合肥	盐城、扬州、镇江、常州、台州、金华、温州、池州、宣城	泰州、嘉兴、湖州、舟山、绍兴、芜湖、安庆、铜陵、马鞍山、滁州
2015 年	上海、常州、无锡、苏州、南通	南京、杭州、宁波、合肥	温州、盐城、扬州、台州、池州、滁州、宣城	湖州、嘉兴、泰州、绍兴、镇江、安庆、铜陵、马鞍山、芜湖、滁州
2018 年	常州、无锡、苏州、宁波、南通、上海	南京、杭州、宁波、合肥	盐城、扬州、金华、池州、宣城、滁州	镇江、泰州、嘉兴、湖州、绍兴、台州、安庆、铜陵、马鞍山、芜湖、滁州

注：HH 象限表示高—高集聚，HL 象限表示高—低集聚，LL 象限表示低—低集聚，LH 象限表示低—高集聚。

表 5.2 各象限的城市分布反映出长三角地区战略性新兴产业空间分布的集聚态势明显，但是区域内部空间分布差异较大，并且呈现分散分布的趋势。一象限（HH 象限）是高—高集聚区，除了核心城市上海、苏州、无锡以外，在 2013、2017 年，南通、常州也进入 HH 象限，这两个城市也是后起之秀。从二象限来看（HL 象限），南京、杭州、宁波、合肥十年间一直处于 HL 象限，说明这四个城市本身战略性新兴产业发展实力较强，但是空间的溢出扩散效果不够明显，没有带动周边邻近区域的发展。三象限（LL 象限）分布的城市有金华、池州、宣城、滁州、盐城、扬州。四象限（LH 象限）的嘉兴、台州、绍兴、镇江等区域，周边是高创新地区，但本身这些区域还处于低创新地区，有较强的潜力发展。以嘉兴为例，尽管与上海空间距离近，但是战略性新兴产业并没有表现出明显的发展趋势，还有像镇江、湖州、绍兴等区域，与邻近的中

心城市南京之间的联系也较弱,没有接收到核心城市的产业扩散和辐射。

5.2.2.2 Lisa 集聚图

Lisa 集聚图分析的是统计显著性高的区域,通过图形显示在一定的检验水平下,区域的空间分布形态。以 10 年为分析时长,间隔 3 年选取样本点,分别选取 2009、2012、2015、2018 年的面板数据绘制 Lisa 集聚图。

通过 Lisa 空间集聚图我们可以发现:长三角地区内部分化非常明显,呈现 H-H 型的星点状分布,集中在苏州、上海、杭州;L-L 型显著的也是点状,如安庆、铜陵、马鞍山等。长三角地区其余地区则呈现带状分布,总体空间分布表现为点状集中与带状断层结合的现象非常明显。

局部自相关分析的结果显示:

第一,高行政级别城市在创新要素配置中依然占据主导地位,上海、杭州、宁波、南京的要素辐射能力大于集聚能力,苏州从 2010 年起辐射能力超过集聚能力。

第二,长三角地区城市网络展现出多中心结构,城市体系也由"等级体系"向"网络体系"转变,区域内的联系呈现省内纵向联系和跨省水平联系相交织的特点,邻近连接和跳跃连接并存,省内连接不断加深,跨省远程连接不断拓展。

第三,从核心—边缘结构来看,上海、杭州、宁波、苏州、无锡、南京 6 个城市构成了长三角地区城市网络的核心层,核心层与边缘层之间以及核心城市的资源互动是推动长三角地区城市网络结构演变的动力。

5.3 长三角地区战略性新兴产业的空间集聚形态

5.3.1 四分位地图

为了深入研究长三角地区空间集聚形态的改变对战略性新兴产

业的影响,本书用 Arcgis10.0 绘制四分位地图,以 3 年为间隔,分别绘制 2009、2012、2015、2018 年的空间形态分布图。本书采用专利申请数代表各地区的创新水平,因为该项指标的数据完整,近 10 年长三角地区 27 市的统计年鉴中该指标的数据齐全,而别的指标或多或少的缺失,并且该指标能综合反映一个地区的创新实力。用专利申请数来代表各地区的创新能力,绘制空间集聚形态四分位地图。

在绘制的四分位地图中,四个区间分别用不同的色块表示。为了便于对比,将每个区间对应的城市,按照时间排序,整理成表 5.3。

表 5.3 各个区间的分布情况

年份	第一区间	第二区间	第三区间	第四区间
2009 年	上海、苏州、绍兴、杭州、宁波、南通、无锡	南京、常州、镇江、嘉兴、台州、温州	盐城、扬州、泰州、湖州、合肥、芜湖、金华	安庆、池州、铜陵、滁州、马鞍山、宣城、舟山
2012 年	上海、无锡、苏州、杭州、宁波、常州、南京	南通、金华、温州、合肥、芜湖、嘉兴、绍兴	扬州、镇江、泰州、台州、湖州、滁州	安庆、铜陵、池州、宣城、盐城、舟山、马鞍山
2015 年	上海、南京、常州、苏州、杭州、宁波、绍兴	温州、台州、无锡、合肥、芜湖	安庆、扬州、泰州、盐城、南通、金华	池州、铜陵、宣城、马鞍山、滁州、镇江
2018 年	上海、宁波、杭州、温州、苏州、南京、合肥	湖州、常州、嘉兴、芜湖、无锡、绍兴、金华、台州	滁州、扬州、镇江、泰州、南通、盐城	安庆、池州、铜陵、宣城、马鞍山

注:表中的区间分布根据四分位地图进行分类。

按照表 5.3 所显示的信息,从第一区间看,上海、宁波、杭州、苏州这四个城市近十年一直处于第一区间内,绍兴、南京、南通发生了跃迁。例如,绍兴从 2012 年的第二区间跃迁至 2015 年的第一区间,南京从 2009 年的第二区间跃迁至 2012 年的第一区间,温州从 2015 年的第二区间跃迁至 2018 年的第一区间。从第二区间来看,城市的变化表现活跃,没有出现十年间某一城市一直处于第二区间内的情况,南京从

2009年第二区间跃迁至2015年的第一区间,合肥从2012年就跃迁到第二区间。从第三区间来看,跟第二区间变化情况类似,也是处于相对活跃情况。以2009—2018年为例,扬州、湖州处于第三区间,但金华、台州在2018年时跃迁到第二区间。再来看第四区间,空间格局相对稳定,十年间位置不动的城市有安庆、池州、铜陵、宣城、马鞍山。因此,从长三角地区十年的创新空间形态变化可以明显看出,强创新地区形成重要集聚(上海—杭州—苏州—无锡),十年保持领先地位,而弱创新地区也形成集聚(安庆—池州—铜陵—马鞍山—宣城),处于创新中间地带的城市,如第二区间、第三区间内的城市则非常活跃。

通过比较各层级之间的情况发现,随着层级的升高,层级之间的集聚现象也越发明显,这说明城市在网络中的地位并非完全遵循地理空间的行政等级体系,城市创新要素、信息条件以及社会经济发展水平等多要素综合会影响城市的形态变化。从节点的空间分布来看,上海以及其周边区域,江苏的苏南以及浙江的环杭州湾地区是创新活跃的地区,在网络中承担重要的枢纽作用,也具有良好的对外输出功能。

总体来看,长三角地区的新兴产业空间形态呈现出三个特点:

第一,动态性。战略性新兴产业的发展与城市功能空间扩展是相辅相成的,城市的空间拓展引起了商业格局的改变,都体现这种动态性。例如,与先进制造相关的苏州、无锡呈现明显的空间梯度布局,而服务业则不同,像上海、南京、杭州等区域中心城市集中,城市群的分工进一步深化,形成以上海、杭州、南京为中心的多极化、多中心化的发展趋势。

第二,层级性。战略性新兴产业的发展与城市的发展也具有层级性。城市之间由于生产服务业的发展水平形成不同的层级,进而再形成更高等级的网络体系和经济区。当战略性新兴产业的发展要求分工进一步向更深、更广的方向发展,进而推动更大程度的区域经济一体化时,产业与城市空间形成互动发展、相互竞争、相互依存的局面。

第三,多维化。战略性新兴产业的发展由于价值链上的分工形成空间布局的多样性,同时产业的溢出与扩散也使得城市群之间的分工更加深入,基于专业化的梯度整合和产业价值链的协作分工是战略性新兴产业与城市的互动统筹产业布局和区域合作实现长三角地区经济可持续发展的重要途径。空间分布形态受区位比较优势、区域发展水平和创新资源丰富程度以及制度等因素综合作用。

5.3.2 二维散点图

二维散点图可以有效分析变量之间的相关程度。本书选择用二维散点图进一步分析专利申请数与规模以上企业主营业务收入之间的关系。时间跨度为2009—2018年,共10年,见图5.2。

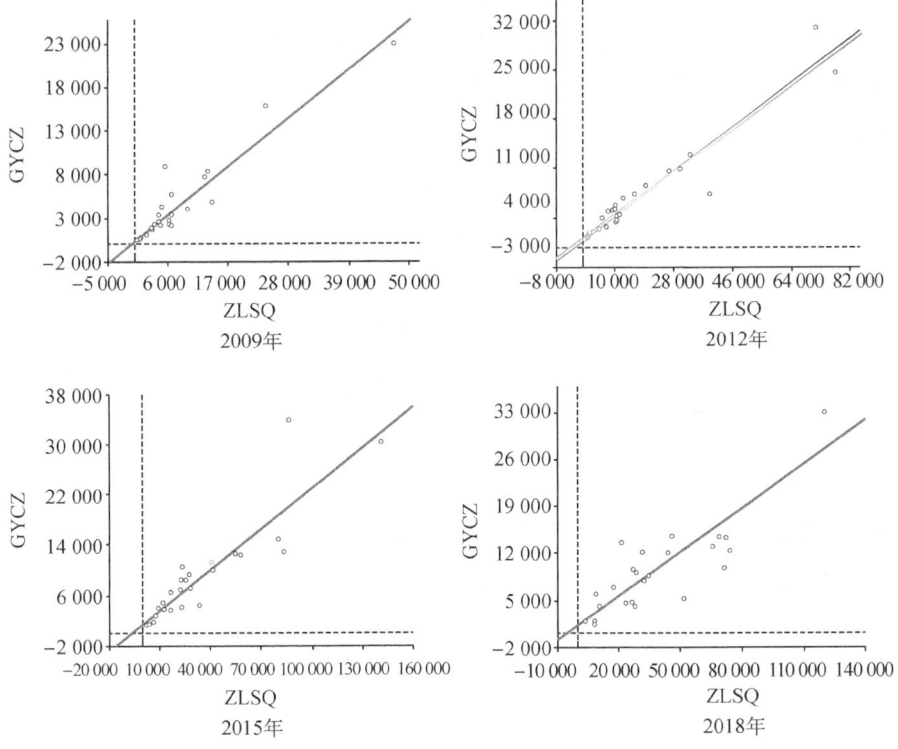

图 5.2　长三角地区空间集聚二维散点图

将图 5.2 中得出的相应的参数指标列表如下,其中,R^2 代表模型拟合程度,$Slope$ 代表斜率,P 是显著性水平。

表 5.4 二维散点图的主要参数值

年份	R^2	$Slope$	P
2009	0.892	0.246	0.007
2012	0.917	0.343	0.006
2015	0.796	0.216	0.002
2018	0.764	0.221	0.002

从表 5.4 所表示的参数值可以看出,专利申请与规模以上企业主营业务收入有强正相关关系,说明区域工业经济对创新产出的影响非常大。图 5.2 中各个小点代表的是长三角地区的各个城市。通过 Geoda 软件的地图刷光功能,找到各个小点对应的城市。以 2009 年为例,最右上角的点是上海,然后沿着直线往原点方向,由远及近依次是苏州、杭州、宁波、无锡、绍兴、南京、南通,快接近原点时,密集的小点代表的是其余城市的集聚。2012 年,斜线右上角的城市是上海,沿着直线往原点方向,由远及近,依次是苏州、无锡、杭州、宁波、南京、南通、常州、扬州等地,密集的点代表其余城市丛聚。从 2015 年的情况来看,最右上角的城市依然是上海,沿着直线往原点方向依次是苏州、无锡、宁波、杭州、南通等,密集的点代表其余的城市丛聚。从 2018 年的情况来看,最右上角的城市依然是上海,然后从右到原点方向依次是苏州、无锡、宁波、杭州、南京,其余点代表其他城市丛聚。从二维散点图空间点的分布来说,图上处于右上角区域的基本都是四分位图中处于第一区间的城市。

5.3.3 条件地图

条件地图通过图表矩阵的方式显示空间变量构成,并通过颜色差异来反映不同地域的要素之间相互关系的差异性。根据地理位置分布,可以从左向右移动手柄来改变条件变量之间的间距。值的变化用颜色的渐变来显示。

将长三角地区空间集聚条件地图的分布情况列成表5.5。

表5.5 长三角地区空间集聚条件地图分布

年份	上离值区域	>75%	50%~75%	25%~50%	<25%
2009	苏州、上海	杭州、绍兴、宁波、南通、无锡	镇江、温州、台州、金华、嘉兴	扬州、泰州、盐城、常州	安庆、宣城、舟山、马鞍山、滁州、池州
2012	苏州、宁波、上海	南京、杭州、无锡、常州	温州、南通、绍兴、马鞍山、金华	嘉兴、苏州、泰州、镇江、台州、湖州、滁州	安庆、池州、铜陵、宣城
2015	上海	杭州、南京、宁波、绍兴、苏州、无锡、合肥	合肥、马鞍山、嘉兴、湖州、台州、温州	盐城、南通、泰州、扬州、金华	池州、铜陵、宣城、芜湖、滁州、舟山马鞍山
2018	上海	无锡、宁波、杭州、南京、苏州、合肥、温州	金华、嘉兴、台州、常州、绍兴、镇江	滁州、盐城、泰州、南通	安庆、池州、铜陵、宣城、湖州、舟山、马鞍山

注:表中的区间分布根据条件地图进行分类。

从条件地图分布情况来看,2009—2018年,长三角地区战略性新兴产业空间形态存在扩散和集聚两种显著特征。上海、苏州、南京、杭州、无锡是长三角地区战略性新兴产业的强集聚区域,这五个城市本身的产业基础深厚,人力资源丰富,并且大企业密集,产业链基础完备,科研实力强,而长三角地区中的浙东南地区和苏南地区,也因为靠近这五个核心城市的地缘优势,再加上本身的民营经济发达,属于活跃区。浙西北和苏北地区,在战略性新兴产业创新方面则相对落后。

从以上对长三角地区的四分位图、二维散点图、条件地图的分析结果来看,长三角地区正从单一中心向多中心模式转变。上海、杭州、苏州、无锡、南京、合肥等核心城市之间由地理上的邻近性产生的协同效应,推动各类创新要素在城市间进行流转。这种组团式的协同创新,是长三角地区战略性新兴产业发展的有效空间组织形式。同时,长三角地区战略性新兴产业空间结构由"Z"字形向"K"字形转变(庄德林,2013)。长三角地区空间形态的演变呈现以下几个特点:

(1) 自2009年国家正式出台相关文件,推动战略性新兴产业发展以来,长三角地区的战略性新兴产业发展迅速,影响并改变了长三角地区的创新空间形态,以上海、苏州、杭州、无锡、南京、合肥为重点核心城市,并由沪宁、沪杭、杭甬3条交通要道共同组成"金字塔"结构。创新网络之间呈现出多重联系且相互交织的发展趋势。例如,2009—2010年多以围绕省会城市南京、杭州、合肥和直辖市上海为主展开的省级行政区划内纵向联系为主,而2015、2018年则出现资源的跨省流动以及普通城市水平化流动的新趋势。苏州、无锡、南通等非省级行政中心的要素集聚与扩散能力大大增强,并且与核心城市之间的联系大幅增加。从空间上看,出现临近式和跳跃式连接并存趋势。2009—2012年以临近式邻接为主,区域内密集的联系集中在核心城市之间,而在2015—2018年,随着战略性新兴产业的发展,扩散与集聚,省内的水平联系和跨省联系逐渐增加,出现苏州—杭州,南京—镇江,无锡—杭州,合肥—上海等跨省跳跃式连接。

(2) 高行政级别城市在长三角地区城市网络体系中依然占据绝对领导地位。例如,上海、南京、杭州、苏州一直是长三角地区战略性新兴产业要素资源的最大集聚地。上海是战略性新兴产业上市公司分支机构的首要入驻城市,杭州和南京、苏州也是战略性新兴产业上市公司的青睐之地。副省级城市宁波,作为浙东、浙中、浙西的经济中心,也是承接上海、杭州、江苏要素辐射的中心城市。

(3) 长三角地区创新网络群联系的密度进一步增长。战略性新兴产业的发展推动了区域网络结构的演变,但是在区域内存在明显的分层集聚现象。一方面,上海、杭州、南京、宁波和苏州等地拥有良好的产业基础,领先优势进一步扩大,他们在网络中的资源集聚与辐射能力进一步加强。另一方面,2012年起,集聚区已不仅仅局限于传统行政中心,而是逐渐向无锡、常州等地区扩散。浙江南部的温台沿海地区成为次核心区域,江苏北部的镇江、浙江西南的金华、温州等地区表现出较好的发展势头,这说明长三角地区正由"等级体系"向"网络化"转变,背后推动力量则是长三角地区一体化程度的加深和战略性新兴产业的迅猛发展。尤其是长三角地区城市合作机制的完善和城市群的扩容,推动了区域要素流动和优化配置。国家对战略性新兴产业的重视以及参与"全球战略制高点"的角逐,也加速了跨区布局的发展态势,强化了城市之间的水平联系和跨行政区域联系。

(4) 2009—2010年,战略性新兴产业还处于发展初期,上市公司总部集中在上海、杭州、宁波、南京四个核心城市,跨区域城市的布局更多的是借助这四个核心城市的"中介作用"来实现,长三角地区内部的联系以这四个核心城市为主的省内邻近联系为主。但2012年后,随着战略性新兴产业的不断发展,长三角地区的网络化程度明显升级,跨省跨区域的纵向扩张不断增多,核心区域已由杭州、南京、宁波围合的"Z"形区域向北部的无锡和南部绍兴等地区扩散,网络中出现了次核心区域。同时,企业的服务网络也不仅局限于本地,出现了向外扩散、相互交织的趋势,省内纵向联系和跨省水平联系不断强化。功能中心出现分散化、扁平化、网络组织交流频繁的特点。

5.4 长三角地区战略性新兴产业的跨区域协同机制

5.4.1 数据来源与统计描述

5.1节中通过全局相关性的计算以及局部空间相关性的分析发

现,长三角地区各城市空间联系近十年在逐渐加强,空间依赖度在提高,说明新兴产业的发展对长三角地区经济有巨大的推动作用,然而,虽然区域空间联系在加强,区域间核心城市与非核心城市的差异也在不断扩大,核心城市在要素配置中依然占据主导地位,而且长三角地区网络结构展现出多中心结构,城市体系由"等级体系"向"网络体系"转变,区域内的联系呈现省内纵向联系和跨省水平联系相交织的特点。

本节中的数据来源于2010—2019年的《上海市统计年鉴》《浙江省统计年鉴》《江苏省统计年鉴》《安徽省统计年鉴》。在指标选择方面,本书参考许多国内外学者采用专利数据开展城市创新的相关研究(Griliches,1990;Ding 和 Huang,2016),研究认为专利申请数比专利授权数更能反映城市的创新能力。因此,本书参考国内外学者的研究,因变量选择专利申请数。考虑到研究区域宏观经济的影响(Bettencourt,2007),将人均GDP和规模以上工业企业主营业务收入以及规模以上工业企业的数量作为衡量区域经济总量的重要衡量指标。Cheung(2004)从外商投资的角度讨论了空间溢出效应。Wu(2017)从贸易的角度探讨了创新空间溢出的影响程度。Rho(2014)研究指出,创新溢出不仅发生在区域内部,也发生在区域间,即创新溢出具有空间联动效应。因此,综合国内外学者的研究,本书自变量选择人均GDP、规模以上工业企业总数、规模以上工业企业主营业务收入、贸易开放度、金融机构的存款总额和贷款总额,分别从区域经济、国际贸易、金融三个维度6个指标衡量跨区域的协同效应。变量及相应的缩写见表5.6。

表5.6　长三角地区跨区域协同研究变量及缩写

变量	中文指标	英文指标	缩写
被解释变量	专利申请数(件)	total number of patent applications	TNPA

(续表)

变量	中文指标	英文指标	缩写
区域经济	人均 GDP(元)	per capita GDP	PGDP
	规模以上工业企业总数(个)	total number of industrial enterprises above designated size	TNIE
	规模以上工业企业主营业务收入(亿元)	revenue from principal business of industrial enterprises above designated size	RPBIE
国际贸易	贸易开放度①	trade openness	TO
金融机构	金融机构存款总额(万元)	deposit of financial intermediation	DFI
	金融机构贷款总额(万元)	loans of financial intermediation	LFI

将长三角地区 27 个城市的 GDP 值和专利申请数值绘制成气泡图,见图 5.3。

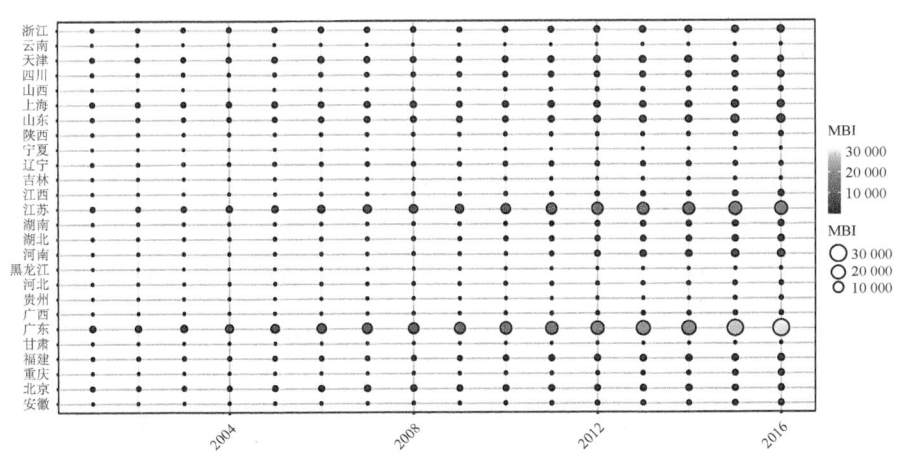

图 5.3 长三角地区 27 城市创新水平气泡图

---

① 贸易开放度计算公式为:贸易开放度＝(进出口总额)/(地区 GDP),反映的是某地区 GDP 生成过程中产生了多少包括进口和出口在内的国际贸易金额。

图 5.3 中,气泡的圆圈大小表示城市创新能力,气泡越大,说明创新能力越强。气泡颜色的深浅表示城市的经济水平,颜色越深,说明经济发展水平越高。从气泡图中可以明显看出,上海、南京、苏州、无锡、杭州、宁波是在长三角地区 27 个城市中创新能力最强的 6 个城市,这 6 个城市跟其余的 21 个城市创新能力存在显著差异。本书将这 6 个城市归类为创新能力发达城市,其他的 21 个城市归类为创新能力发展中城市。同时根据表 5.6 中区域经济的指标(人均 GDP、规模以上工业企业总数、规模以上工业企业主营业务收入),利用面板数据聚类分析方法,得到图 5.4 所示的聚类谱系图。聚类谱系图显示的分类结果与气泡图中的统计特征完全吻合。

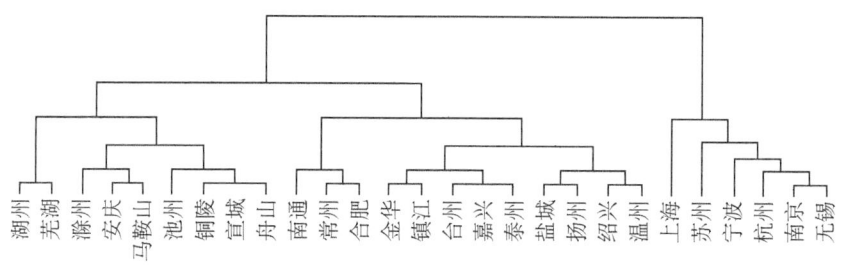

图 5.4　长三角地区 27 城市区域聚类分布图

基于面板数据聚类分析方法可以将 27 个城市聚类成图 5.4 的分类图谱。该图像与图 5.3 展示的城市创新水平气泡图随时间发展的动态趋势是完全吻合的。根据聚类图谱,长三角地区的 27 个城市可以分为三类,第一梯队是以上海、苏州、宁波、杭州、南京和无锡为代表的创新发达城市。从气泡图上也可以看出,这 6 个城市每年的创新产值都在快速增长,尤其是 2010 年到 2018 年是创新能力的快速增长期。第二梯队次发达城市有南通、常州、合肥、金华、镇江、台州、嘉兴、泰州、盐城、扬州、温州、绍兴,气泡图中表现为有一定增长,但是增长缓慢。第三梯队城市有湖州、芜湖、滁州、安庆、马鞍山、池州、铜陵、宣城、舟山,气泡图中表现出容量没有扩充,没有明显增长。

为进一步了解变量的统计特征,对变量进行对数处理①,根据气泡图和聚类谱系图,将长三角地区的 27 个城市划分为两类:一类是创新发达地区,包括上海、南京、苏州、无锡、杭州、宁波;另一类是创新发展中地区,即长三角地区其余的 21 个城市。样本的统计特征情况见表 5.7。

表 5.7　长三角地区变量基本统计特征描述

变量	描述统计						t-检验值	
	总样本		创新发达地区		创新发展中地区			
	Mean	SD	Mean	SD	Mean	SD	t 值	P-Value
Ln(TNPA)	9.510	1.298	10.089	0.506	9.117	1.182	−16.913	0.000
Ln(PGDP)	11.097	0.500	11.576	0.266	10.960	0.466	−13.101	0.000
Ln(TNIE)	7.908	0.922	8.807	0.503	7.652	0.851	−13.193	0.000
Ln(PRBIE)	8.535	1.006	9.726	0.476	8.194	0.845	−18.086	0.000
Ln(DFI)	17.632	1.181	19.187	0.692	17.188	0.876	−18.538	0.000
Ln(LFI)	17.305	1.225	18.859	0.714	16.861	0.947	−17.686	0.000
Ln(TO)	0.069	0.081	0.146	0.135	0.048	0.035	−5.586	0.000

表 5.7 中 Mean 代表均值,SD 代表标准差。从表 5.7 中可见,创新发达地区与创新发展地区的差异非常显著。

本书进一步用 Pearson 相关性检验观察变量之间的关系,见图 5.5。

图 5.5 的混合散点图显示,变量之间存在着近似线性关系,但是从密度曲线看,明显为非对称分布,因此,均值线性模型不适合长三角地区的数据分析,本书研究用 Geraci 和 Bottai(2014)提出的面板数据分位数回归模型。

在建立模型之前,还需要考虑究竟是固定模型还是随机效应,取

---

① Cobb 和 Douglas(1928)使用美国 1899—1922 年制造业产出(y)、资本(k)与劳动力(l)的数据得出的生产函数,等式两边取对数,可转换为线性模型。

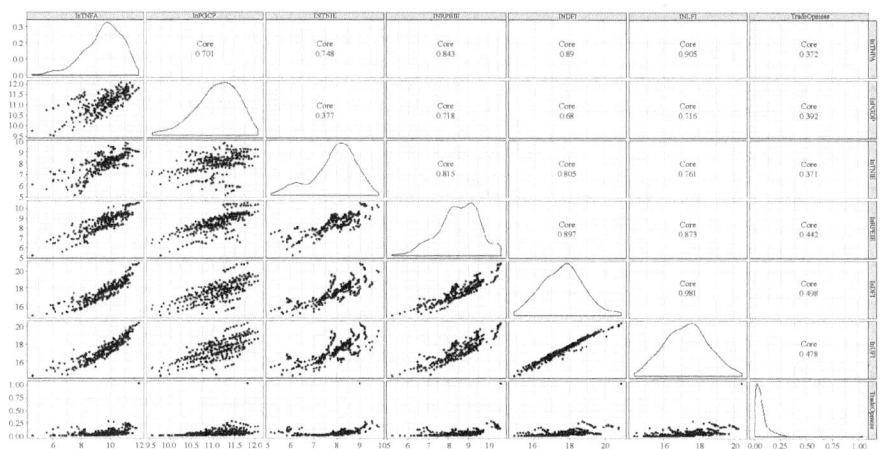

图 5.5 长三角地区创新能力混合散点图

决于检验值 Hausman 的大小。这个检验统计量是 Hausman(1978)提出的一种检验方法,检验解释变量与扰动项是否相关。通过 R 语言计算的 Hausman 值如表 5.8 所示。

表 5.8 Hausman 检验值

检验值	卡方检验值	卡方统计量自由度	概率值
横截面随机效应	8.774 9	4	0.083 2

检验结果显示 Hausman 的值为 0.083 2,该值表明在 10% 的检验显著性水平下不能确定模型有内生性,所以本书用随机效应模型进行研究分析。

5.4.2 分位数回归模型

将长三角地区 27 个城市的专利申请数的对数值绘制成密度分布曲线,如图 5.6 所示。

图 5.6 中,灰色代表长三角地区的 6 个创新发达城市,分别是上海、苏州、南京、无锡、杭州、宁波,其余的 21 个城市用浅灰色表示。左

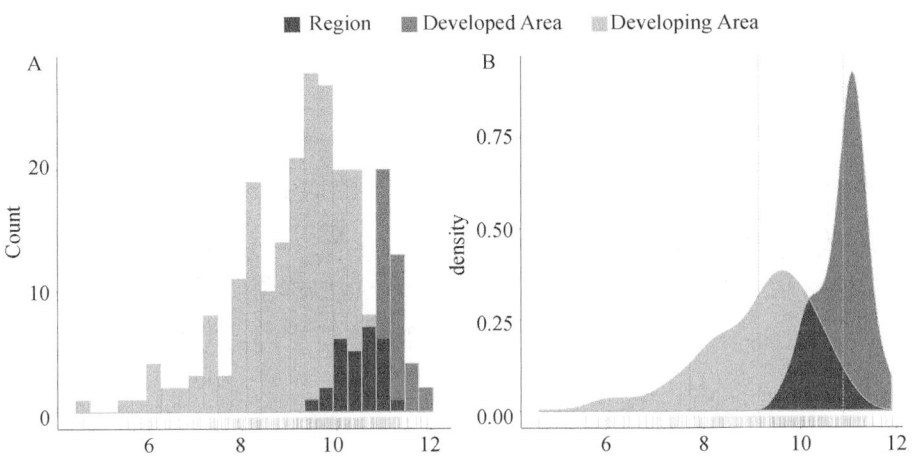

图 5.6　长三角地区专利申请数密度分布图

图是专利申请数对数值的柱状分布,右图是对应的核密度分布图。从直方图和核密度图我们可以清楚地看到长三角地区的专利申请数存在着严重的非对称性,且相对右偏。因此,传统的均值线性模型不适合此类数据分析。在研究中,本书引入具有随机效应的面板分位数回归模型(Geraci 和 Bottai,2014)。利用分位数回归的绝对值误差目标函数进行优化拟合,可以更好地体现协变量与被解释变量之间的边际效应或弹性,并可以避免异质性误差非对称分布引起的模型统计推断效率降低。同时,分位数回归方法还可以降低数据中异常值导致的模型拟合偏差,从而使统计推断过程具有良好的稳健性。

5.4.2.1　分位数回归方法介绍

先利用分位数回归方法估计模型中协变量的系数,将协变量对专利申请数对数的特征效应在不同水平上给出一个初步描述,然后利用估计对数专利申请数的边际密度函数证明与前面的条件分布估计是相合的。通过这一分析过程,我们即可获得关于专利申请对数中区域创新差异的相关信息:如对数专利申请整体分布中禀赋效应的相对贡献率,以及特征变量在专利申请差异分布中不同分位数上的回报率等。

分位数线性回归模型可以被表示为：

$$Q(Y|X) = X\beta \qquad (式5-1)$$

其中 Y 表示以城市专利申请数"件"为计数单位的对数算法下的专利申请。X 是一个 $K+1$ 维的包含外生控制变量的向量，具体包括城市人均 GDP、规模以上工业企业总数、规模以上工业企业主营业务收入、贸易开放度、金融机构存款总数和金融机构贷款总数。

参数为 τ 的分位数回归是按如下要求计算对应系数的估计值的：

$$\hat{\beta} = \underset{\beta \in R^{k+1}}{\operatorname{argmin}} \sum_{i=1}^{n} \rho_\tau(y_i - x_i \beta_\tau) \qquad (式5-2)$$

其中 ρ_τ 为检测函数，$\rho_\tau = (\tau - 1(u \leqslant 0))u$，$R^{k+1}$ 表示 $K+1$ 维实数空间，n 表示样本量。

为了便于陈述，对应的计算方法如下：

(1) 利用均匀分布 $U(0,1)$ 生成样本量为 m 的抽样，然后我们对抽样进行升序排列，并利用该排列获得 m 个分位数 $\tau_1, \tau_2, \cdots, \tau_m$。

(2) 针对状态 S 和状态 t 的数据，我们可以获得 m 个分位数回归系数，记作：$\hat{\beta}^s = \{\hat{\beta}^s(\tau_1), \cdots, \hat{\beta}^s(\tau_d), \cdots \hat{\beta}^s(\tau_m)\}$ 和 $\hat{\beta}^s = \{\hat{\beta}^t(\tau_1), \cdots, \hat{\beta}^t(\tau_d), \cdots \hat{\beta}^t(\tau_m)\}$。其中对应分位数 τ_d 对应的参数估计量为 $\hat{\beta}^t(\tau_d) = \{\hat{\beta}_0^t(\tau_d), \hat{\beta}_1^s(\tau_d), \cdots, \hat{\beta}_k^s(\tau_d)\}^T$ 和 $\hat{\beta}^t(\tau_d) = \{\hat{\beta}_0^t(\tau_d), \hat{\beta}_1^t(\tau_d), \cdots \hat{\beta}_k^t(\tau_d)\}^T$。

(3) 针对状态 S，从维数为 $n^*(K+1)$ 的解释变量矩阵 $X(s)$ 中抽取行以构造一个新的 $m^*(K+1)$ 维的设计矩阵 $X^*(s)$。这个解释矩阵中的每一行被表示为 $X_d^*(s)$。则 $y_d^*(s) = \{X_d^*(s)\hat{\beta}_0^s(\tau_d), d = 1, \cdots m\}$ 就是一个来自状态 S 样本量为 m 的抽样。我们用 $F^*[y(s)]$ 表示状态为 S 的累积分布函数的估计值。它是利用数据进行计算的，其中的系数估计量 $\hat{\beta}^s(\tau_d)$ 来自观测值 $\{y_d(s), X_i^*(s) : i = 1, \cdots n\}$。同样

的方法也被应用于对状态 t 的数据进行计算。这样我们就可以得到关于长三角地区城市创新能力的边际密度函数的估计值。

（4）令 $F^*[y(s)]$，$X^*(s)$ 表示专利申请对数的累积分布函数，其中 $X^*(s)$ 表示针对状态 S 生成的设计矩阵。例如，它通常用来表示高创新区域对数的累积分布函数，此时创新发达城市的某些特征变量被假设是与创新发展中城市相同的，也就需要估计创新发达城市对数相对于创新发展中城市协变量的密度函数。

5.4.2.2 实证结果

根据分位数模型构建的思路，通过 R 语言计算的相应的回归结果如表 5.9 所示。

表 5.9 分位数回归结果

变量	系数估计		
	全部地区	创新发达地区	创新发展中地区
Ln(PGDP)	−1.021*** (0.194)	−0.545 (0.774)	−0.945*** (0.244)
Ln(TNIE)	−0.069 (0.154)	−0.408 (0.238)	0.071 (0.231)
Ln(RPBIE)	1.027*** (0.175)	0.561 (0.445)	1.025*** (0.171)
Ln(DFI)	−1.570*** (0.359)	−0.445 (0.463)	−2.017** (0.601)
Ln(LFI)	1.781*** (0.287)	0.690** (0.221)	2.137*** (0.482)
Ln(TO)	0.349 (1.158)	0.395 (5.470)	3.440 (3.215)
AIC	507.714	54.809	421.157
BIC	540.100	71.564	447.933
Log-likelihood	−244.857	−19.404	−202.578

表5.9的回归结果表明：

(1) 从指标估计的显著性水平来说，最显著的是人均GDP值、规模以上企业的主营业务收入、金融机构的存款数和贷款数，说明这四个指标对长三角地区新兴产业的创新水平有重要影响。

(2) 从估计值的正负关系来看，人均GDP、规模以上企业的数量、金融机构的存款数估计值都为负，对创新产出（专利申请数）有抑制作用，而规模以上企业主营业务收入、贸易开放度、金融机构贷款数则对创新产出（专利申请数）有促进作用。

(3) 从创新发达地区与创新发展中地区的对比来看，规模以上企业、贸易的开放度、金融机构的贷款对创新发展中地区的促进效果要大大高于创新发达地区，其中促进效果最显著的是金融机构贷款额，每提高1%的贷款额，可以促进创新产出提高2.14%。

因此，要实现长三角地区战略性新兴产业的跨区域协同，政府对创新发展中城市要加大扶持力度，尤其是在金融机构贷款、贸易的开放、工业企业的培养三个方面着力，有针对性地进行扶持。

5.5 本章小结

本章主要研究内容如下：

(1) 第一，用Moran'I指数、跃迁测度法、Moran散点图及Lisa集聚图等空间探索性数据方法计算长三角地区新兴产业的全局空间性和局部空间相关性，分析长三角地区新兴产业的空间分布格局，发现新兴产业的发展对长三角地区城市群的深度一体化具有巨大的推动作用，但是具体到区域内部，核心城市（上海、南京、苏州、无锡、杭州、宁波）在创新要素配置中依然占据主导地位。第二，长三角地区城市网络展现出多中心结构，城市体系也由"等级体系"向"网络体系"转变，呈现省内纵向联系和跨省水平联系相交织的特点。第三，核心层与边缘层之间以及核心城市的资源互动是推动长三角地区网络结构演变的动力。

(2) 利用四分位地图、条件地图等工具分析长三角地区新兴产业的空间集聚形态,发现长三角地区正从单一中心向多中心模式转变,这种组团式的协同创新,是长三角地区新兴产业发展的有效空间组织形式。创新网络之间呈现出多重联系且相互交织的发展趋势。核心城市在长三角地区城市网络体系中占据绝对领导地位,长三角地区创新网络群联系的密度进一步增长,战略性新兴产业发展推动了区域网络结构的演变,但是在区域内存在明显的分层集聚现象,并且,长三角区域内部呈现以上海、南京、杭州、宁波、苏州、无锡 6 个核心城市为主的省内邻近联系为主,但 2010 年后网络化程度明显升级,跨省跨区域的纵向扩张日益增多并成熟。

(3) 通过分析气泡图、聚类图谱,以及建立面板数据分位数回归模型,分析长三角地区新兴产业的跨区域协同机制。研究发现:规模以上企业、贸易开放度、金融机构的贷款额对创新发展中地区的促进效果要大大高于创新发达地区,其中促进效果最显著的因素是金融机构贷款额,每提高 1% 的贷款额,可以促进创新产出提升 2.14%。因此,要实现长三角地区战略性新兴产业的跨区域协同,对创新发展中城市要加大力度扶持,尤其是在金融机构贷款、贸易开放、工业企业的培养三个方面着手,才能起到更好的效果。

6 电子通信产业技术创新的空间形态分析

6.1 引言

电子通信产业是我国战略性新兴产业中占比最大的一个门类,对促进就业、调整经济结构都发挥着重要作用。在国家政策强有力的推动下,电子通信产业迅猛发展。但是电子通信产业的空间分布不均衡,主要集中在东部地区,东部地区企业占全国总数的90%还要多,当然,这与经济发展的区域性有关[①]。从图6.1可以看出,电子通信产业的总产值逐年在增加,2003—2008年处于快速增长,2008年受金融危机影响,增长趋势放缓,2010—2018年进入迅速增长期,并且东部地区占了电子通信产业总产值规模的绝大多数,而中部地区和西部地区的占比则非常小[②]。

从电子通信产业的总体情况来看,东部地区由于便利的交通、聚集的人才和资金等形成了一个适合电子通信产业生存发展的环境。1978年起,得益于改革开放政策,东部地区吸引的外商资金远远多于中西部地区,东部地区由于丰富的资源、廉价的劳动力和开放的市场资源等形成了全球重要的电子加工基地。从全球价值链的角度分析,电子通信产业在价值链中所占据的环节不同,其附加值和技术也不同。

---

① 国家统计局. 东中西部和东北地区的划分方法[EB/OL]. (2011-06-13)[2022-12-26]. http://www.stats.gov.cn/ztjc/zthd/sjtjr/dejtjkfr/tjkp/201106/t20110613_71947.htm.
② 根据国务院《中共中央、国务院关于促进中部地区崛起的若干意见》《国务院发布关于西部大开发若干政策措施的实施意见》,将我国的经济区域划分为东部、中部、西部和东北四大片区。

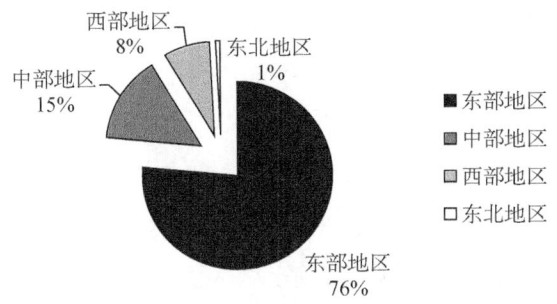

图 6.1 2018 年电子通信产业产值空间分布

注:作者根据《2019 年中国高技术产业统计年鉴》的电子通信产业各地区的产值归类统计后自行绘制图 6.1。

在图 6.2 全球价值链的分工图中,我国电子通信企业自主创新弱,研发投入不足,难以形成规模效应,依赖国外的技术和关键产品,在全球价值链中处于被动地位,而且,以欧美为代表的跨国企业实行技术封锁,我国电子通信企业期望依靠承接发达国家的产业转移以及代工模式来获得核心技术可能性很小,在价值链上的攀升非常困难,因此,我国的电子通信产业在高端产品研发、国际品牌创建以及参与更高层次分工中还缺乏竞争优势。

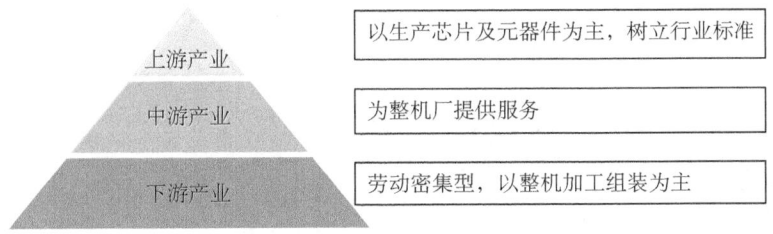

图 6.2 电子通信产业全球价值链分布图

在全球价值链中,上游产业,以生产芯片及元器件为主,技术附加值高,主要附加值来自树立行业标准。中游产业为整机厂提供服务,附加值来自精益制造和服务。下游产业以整机加工组装为主,劳动密集型,附加值来自市场份额的增加和廉价劳动力资源。

处于上游的是以研发、设计为代表的芯片制造产业,具有产品附加值高、技术门槛高的特征。在价值链的全产业体系中,上游产业占据价值链的60%左右。而中游产业以制造为主,一般占据价值链的25%左右,附加值来自加工劳动。处于下游的产业是一般元器件的生产和整机组装,市场利润主要来自严苛的成本控制,一般占据价值链的15%左右。从全球的区域分布来说,美国及部分发达欧洲国家树立行业标准、控制上游的核心技术、拥有专利权和资本,亚洲的日本、韩国、新加坡等处于价值链中游,生产核心零部件和关键元器件以及集成电路等,而中国大陆还处于全球价值链的中下游,主要以整机加工和组装为主。

在空间分布上,珠三角地区作为最早的外资在内地的生产基地,形成了计算机生产家电视听器件通信设备的产业基地,长三角地区以计算机、集成电路、半导体为发展重点。环渤海地区形成家电、通信、集成电路等产业的聚集地。虽然我国电子通信产业发展迅速,但是依然在很多方面受制于跨国企业,例如,以电脑行业为例,零件生产和整机组装主要在珠三角地区,而新产品和核心部件的生产集中在中国台湾、日本、美国掌握着标准制造和研发设计。又如,长三角的IC产业,虽然已经形成完备的产业链,还有环渤海地区的家电生产也初具规模,但是在全球产业链中依然处于中下游。

6.2 电子通信产业的空间分布

电子通信产业的空间分布变化一共经历了三个阶段。

第一阶段,2008年以前,电子通信产业主要分布在排名前9的省份,这种现象主要得益于全球电子通信产业价值链的转移,中国的东部沿海区域尤其是珠三角、长三角地区成为全球电子产业的加工基地和生产集聚地,促进电子通信产业蓬勃发展。

第二阶段,2008—2012年,东部沿海所占比重由最高90%下降至77%,空间的集中度逐渐降低,随着东部生产要素成本的上升,电子通

6 电子通信产业技术创新的空间形态分析

信产业的一些加工制造环节开始向中部城市转移。

第三阶段,2013—2016年,由于东部沿海人力成本及土地要素价格的迅速增长,电子通信产业大规模向中部重点城市转移,中部地区开始逐渐崛起。本书接下来通过空间相关性的计算进一步分析电子通信产业的空间分布格局。

6.2.1 全局空间自相关

全局空间自相关是用来衡量区域间的相关性显著程度,用莫兰指数来表示。Moran'I值反映全局相关性的程度,Moran'I值越大,表示全局的相关性也越大。Moran'I的计算公式如下:

$$Moran'I = \frac{\sum_{i=1}^{n}\sum_{j=1}^{n}w_{ij}(x_i - \bar{x})(x_j - \bar{x})}{S^2(\sum_{i=1}^{n}\sum_{j=1}^{n}w_{ij})} \quad (\text{式 6-1})$$

$$\bar{x} = \frac{\sum_{i=1}^{n}x_i}{n} \quad (\text{式 6-2})$$

其中,i 代表 i 地区的电子通信产业创新产出水平,x_i 表示 i 地区空间观察的样本值,j 代表 j 地区的电子通信产业的产出水平,x_j 是 j 地区空间观察的样本值,$i=1,2,\cdots n$,$j=1,2\cdots n$,w_{ij} 为空间权重矩阵,$\bar{x}$ 为全部地区的创新产出平均值,Moran'I 取值介于 $-1\sim1$。

数据来源于 2006—2016 年的《高技术产业统计年鉴》,选择 31 个省份及直辖市的电子通信产业主营业务收入为分析变量。在空间权重矩阵选择上,选择车式空间权重,对空间权重 Moran'I 指数计算结果见表 6.1。

表 6.1 电子通信产业的 Moran'I 指数

年份	2006	2007	2008	2009	2010	2011	2012	2013	2014	2015	2016
Moran'I	0.531	0.575	0.581	0.589	0.592	0.602	0.615	0.611	0.628	0.679	0.685

131

在10年的考察期中，Moran'I指数均为正值，并且表现显著，说明电子通信产业存在正向空间相关性，也就是说创新水平高的地区相互邻近，创新水平低的地区相互邻近，表现出强-强、弱-弱的集聚现象，其中2009—2010年略有下降，2011—2014年呈U形趋势，波动性比较大，2014年起又逐渐上升。根据表Moran'I的计算结果，电子通信产业的空间形态呈现东部地区高值与高值集聚现象，西部低值与低值集聚的现象，可能的原因是东部地区创新要素齐全，产业基础好，企业能够在激烈竞争中不断更新换代产品，提高自身创新能力。西部地区科研水平相对低下，人才基础薄弱，创新能力低，对周边的溢出也不足，因此，呈现低—低集聚的现象。中部地区受到政府扶持，以及东部的产业梯度转移带来的技术、资金、人才的溢出，也逐步提高了中部地区电子通信产业的创新产出水平。

造成电子通信产业空间分布差异的因素主要有三个：

第一，东南沿海是最早开放的区域之一，其经济发展也是典型的外向经济。港、澳、台地区和外国投资企业在早期电子通信产业发展中起到核心作用，早期电子通信产业实行"三来一补"的模式，外资在管理模式、产出水平和市场竞争力方面更具优势，所以东部电子通信产业发展迅速，相比之下，中西部受体制及先天产业基础影响，电子通信产业的发展就缓慢得多，因此，区域环境、经济开放程度和产业主体是东西部之间差异的一个重要原因。

第二，企业自身在全球价值链中所处的位置。在全球价值链中，参与各方通过优胜劣汰，通过产业链自身的整合机制，达到契约目标和利益最大化，东部地区的企业由于产业基础较好，参与全球价值链的分工，以整机生产和制造为主，而中西部地区，在整个代工过程中，缺乏核心技术，更多的是基于廉价的劳动力和土地资源，长期处于低端锁定的状态，很难向全球价值链的中高端攀升。

第三，产业配套以及产业链的完整性程度也是影响电子通信产业的关键因素。以环渤海地区为例，北京是三大计算机企业和研发中心所在地，与北京相邻的河北占据地理优势和成本优势，本应该成为这些电脑企业的生产基地，然而实际情况是，这三大电脑企业的生产基地在东莞、苏州等地，因为这些区域有完整的配套产业链。又如，总部在天津的摩托罗拉公司，很多手机零配件是由在长三角、珠三角地区的企业来生产的。因此，产业链的完整性程度和产业配套是影响电子通信产业空间分布的关键因素。

6.2.2 局部空间自相关

Moran'I指数侧重从全局的角度研究各区域发展电子通信产业的空间相关性，而局部分析则更深入了解地区之间的显著性差异及差异产生的原因。局部分析常用的方法有Moran'I散点图、时空跃迁测度、Lisa集聚地图。

6.2.2.1 Moran'I散点图

为了全面反映电子通信产业空间差异，我们通过Moran'I散点图来发现空间差异。图6.3中横坐标代表各区域电子通信产业主营业务收入的标准化值，纵坐标为空间滞后值，表示与中心区域的相邻区域标准化后的加权平均数。其中，空间权重矩阵选择的是"车式"连接权重矩阵。

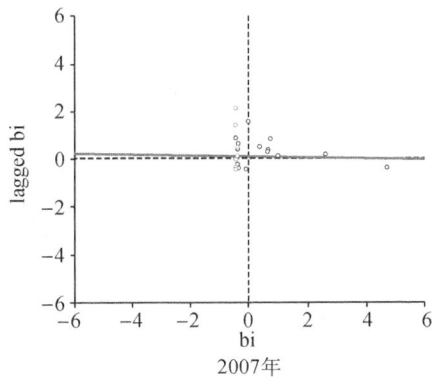
2007年

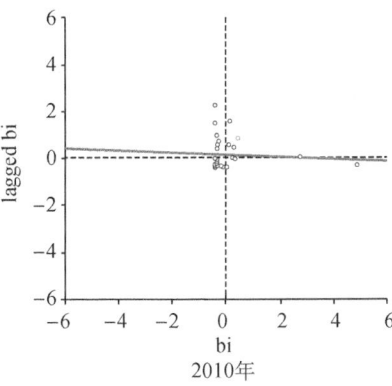
2010年

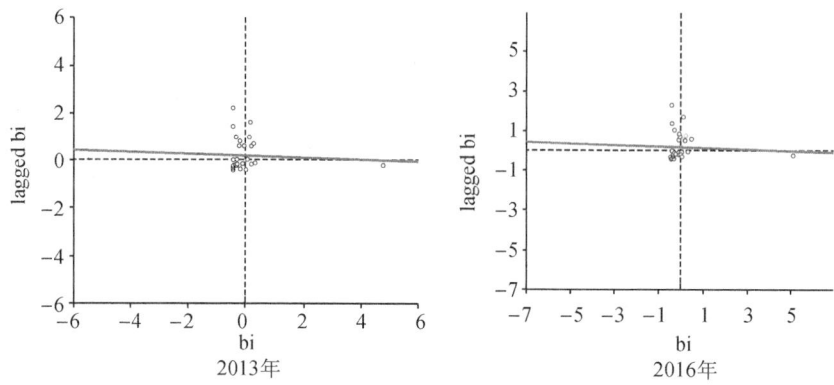

图 6.3　电子通信产业 Moran 散点图

将图中各象限的点的位置总结成表 6.2 所示①。

表 6.2　电子通信产业十年 Moran'I 值象限分布

年份	HH 象限	HL 象限	LL 象限	LH 象限
2007	北京、山东、江苏、浙江、福建、天津、上海	广东、四川	黑龙江、内蒙古、山西、河北、河南、甘肃、宁夏、青海、陕西、湖北、四川、贵州、重庆、云南、海南、湖北、辽宁、吉林	新疆、安徽、西藏、江西、湖南、广西
2010	北京、山东、江苏、浙江、福建、上海	四川、广东、天津	黑龙江、内蒙古、吉林、山西、河北、河南、甘肃、宁夏、青海、陕西、湖北、贵州、重庆、云南、辽宁、海南	新疆、西藏、安徽、江西、湖南、广西
2013	北京、山东、江苏、浙江、福建、上海	河南、四川、广东、天津	黑龙江、内蒙古、吉林、山西、甘肃、宁夏、青海、陕西、湖北、贵州、重庆、云南、海南、辽宁、河北	安徽、江西、湖南、广西、新疆、西藏

---

① HH 象限表示完全正相关,高—高集聚;HL 象限表示高—低集聚;LL 象限表示完全负相关,低—低集聚;LH 象限表示低—高集聚。

(续表)

年份	HH象限	HL象限	LL象限	LH象限
2016	北京、上海、山东、浙江、江苏、福建	广东、河南、四川、重庆、天津	海南、黑龙江、内蒙古、吉林、山西、河北、甘肃、宁夏、青海、陕西、湖北、贵州、云南、辽宁、海南	广西、江西、湖南、安徽、新疆、西藏

十年电子通信产业的Moran'I散点图传达了以下几点重要信息：

首先，从HH象限来看，一直处于这个象限内的有北京、山东、江苏、浙江、福建、上海四个沿海省份和两个直辖市，这些区域也是电子通信产业发展的第一梯队，形成了强-强联盟的格局。

其次，从HL象限来看，广东、四川一直处于这个象限中，即它们的电子通信产业总体实力强，但是其邻居省份则落后，通过这些强区域带动周边邻居电子通信产业的发展。其中，重庆在2016年从LL象限跃迁至HL象限，说明这两个区域近几年电子通信产业发展迅速，从弱创新地区跃升为强创新地区。

再次，从LL象限来看，处于LL象限中的省份也是最多的，十年中没有发生跃迁的省份有东三省的黑龙江、吉林、辽宁，还有处于大西北的甘肃、青海，以及西南地区的云南、海南、贵州，还有中部的陕西、山西、湖北、河北，以及北部的内蒙古。

最后，从LH象限来看，处于LH象限的省份有安徽、江西、湖南、广西，说明这四个省份的电子通信产业发展较薄弱，但是它们的邻居却又都是电子通信产业的发达地区，像安徽毗邻上海，湖南、广西毗邻广东，江西毗邻福建，因此，这四个省份未来可以通过接受邻近省份的技术溢出或创新扩散来获得新的发展动力，由于有空间邻近的比较优势，这4个区域也是有潜力的区域。

因此，通过对Moran'I散点图的归纳，不同类型区域发展电子通信产业的思路也是不同的。对HH型区域，大力培养研发、设计，加强向全球电子通信产业链的高端延伸，并且加强对周边区域的扩散和辐射带动能力;对 HL 型区域,可以将这些区域作为集聚重点,对中心区域加以扶持,通过点—轴扩散,带动周围地区崛起;对 LL 型区域,合理布局与周边地区的合作,系统引导和帮扶;对 LH 型区域,加强技术、人才投入,向周围发达邻居区域学习,缩小差距或者作为服务先进地区的后方基地,实现协同发展。

6.2.2.2　Lisa 集聚及显著性检验

无论是时空跃迁还是 Moran'I 散点图,分析的都是区域之间的相互关系,而 Lisa 集聚图,分析的是统计显著性高的区域,并且通过图形显示在一定的检验水平下,区域的空间分布形态。依然是以 10 年为时长,时间间隔是 3 年,选取 2007、2010、2013、2016 年 4 个截面样本点,绘制 Lisa 集聚图。

在 Lisa 集聚图中,P 作为统计变量,衡量区域间差异的空间显著性,当 $P<0.05$ 时,表示具有显著性,即空间上存在相关性;$P>0.05$ 时,则不具有显著性,也即在空间上不存在相关性。结合电子通信产业的 Lisa 聚集图,我们发现:区域分化非常明显,HH 型的是点状,仅集中在东部沿海的少数区域,而中西部大片的电子通信产业落后地区呈现带状分布,点状集中和带状断层分块现象非常明显。

6.3　电子通信产业的空间集聚形态

6.3.1　四分位地图

本节数据来源于 2007—2016 年 10 年的《中国高技术产业统计年鉴》,其中本书用每个地区的电子通信产业的主营业务收入来表示产业的发展情况,因为主营业务收入的信息全面,并且 10 年的数据完备,采用 Geoda 软件绘制电子通信产业的四分位地图。

四分位地图中所显示的信息整理成表。

电子通信产业四分位区间分布如表 6.3 所示。

6 电子通信产业技术创新的空间形态分析

表 6.3 电子通信产业四分位区间分布

年份	第一区间	第二区间	第三区间	第四区间
2007 年	北京、山东、江苏、浙江、四川、福建、广东、天津、上海	河北、河南、陕西、安徽、湖北、江西、湖南、辽宁	广西、贵州、甘肃、黑龙江、海南、重庆、山西、吉林	新疆、宁夏、西藏
2010 年	北京、山东、江苏、浙江、四川、福建、广东、上海、天津	陕西、湖北、重庆、安徽、江西、湖南、河北、河南、广西、辽宁	内蒙古、山西、黑龙江、甘肃、吉林、贵州、云南、海南	新疆、宁夏、西藏
2013 年	北京、山东、河南、江苏、浙江、福建、广东、天津、上海	山西、河北、安徽、湖北、四川、重庆、江西、湖南、辽宁	黑龙江、内蒙古、吉林、甘肃、青海、陕西、贵州、云南、海南、广西	新疆、宁夏、西藏
2016 年	山东、河南、江苏、湖北、浙江、四川、福建、广东、上海	北京、山西、河北、陕西、安徽、重庆、江西、湖南、广西、天津	吉林、甘肃、宁夏、内蒙古、青海、贵州、黑龙江、云南、辽宁	新疆、西藏、海南

注：根据四分位地图划分区间。

从四分位图的空间分布形态可以看出，东部沿海省份是电子通信产业的高值集聚区，中西部及东北地区是电子通信产业的薄弱区域，电子通信产业总体的空间分布形成环渤海、长三角、珠三角地区三大产业集聚带，分布差异较大。

6.3.2 二维散点图

散点图可以有效分析变量之间的相关程度，本书采用二维散点图来进一步分析主营业务收入与电子信息产业研发投入强度之间的关系，时间跨度为 2007—2016 年，共 10 年。

从图 6.4 可以看出，电子通信产业的主营业务收入与研发投入强度有着强相关关系，说明研发对电子通信产业的影响非常大。图中的各个小点代表的是各省份及直辖市。通过 Geoda 软件的地图刷光功能能找到各个小点对应的省份。从 2010 年起，最右上角的点是广东省，

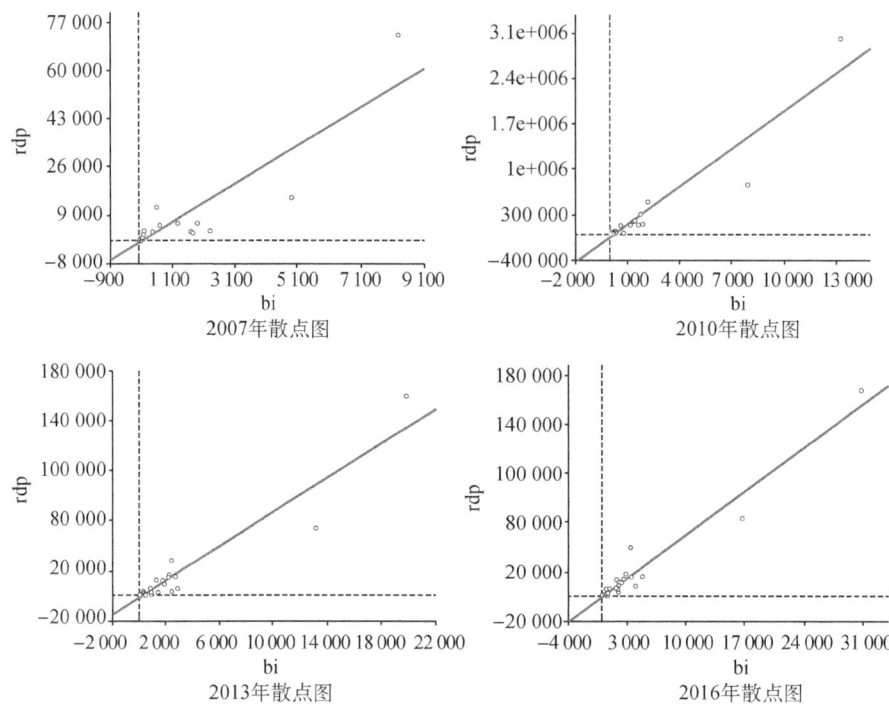

图 6.4 电子通信产业二维散点图

然后沿着直线往原点方向,由远及近依次是江苏省、浙江省、上海市、山东省等,快接近原点时,密集的小点代表的是其余省份的丛聚。2013年,最外面的点代表广东省,然后沿着斜率线往原点方向靠近,分别是江苏省、浙江省、上海市、山东省以及天津市,其余省份在接近原点处密集丛聚。2016年,最外面的点依然是广东省,然后沿着斜率线往原点方向靠近,依次是江苏省、浙江省、山东省、上海市以及河南省,同样,其余省份在接近原点处丛聚。二维散点图显示了电子通信产业的发展过程,广东省始终遥遥领先,10年间的空间格局几乎未变,长三角地区的上海市、江苏省及浙江省是主力,后起之秀如河南省、山东省、四川省等省份,逐渐往更高的区间跨越。

6.3.3 条件地图

条件地图是空间变量构成的图表矩阵,用来反映不同地域的要素变量特性,以及要素之间相互关系的差异性。

电子通信产业条件地图的分布情况如表 6.4 所示。

表 6.4 电子通信产业的条件地图分布区间

年份	上离值区域	>75%	50%~75%	25%~50%	<25%
2007	江苏、浙江、广东、上海	北京、山东、湖北、四川、福建、天津	内蒙古、河北、河南、陕西、安徽、重庆、江西、湖南、天津、辽宁	贵州、云南、广西、海南、黑龙江、吉林、山西、甘肃、宁夏	新疆、青海、西藏
2010	江苏、浙江、广东、上海、北京	北京、山东、湖北、四川、福建、天津	内蒙古、河北、河南、陕西、安徽、重庆、江西、湖南、天津、辽宁	贵州、云南、广西、海南、黑龙江、吉林、山西、甘肃、宁夏	新疆、青海、西藏
2013	江苏、浙江、广东、上海	北京、山东、湖北、四川、福建、天津	内蒙古、河北、河南、陕西、安徽、重庆、江西、湖南、天津、辽宁	贵州、云南、广西、海南、黑龙江、吉林、山西、甘肃、宁夏	新疆、青海、西藏
2016	江苏、浙江、广东	北京、山东、湖北、四川、福建、上海、天津	安徽、河南、江西、贵州、河北、天津、辽宁、山西、海南	吉林、青海、山西、内蒙古、黑龙江、海南、广西、云南	新疆、西藏、青海

注:表中分类区间根据条件地图分布归类。

从条件地图分布情况来看,2007—2016 年,电子通信产业空间形态存在扩散和集聚两种显著特征。第一,江苏、浙江、上海、广东、北京一直是电子通信产业的强集聚区域,这 5 个地区有着雄厚的研发实力以及大企业密集,制造业基础好的特点。第二,中西部的大部分地区受限于研发力量,科研人力稀缺及资金的紧张,更多的是作为电子通信产业的加工基地,处于电子通信产业的中下游。

6.4 电子通信产业的跨区域协同机制分析

6.4.1 数据来源与统计描述

6.1节中通过全局相关性的计算以及局部相关性的分析,发现该产业的区域分化非常明显,电子通信产业发达的地区集中在东部沿海的少数区域,呈现点状分布,而中西部大部分电子通信产业落后地区呈现带状分布,因此,点状集中和带状断层分块现象非常明显。在6.2节中,通过四分位地图、二维散点图、条件地图等工具,本书发现了电子通信产业的空间形态分布存在扩散与集聚两种显著特征。本节进一步探讨究竟是哪些因素影响电子通信产业的空间协同机制,以及这些因素在多大程度上影响了创新的绩效。

本节中的相关数据来源于2000—2017年的《高技术产业统计年鉴》[①]中电子及通信设备制造业部分。在指标选择方面,参考 Si(2017),Valverde(2015),Pelaez(2013)的研究,以及前面对电子通信产业研究的相关文献,因变量选择 MBI(Main Buiness Income,主营业务收入),被解释变量包括:RDP(R&D 人员全时当量:R&D Personnel,RDP),RDE(R&D 投入经费:R&D Expenditure,RDE),FNP(Fund of New Product,新产品开发经费)和 FTR(Fund of Technology Renovation,新技术开发经费投入)。删除部分数据不全或者缺失的省份,包括新疆、青海、西藏、贵州、内蒙古这5个省份,最后实际参与计算的是26个省份。时间从2001年到2016年。对因变量和被解释变量取对数处理[②],变量基本统计特征情况见表6.5。

---

① 由于2018年的《高技术产业统计年鉴》停刊,为保持数据的完整性,选取电子及通信设备制造业2001—2016年的面板数据。

② Cobb 和 Douglas(1928)使用美国1899—1922年制造业产出(y)、资本(k)与劳动力(l)的数据,得出的生产函数。等式两边取对数,可转换为线性模型。

表 6.5 变量基本统计特征描述

变量	Ln(MBI)	Ln(RDP)	Ln(RDE)	Ln(FNP)
Min.	−0.995	−0.105	1.668	2.303
1st Qu	3.782	5.892	8.223	8.636
Median	5.655	7.394	10.238	10.326
Mean	5.374	7.182	10.163	10.354
3rd Qu	7.289	8.661	12.061	12.273
Max.	10.335	12.062	15.903	16.252

表 6.5 显示了每个变量的基本统计特征,包括最小值、最大值、上分位数、中位数、平均值和下分位数。

将 26 个区域电子通信产业历年的主营业务收入情况绘制成气泡图,见图 6.5。

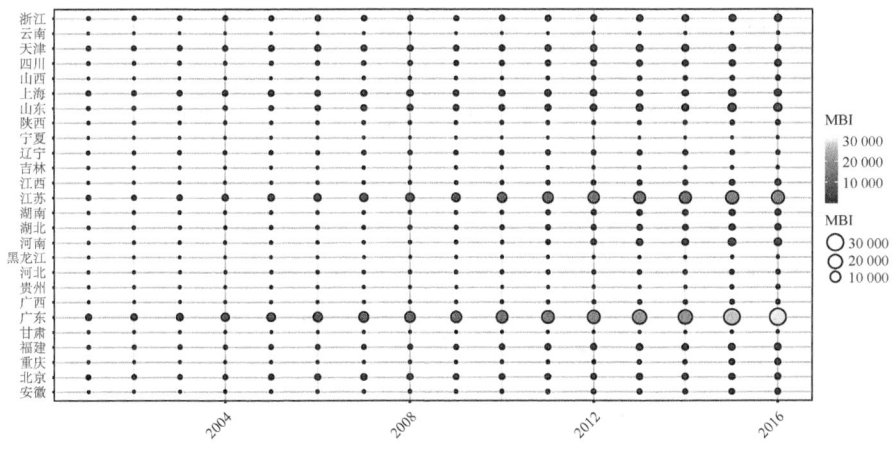

图 6.5 电子通信产业区域分布气泡图

从气泡图中可以看出,主营业务收入最高的两个省是广东和江苏,遥遥领先。接下来依次是山东、上海、天津、北京。继续使用 K-Means 聚类方法对区域进行聚类分析,见图 6.6。

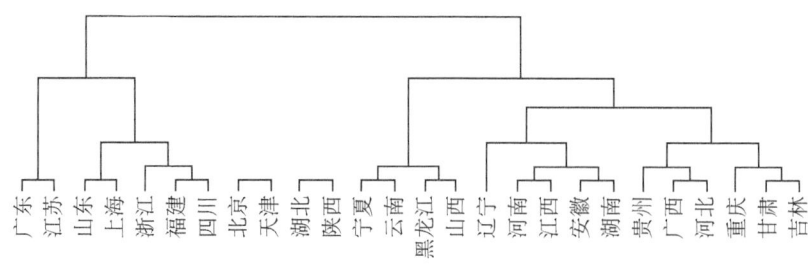

图 6.6 电子通信产业区域聚类分布图

基于组内均值的 K-means 聚类方法可以将 26 个区域电子通信产业的主营业务收入聚类成图 6.6 所示的形态。该图像与图 6.5 展示的电子通信产业随时间发展的动态趋势完全吻合。在空间形态上可以分为四类。第一梯队是以广东、江苏为代表的电子通信产业发达省份,从气泡图上看,每年的产值都在快速增长,尤其是 2008—2016 年是电子通信产业的快速增长期。第二梯队电子通信产业较发达省份是上海、山东、浙江、福建、四川、北京、天津、湖北和陕西,气泡图中表现出有一定增长,但是增长速度较慢。第三梯队电子通信产业次发达省份有辽宁、吉林、河南、江西、安徽、湖南、贵州、广西、河北、重庆和甘肃,气泡图中表现出容量没有扩充,没有明显增长。第四梯队是电子通信产业不发达省份,有宁夏、云南、黑龙江和山西,近十多年没有增长。

6.4.2 面板数据均值线性模型分析

本书进一步用 Pearson 相关性检验观察变量之间的关系,见图 6.7。

图 6.7 的混合散点图显示,变量之间呈现强线性相关关系,并且,变量之间是正相关关系,说明可以建立线性模型进行回归分析。

在建立模型之前,我们还需要考虑究竟是固定效应还是随机效应,取决于检验值 Hausman 的大小。这个检验统计量是 Hausman (1978)提出的一种检验方法,检验解释变量与扰动项是否相关。通过

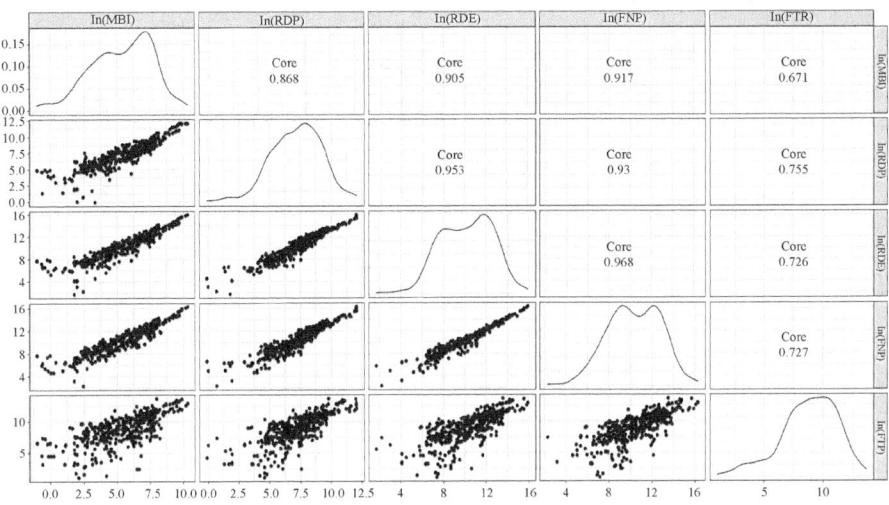

图 6.7　Peason 检验混合散点图

R 语言计算的 Hausman 值见表 6.6。

表 6.6　Hausman 检验值

检验值	卡方检验值	卡方统计量自由度	概率值
Cross-section random	2.483	4	0.648

检验结果显示 Hausman 的值为 0.647 7,该值表明在 10% 的检验显著性水平下拒绝原假设"固定效应模型有效",所以选随机效应,说明解释变量与随机扰动项 u_i 不相关。接下来建立面板数据均值线性模型,面板数据均值线性模型的一般形式如下:

$$y_{it} = \sum_{k=1}^{K} \beta_{ki} x_{kit} + \mu_i + \varepsilon_{it} \quad (式6\text{-}3)$$

其中,$i=1,2,3\cdots,N$;$t=1,2,3\cdots,N$,表示已知的 T 个时点。y_{it} 是被解释变量对个体 i 在 t 时的观测值;x_{kit} 是第 k 个非随机解释变量对于个体 i 在 t 时的观测值;β_{ki} 是待估计的参数;μ 是随机误差项,

ε_{it} 是扰动项。用矩阵表示为：

$$Y_i = X_i \beta_i + U_i + \varepsilon_i \quad \text{(式 6-4)}$$

其中，$Y_i = \begin{bmatrix} y_{i1} \\ y_{i2} \\ \cdots \\ y_{iT} \end{bmatrix}_{T*1}$，$X_i = \begin{bmatrix} x_{1i1} & x_{2i1} & \cdots & x_{ki1} \\ x_{1i2} & x_{2i2} & \cdots & x_{ki2} \\ \cdots & \cdots & \cdots & \cdots \\ x_{1iT} & x_{2iT} & \cdots & x_{kiT} \end{bmatrix}$，$\beta_i = \begin{bmatrix} \beta_{1i} \\ \beta_{2i} \\ \cdots \\ \beta_{ki} \end{bmatrix}_{K*1}$，

$U_i = \begin{bmatrix} u_{i1} \\ u_{i2} \\ \cdots \\ u_{iT} \end{bmatrix}_{T*1}$

采用随机效应模型，观察解释变量是如何影响因变量。回归的结果见表 6.7。

表 6.7 面板数据均值线性模型回归结果

变量	系数	标准差	T 统计量	P-Value
Log(RDP)	−0.153**	0.054	−2.839	0.004
Log(RDE)	0.519***	0.065	7.950	2.081e−14
Log(FNP)	0.333***	0.053	6.259	1.032e−09
Log(FTR)	−0.039	0.023	−1.693	0.091

回归的结果显示，模型拟合的精度为 0.745 05，调整后的拟合优度为 0.725 9。从被解释变量的回归结果看，研发人员数量(RDP)与技术改造经费(FTR)回归的系数均为负值，说明研发人员数量的投入与技术改造对电子通信产业产值有抑制作用，这与图 6.7 Pearson 检验的变量之间呈正向线性关系不符，说明用面板数据均值线性模型的效果并不好。

6.4.3 线性混合分位数回归模型

将解释变量电子通信产业的主营业务收入的对数值绘制成曲线,如图 6.8 所示。

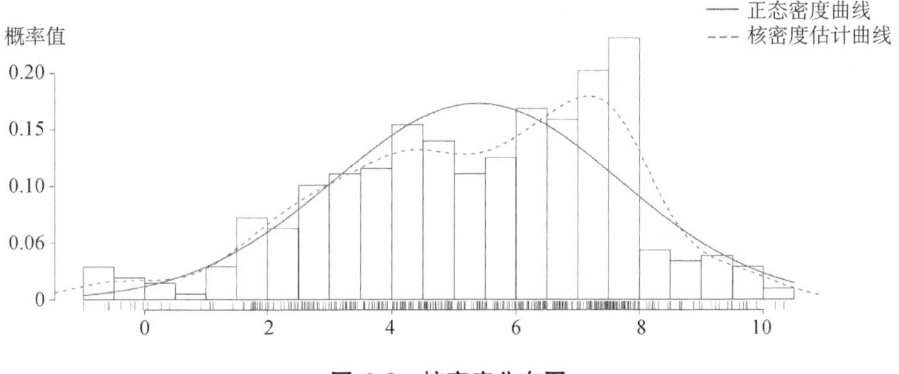

图 6.8 核密度分布图

图 6.8 中,实线代表正态密度曲线,虚线代表解释变量主营业务收入的核密度估计曲线,呈现不对称的双峰分布。这说明对应数据不适合采用线性结构的均值面板模型进行统计推断。在此,研究采用 Geraci 和 Bottai(2014)提出的线性分位数混合效应模型(LQMMs)进行数据分析。该模型的主要优点是在考虑个体异质性的前提下,利用分位数回归进行稳健统计推断。同时,研究在模型中利用一阶差分回归,可部分消除模型内部个体效应与均值结构中协变量的弱内生性,从而使模型拟合更加稳健有效。

6.4.3.1 分位数回归概述

Koenker 和 Bassett(1978)提出"分位数回归"(quantile regression, QR),较为稳健,更重要的是分位数回归还能提供关于条件分布 $y \mid x$ 的全面信息。对于随机变量 Y,如果总体的 q 分位数 y_q 未知,则可以使用样本 q 分位数 $\hat{y}_q$ 来估计 y_q。分位数回归的基本模型为:

$$Q(Y \mid X) = X\beta \qquad (式6-5)$$

参数为 τ 的分位数回归是按如下要求计算对应系数的估计值的：

$$\hat{\beta} = \underset{\beta \in R}{\mathrm{argmin}} \sum_{i=1}^{n} \rho_\tau (y_i - x_i \beta_\tau) \qquad (式6-6)$$

其中，ρ_τ 为检测函数，$\rho_\tau = [\tau - 1(u \leqslant 0)]u$。将样本分位数看成某个最小化问题的解，样本均值也可以看成是最小化残差平方和问题的最优解，表达式见式6-7。

$$\min_{\mu} \sum_{i=1}^{n} (y_i - \mu)^2 \Rightarrow \mu = \overline{y} \equiv \frac{1}{n} \sum_{i=1}^{n} y_i \qquad (式6-7)$$

类似的，样本中位数可以视为是"最小化残差绝对值之和"问题的最优解，即

$$\min_{\mu} \sum_{i=1}^{n} |y_i - \mu| \Rightarrow \mu = median\{y_1, y_2, \cdots y_n\} \qquad (式6-8)$$

将分位数的估计方法推广到面板数据模型，假设条件分布 $y|x$ 的总体 q 分位数 $y_q(x)$ 是 x 的线性函数，即

$$y_q(x) = x'_i \beta_q \qquad (式6-9)$$

其中，β_q 被称为"q 分位数回归系数"，其估计量 $\hat{\beta}_q$ 以最小化问题来定义：

$$\min_{\beta_q} \sum_{i:y_i \geqslant x'_i \beta_q} q |y_i - x'_i \beta_q| + \sum_{i:y_i < x'_i \beta_q} (1-q) |y_i - x'_i \beta_q|$$

$$(式6-10)$$

故分位数回归也被称为"最小绝对离差估计量"(least absolute deviation estimator, LAD)，它具有很好的稳健性。

6.4.3.2 改进的线性混合分位数回归模型

分位数回归方法在面板数据中的应用具有广泛的应用价值，最大的优点是具有很好的稳健性。对分位数回归代表性的研究包括

Koenker(2004),Geraci 和 Bottai(2007),Reich,Bondell 和 Wang(2010)以及 Canay(2011)。近几年来,Geraci 和 Bottai(2014)发展了线性分位数混合效应模型(LQMMs),该模型扩展了分位数回归的个体异质性(Geraci 和 Bottai,2007),包含随机斜率,并引入了新的计算方法,可以有效地解决模型的内生性问题。线性混合分位数回归模型可以通过组内差分估计去掉模型的内生性。

主要原理如下:考虑这样的一个面板数据集 $(x_{ij}^T, z_{ij}^T, y_{ij})$,其中,$j=1,\cdots n_i$,$i=1,\cdots M$,$N=\sum_i n_i$,$x_{ij}^T$ 是矩阵 X_i 的第 j 行数据,z_{ij}^T 是矩阵 Z_i 的第 j 列数据。y_{ij} 是被解释向量 $y_i=(y_{i1},\cdots,y_{in_i})^T$ 的第 j 列观察值。一个典型的线性混合分位数回归模型的公式如下:

$$\min \sum_{i=1}^{M} \rho_\tau(y_i - x_i^T \beta) \qquad (式6\text{-}11)$$

$j=1,\cdots n_i$,$i=1,\cdots M$。β 和 u_i 分别是该方程协变量的固定效应和随机效应。响应变量 y_i 遵循参数为 θ 的多元正态分布。第 i 个组内观测值之间的非独立性是由随机效应向量 u_i 引起的,该随机效应向量 u_i 由同一个组内的所有观测值共享。然而,随机效应和组内误差对于不同的组是独立的,对于同一个组是相互独立的(Pinheiro and Bates, 2000)。根据这样的思路,式(6-11)可以改写为:

$$y = X\beta + Zu + \varepsilon, \qquad (式6\text{-}12)$$

在公式(6-12)中,$y=(y_1, y_2, \cdots y_M)^T$,$X=[X_1^T \mid \cdots X_M^T \mid]^T$,$Z=\bigoplus_{i=1}^{M} Z_i$,$u=(u_1^T, \cdots u_M^T)$。假设 $y_i's$,$i=1,\cdots M$,条件分布于随机效应 u_i 的 $q \times 1$ 向量上,是连续型条件分布 $F_{y_i \mid u_i}$ 的独立分布。虽然原则上允许组内相关,但是假设组内误差是独立的。对于条件分布 $y_i \mid u_i$ 来说,位置和参数是由公式 $\mu_i^{(\tau)} = X_i \theta_x^{(\tau)} + Z_i u_i$ 和 $\sigma^{(\tau)}$ 给定的。$\theta_x^{(\tau)} \in \mathbb{R}^p$ 是一个未知固定效应向量。线性混合分位数模型(LQMMs)可以改写为:

$$y = \mu^{(T)} + \varepsilon^{(T)} \qquad (式6-13)$$

在公式中，$\mu^{(T)} = [\mu_1^{(T)}, \cdots \mu_M^{(T)}]^T$，它可以用矩阵形式简洁地写成：

$$\mu^{(T)} = X\theta_x^{(T)} + Zu \qquad (式6-14)$$

线性混合分位数模型（LQMMs）不仅具有良好的稳健性，而且通过组内差分估计能有效地去掉变量之间的内生性问题。

6.4.3.3 实证结果

根据 LQMMs 构建的模型 $y = \mu^{(T)} + \varepsilon^{(T)}$，通过 R 语言计算相应的结果见表 6.8。

表 6.8 LQMMs 模型计算结果

变量	系数	标准差	T 统计量	P-Value
Log(RDP)	0.019	0.104	0.227	0.859
Log(RDE)	0.253	0.225	0.704	0.265
Log(FNP)	0.589**	0.210	1.011	0.007
Log(FTR)	0.0001	0.041	0.083	0.989

与一般面板模型相比，线性混合分位数回归模型估计的解释变量系数全部为正，与图 6.7 Pearson 相关性检验的结果完全一致，说明这四个解释变量可以有效促进主营业务的提高，对电子通信产业产值贡献是有正向促进作用。其中，新产品开发经费（FNP）值是最显著的。从估计的系数看，对产值贡献最高的是新产品开发经费，每增加 1%，边际产值可以提高 0.589 2%；其次是研发经费的投入，每增加 1%，产值可以提高 0.253%；然后是研发人员投入，每增加 1%，产值提高 0.018 5%；最后是技术改造经费，每增加 1%，产值提高 0.000 1%。

从现实的经济意义角度来说，研发人员对电子通信产业区域间和整体创新产出都有正向溢出效应。人力资源越丰富，优化配置的潜力就越大，资本投入的回报就越大，就越能促进生产。人力资源丰富的地方,也是电子通信企业愿意聚集的地方。研发经费的投入、新产品开发经费以及技术改造经费的投入与创新的产出正相关,也说明了技术优势是企业获取竞争优势的重要途径。电子通信产业的范围经济和正外部性吸引企业加入,分享技术优势,而企业也需要通过不断投资更新设备、提高科研人员待遇、引进国内外先进技术。因此,技术和投资水平推动企业的专业化和规模化发展,也是决定电子通信产业空间形态的重要因素。作为技术导向型的产业,从各项系数的估计值来看,电子通信产业发展需要较高的资本投入、信息投入以及人力资本投入,因此,加大这三种要素的投入可以刺激创新产出,而专业化和竞争又加剧了电子通信产业在区域内的集聚。

此外,从空间分布来看,电子通信产业主要分布在以广东为主的少数大省,以环渤海、长三角和珠三角地区为主,个别东部省市和中西部大部分地区都是低集聚区,甚至中西部有些地方都看不到该产业的踪迹。因此,知识、人员、技术的跨区域发展对该产业的发展就非常重要,创新要素高效流动不仅对创新产出产生正向作用,也推动区域内企业的发展,争取更多的科技资源。对于电子通信产业而言,完善的交通和便捷的通信网络对于产业发展意义十分重要,完善的基础设施可以保障集群内企业与环境的密切联系,特别是掌握行业最新资讯、促进新产品诞生以及了解企业动态信息都非常重要。正如马歇尔指出的"配套产业的成长和专业化协作,以及信息、技术和知识的传播是吸引企业集聚的内在动因。在基础设施完善的区域,市场在资源配置中也起着决定作用,经济越开放,市场供给范围越大,资源吸纳能力和经济活力就越强,越有利于提高劳动生产率,促进集群发展"。

6.5 本章小结

本章以电子通信产业为研究对象,分析了电子通信产业技术创新的空间形态。主要结论如下:

（1）运用 Moran'I 指数、Moran'I 散点图,以及 Lisa 集聚与显著性检验等空间探索性方法计算全局空间与局部空间自相关性,结果表明电子通信产业存在正向空间相关性,形成强-强,弱-弱集聚的空间形态,另外,产业配套以及产业链的完整性程度也是影响电子通信产业的关键因素。局部相关性分析表明,电子通信产业区域分化非常明显,HH 型呈现点状分布,集中在东部沿海的少数区域,而中西部大片的电子通信产业落后地区呈带状分布、点状集中和带状断层分块现象非常明显。

（2）运用四分位地图、二维散点图,以及条件地图对电子通信产业的技术创新情况进行分析发现,近十年内,电子通信产业空间形态存在扩散和集聚两种显著特征,江苏、浙江、上海、广东、北京是电子通信产业的强集聚区,而中西部大部分地区作为加工基地,处于产业链的中下游。

（3）通过建立线性混合分位数模型分析电子通信产业空间协同的影响因素发现,分位数回归模型要优于面板数据均值模型,在考虑个体异质性的前提下,分位数回归具有更稳健的特点。在模型中利用一阶差分回归可以部分消除模型内部个体效应与均值结构中的协变量的弱内生性,从而使模型拟合更加稳健有效。实证回归发现,研发人员数量、R&D 经费、新产品开发经费和技术改造经费都对创新产出产生正向影响,并且,新产品开发经费是最显著的,对创新产值贡献最高,每增加 1% 的新产品开发经费投入,创新边际产值可以提高 0.589 2%；其次是研发经费,每增加投入 1%,产值提高 0.253%。实证研究说明,技术优势是电子通信产业获取竞争优势的重要途径,电子通信产业发展需要较高的资本投入、信息投入以及人力资本投入,因此,加大这三种要素的投入可以刺激创新产出。

7 光伏产业技术创新的空间形态演化机制

7.1 引言

研究博弈论的学者们通过长期观察动植物界的冲突与合作的情况,在传统博弈论的基础上,提出了演化博弈理论。该理论认为,博弈各方一开始都是"有限理性"的,不能马上找到各自的最优策略,必须通过不断地博弈、调整,才能逐渐达到均衡状态,调整过程有快有慢,博弈各方"有限理性"的程度也不相同,因此,博弈的过程是动态变化的。战略性新兴产业技术创新的演化受多种因素的影响。本章通过引入演化博弈模型,重点从政府补贴、预期市场收益率以及扩张成本三方面深入剖析光伏产业空间形态的演化机制,具体说明光伏产业空间形态变化的演化过程,以及政府补贴、预期超额收益率和扩张成本在光伏产业的形成、发展、扩张,以及产能过剩等各种形态变化中各要素之间博弈过程,并对光伏产业未来的健康发展提出政策建议。

7.2 演化博弈在产业分析中的应用

近年来,演化博弈理论被广泛应用于产业演化的相关研究中。例如,Safarzynska(2013)建立演化博弈模型分析有限理性的电力生产商在不同能源技术的投入上决定每个周期的利润分配,他们更倾向投资成本低于平均水平的能源技术。Shen(2014)建立博弈模型讨论专利的协同效应,如何共享专利可以创建共享增值,使参与者在专利联盟中获得更好的财务回报。Kuechle(2014)从软件企业的有限理性出发,运用演化博弈理论,构建软件产业虚拟集群企业间信任演化博弈模型,发现提高合作企业收益,降低风险成本,能够提升软件企业虚拟集群企业间的信任。Bendle(2014)构建了网络外部性环境下不对称双群体演化博弈模型,分析了有限理性的零售商如何选择最佳市场策略。李洋(2015)研究用户与软件开发人员在对隐形知识需求开发时的努力投入演化情况,并对结果进行相应分析和讨论。曹霞(2015)运用演化博弈、纳什等价博弈等方法,构建产学研合作创新网络协同演化的理论模型,研究表明协同演化路径具有突变特性、偏好特性和对称破缺性。刘臣(2011)认为组织内部的知识共享是一个动态的演化过程,组织知识网络结构对知识共享水平有着重要的影响作用。

综上,既有演化的相关研究聚焦于传统产业,对战略性新兴产业的生态属性、生态适应度、生态演化机理等则缺少关注。与传统产业相比,战略性新兴产业的演化过程有不同的特性,例如,战略性新兴产业在孵化期和成长期就面临着高技术门槛、高研发资金投入、高市场风险、未来成长的不确定性等特征,因此,在战略性新兴产业的创新生态环境建设、生态属性、产业演变规律等方面还值得深入开展研究。

运用演化博弈方法对产业进行分析,最重要的是构造复制动态方程。复制动态方程表达如下:假设种群中突变者策略选择为 S_1,概率为 ε,种群中多数个体采取的策略为 S_0,概率为 $1-\varepsilon$,要保持种群结构的稳定,就要使 S_0 持续发展而 S_1 逐渐消亡。设突变者的期望收益为 U_1,则:

$$U_1 = (1-\varepsilon)E(S_0, S_1) + \varepsilon E(S_1, S_1) \quad (式7-1)$$

而其他个体的期望收益为

$$U_0 = (1-\varepsilon)E(S_0, S_0) + \varepsilon E(S_0, S_1) \quad (式7-2)$$

由于突变者最终会消亡,所以必定存在 ε',使得 $U_0 > U_1$,即

$$(1-\varepsilon')E(S_0, S_0) + \varepsilon'E(S_0, S_1) > (1-\varepsilon')E(S_0, S_1) + \varepsilon'E(S_1, S_1)$$

(式 7-3)

由于有限理性的假设,博弈各方不能在博弈初期就找到最优解,而是通过不断的博弈才找到最佳策略。复制者动态方程就是用数学方法描述这一动态寻找最优策略的过程。表达式如下:

$$\frac{\mathrm{d}x_i(t)}{\mathrm{d}t} = [f(s_i, x) - f(x_i, x_j)]x_i$$

(式 7-4)

7.3 研究假设与模型构建

7.3.1 研究假设

(1)对手的反应对策对战略性新兴产业空间形态的演化至关重要。因此,空间形态的演化是一个动态的博弈过程。为简化讨论,突出问题的核心,假设博弈的参与方为 A、B 两类战略性新兴产业的代表性企业,一方的策略集为{生态位维持,生态位扩张},另一方的策略集为{打击,接受},双方的行为在时间上有个先后关系,因此,这是一个动态的博弈过程。

(2)研发资金的使用效率和技术水平的提高都会影响到战略性新兴产业在市场上的生存空间和绩效。因此,假设在双方生态位分离互不干扰的情况下,在各自的空间区域内,创新带来的收益为 R_1, R_2,若 A 进行生态位扩张可实现超额收益 $\alpha\Delta r$,α 为收益单位,Δr 为超额收益。

(3)假设 A 在进行生态位扩张时可得到一定数量的补贴,用 m 来表示,B 也希望能得到政府补贴,于是也进行生态位扩张,对 A 的行为给予反击,亦可实现超额收益 $(1-\alpha)\Delta r$,但是双方都需付出成本 C_1,C_2。若一方扩张生态位(扩张中也存在一定的风险),另一方维持原

样,则维持原样的一方可获得 g 单位的收益,对于 A 而言,扩张和维持原生态位的概率分别是 x 和 $1-x$,对于 B 而言,反击或不反击的概率为 y 和 $1-y$。

(4) 区别于纯策略博弈只有唯一的最佳策略,该博弈是混合策略博弈,即在博弈过程中行为主体的策略选择可以多样化,根据不同的条件采取不同的策略。

(5) 博弈主体的选择是随机的,事先并不具体指定参与博弈的是哪方,采取随机抽样法,双方的策略也不是事先定好的,而是在博弈过程中根据对方的反应而调整的,同时这也是多次博弈过程。

7.3.2 支付矩阵构建

图 7.1 是根据以上假设建立的博弈矩阵。

		B	
		打击/扩张	接受
A	扩张	$R_1+m+\alpha\Delta r-C_1$ $R_2+m+(1-\alpha)\Delta r-C_2$	R_1+m-C_1 R_2+g
	保持	R_1+g R_2+m-C_2	R_1 R_2

图 7.1 博弈支付矩阵

7.4 光伏产业演化路径分析

7.4.1 复制动态方程求解

由图 7.1,对于 A,假设扩张生态位的期望收益为 U_{1a},不扩张生态位维持原样的收益为 U_{1b},平均期望收益为 U_1,则对应的收益率公式如下:

$$U_{1a} = y(R_1 + m + \alpha\Delta r - C_1) + (1-y)(R_1 + m - C_1)$$
$$= R_1 + m + y\alpha\Delta r - C_1$$
(式 7-5)

$$U_{1b} = y(R_1 + g) + (1-y)R_1 = yg + R_1 \quad \text{(式 7-6)}$$

$$U_1 = xU_{1a} + (1-x)U_{1b} = x(m + y\alpha\Delta r - yg - C_1) + yg + R_1$$
(式 7-7)

同理,对于 B,扩张生态位打击 A 和不扩张的期望值为 U_{2a} 和 U_{2b},以及平均期望为 U_2。

$$U_{2a} = x[R_2 + m + (1-\alpha)\Delta r - C_2] + (1-x)(R_2 + m - C_2)$$
$$= R_2 + m + x(1-\alpha)\Delta r - C_2$$
(式 7-8)

$$U_{2b} = x(R_2 + g) + (1-x)R_2 = xg + R_2 \quad \text{(式 7-9)}$$

$$U_2 = yU_{2a} + (1-y)U_{2b}$$
$$= y[R_2 + m + x(1-\alpha)\Delta r - C_2] + (-y)(xg + R_2)$$
$$= y[x(1-\alpha)\Delta r - xg + m - C_2] + xg + R_2$$
(式 7-10)

根据式(7-4)可求得博弈方 A 和 B 的复制动态方程:

$$\frac{dx}{dt} = x(U_{1a} - U_1) = x(1-x)[y(\alpha\Delta r - g) + m - C_1]$$
(式 7-11)

$$\frac{dy}{dt} = y(U_{2b} - U_2) = y(1-y)\{x[(1-\alpha)\Delta r - g] + m - C_2\}$$
(式 7-12)

7.4.2 博弈双方的演化过程

对 A 的复制动态方程进行求导,即对式(7-11)求导,令

$$\frac{\mathrm{d}x}{\mathrm{d}t} = x(U_{1a} - U_1) = x(1-x)[y(\alpha\Delta r - g) + m - C_1] = 0$$

计算得到 3 个稳定点,分别是

$$x_1^* = 0, \quad x_2^* = 1, \quad x_3^* = \frac{C_1 - m}{(\alpha\Delta r - g)}$$

对式(7-11)再次求导,并令 $\frac{\mathrm{d}^2 x}{\mathrm{d}^2 y} < 0$,则有:

$$\frac{\mathrm{d}^2 x}{\mathrm{d}^2 y} = (1-2x)[y(\alpha\Delta r - g) + m - C_1] \qquad \text{(式 7-13)}$$

讨论:

(1) 当 $y > \frac{C_1 - m}{(\alpha\Delta r - g)}$,此时 $x_2^* = 1$ 为进化稳定策略,表明 A 将选择生态位扩张策略。

(2) 当 $y < \frac{C_1 - m}{(\alpha\Delta r - g)}$,此时 $x_1^* = 0$ 为进化稳定策略,表明 A 将维持原生态位。

(3) 当 $y = \frac{C_1 - m}{(\alpha\Delta r - g)}$ 时,$\frac{\mathrm{d}x}{\mathrm{d}t}$ 始终为 0,任意一点 x 都是稳定状态。

由 B 的复制动态方程,令

$$\frac{\mathrm{d}y}{\mathrm{d}t} = y(U_{2b} - U_2) = y(1-y)\{x[(1-\alpha)\Delta r - g] + m - C_2\} = 0$$

它的稳定点有:

$$y_1^* = 0, \quad y_2^* = 1, \quad y_3^* = \frac{C_2 - m}{(1-\alpha)\Delta r - g}$$

讨论:

(1) 当 $x = \frac{C_2 - m}{(1-\alpha)\Delta r - g}$ 时,$\frac{\mathrm{d}y}{\mathrm{d}t} = 0$,此时所有的 y 都是稳定

状态。

(2) 当 $x > \dfrac{C_2 - m}{(1-\alpha)\Delta r - g}$ 时，$\dfrac{\mathrm{d}y}{\mathrm{d}t} < 0$，这意味着博弈方 B 通过扩大生态位对 A 的行为进行反击。

(3) 当 $x < \dfrac{C_2 - m}{(1-\alpha)\Delta r - g}$ 时，此时 $y_1^* = 0$ 是稳定状态，这意味着 B 的策略是维持原生态位。

以上讨论是未考虑参数的关系及数量大小，下面结合参数的关系再进行讨论。

7.4.2.1　博弈方 A 的演化过程状态

(1) 当 $\dfrac{C_1 - m}{(\alpha\Delta r - g)} < 0$，恒有 $y > \dfrac{C_1 - m}{(\alpha\Delta r - g)}$，此时 $x_2^* = 1$ 为进化稳定策略，即如果政府对新兴产业的补贴力度非常大，博弈的结果是 A 选择扩张生态位的策略。

(2) 当 $\dfrac{C_1 - m}{(\alpha\Delta r - g)} = 0$，此时 $y = 0$，x 取任何值都是稳定点，即生态位扩张的成本与政府的补贴相抵消的情况下，A 可以选择扩张生态位或不扩张生态位。

(3) 当 $0 < \dfrac{C_1 - m}{(\alpha\Delta r - g)} < 1$ 时，均衡状态由 y 的两种情况决定：

$$\begin{cases} y > \dfrac{C_1 - m}{(\alpha\Delta r - g)}, & x_2^* = 1(ESS) \\ y < \dfrac{C_1 - m}{(\alpha\Delta r - g)}, & x_1^* = 0(ESS) \end{cases}$$

(4) 当 $\dfrac{C_1 - m}{(\alpha\Delta r - g)} \geqslant 1$ 时，即 $C_1 - m \geqslant (\alpha\Delta r - g)$，恒有 $y < \dfrac{C_1 - m}{(\alpha\Delta r - g)}$，此时 $x_1^* = 0$ 是 ESS，即生态位扩张的成本很高，A 将选择维持原样。

7.4.2.2 博弈方 B 的演化状态

(1) 当 $\dfrac{C_2-m}{(1-\alpha)\Delta r-g}<0$，恒有 $x>\dfrac{C_2-m}{(1-\alpha)\Delta r-g}$，$y_2^*=1$ 为 ESS。

(2) 当 $\dfrac{C_2-m}{(1-\alpha)\Delta r-g}=0$，即 $C_2=m$，恒有 $x=0$，y 取任何值都为稳定点。

(3) 当 $0<\dfrac{C_2-m}{(1-\alpha)\Delta r-g}<1$，分两种情况讨论：

$$\begin{cases} x>\dfrac{C_2-m}{(1-\alpha)\Delta r-g},y_2^*=1(\text{ESS}) \\ x<\dfrac{C_2-m}{(1-\alpha)\Delta r-g},y_1^*=0(\text{ESS}) \end{cases}$$

(4) 当 $\dfrac{C_2-m}{(1-\alpha)\Delta r-g}\geqslant 1$，恒有 $x<\dfrac{C_2-m}{(1-\alpha)\Delta r-g}$，$y_1^*=0$ 为 ESS。

7.4.3 演化稳定策略

将以上博弈的各种情况综合体现在图 7.2 中，图中有 5 个点，分别是 $O(0,0)$，$C(1,0)$，$F(0,1)$，$D(1,1)$ 和 $E\left[\dfrac{C_1-m}{(\alpha\Delta r-g)},\dfrac{C_2-m}{(1-\alpha)\Delta r-g}\right]$。

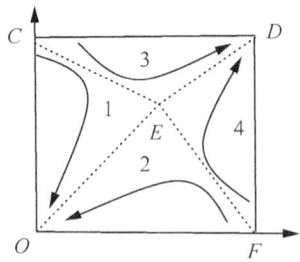

图 7.2 A 和 B 的综合博弈演化过程

在区域 1 和 2 内,A,B 博弈的共同结果是趋于稳定点 $O(0,0)$,即都维持原生态位,在区域 3 和 4 内,A,B 博弈的共同结果是趋于稳定点 $D(1,1)$,即都选择扩张生态位。因此,A,B 选择哪种策略,取决于鞍点 E 的位置,E 点的坐标决定了 A 和 B 博弈的选择策略。

从图 7.2 中发现四边形 $CEFO$ 的面积是由三角形 COE 和 OEF 共同组成的。

$$S_{CEFO}=S_{COE}+S_{OEF}=\frac{1}{2}\left[\frac{C_1-m}{(\alpha\Delta r-g)}+\frac{C_2-m}{(1-\alpha)\Delta r-g}\right]$$

(式 7-14)

当博弈双方所采取的概率在 S_{CEFO} 范围内时,双方都倾向选择维持原生态位,当博弈双方所采取的概率在 S_{CDFE} 范围内时,双方倾向于扩大生态位,因此,当 $S_{CEFO}>S_{CDFE}$ 时,演化向 $O(0,0)$ 点收敛,当 $S_{CEFO}<S_{CDFE}$ 时,演化向 $D(1,1)$ 点收敛,当 $S_{CEFO}=S_{CDFE}$,向 O 点和 D 点演化的概论均等。

7.5 光伏产业技术创新的空间形态演化

7.5.1 光伏产业的概况

伴随着经济结构的转型、传统石化能源对环境的污染加大、产量资源的日益枯竭,发展新能源已是大势所趋,而新能源中,太阳能又因为其取之不尽,用之不竭受到青睐。中国政府也选择太阳能作为战略性新兴产业,并加大力度发展,虽然中国的光伏产业起步较晚,从 2005—2006 年才开始发展,但是近 10 年间,产量迅速扩大,不仅政府扶持,民间投资亦热情高涨。资本的大肆涌入,将太阳能产业的发展推向快车道,各地地方政府将太阳能光伏项目列为明星项目,政策大力扶持,给予各种优惠条件,企业也不断上马光伏项目,不管之前主营业务是不是与光伏相关。在大潮之下,企业由于逐利性,也加入光伏大军,于是2008年后,当中国政府将太阳能列为战略性新兴产业之后,各地不断上马光伏项目,产能不断膨胀。2011年全世界光伏需求为20吉瓦左右,中国的光伏产能供应就达到30吉瓦。2008年后,中国太阳能产业以年均100%增长速度全球领先,增长速度甚至超过太阳能大国——德国。

随着产能的扩大,越来越多的跨国企业加入其中,像韩国的LG公司也在2013年投资多晶硅工厂建设。一方面,行业总体的产能在迅速扩张,另一方面,下游的产品市场需求规模却在不断缩小,尤其是在金融危机和欧债危机后,主要的光伏生产大国,像德国、法国等开始大幅减少对光伏的补贴。例如,2012年,德国消减了上网电价补贴率,对超过100兆瓦的大型光伏地面产品不再实行补助,同时,对住宅用和大型设备等也进行20%~30%的大幅削减,由此带来的连锁反应就是国际市场对光伏产品的需求骤降,以出口市场为主的光伏企业产量高企,无法消化,只能停产,申请落后破产,比如,国内的明星企业无锡尚德以及德国的康能,在严峻的市场中只能申请破产程序。不仅如此,欧美国家为了保护本国光伏企业利益,采取了贸易保护措施,对中国出口的光伏产品采取双反调查(反倾销、反垄断)进行限制和打击,涉及200亿美元,超过60%的中国光伏出口产品受到严重制裁,2013年更是升级到对中国光伏产品征收11.8%的临时反倾销税。光伏的贸易摩擦日益严重,也威胁到了中国光伏产业的生存,因为中国光伏产业长期以来的高速增长依赖的是国外市场,生产在国内,市场在国外,核心研发技术也被国外大公司牢牢垄断,并且在上游的硅提纯环节没有定价权,而硅又是光伏产品的核心部件。我国虽然大力发展光伏产业,但是仅处于价值链的中下游,加工制造在国内。因此,一旦受到制裁以及国外市场急剧萎缩,对正在发展的中国光伏企业就是致命的打击。中国的光伏产业虽然只有短短十几年的发展历程,但是从缓慢起步到快速增长,又到急剧变革,这一产业的演化情况对于其他战略性新兴产业的发展却非常具有借鉴意义。因此,本部分的案例研究,将以中国的光伏产业为例,用演化博弈理论,深度剖析中国光伏产业急剧变革的原因。

2012—2014年,中国光伏产业接连在欧美国家被征收巨额反倾销税,海外市场急剧收缩,曾经在国内无限风光的光伏产业在近几年却在国外市场接连遭受重挫。将光伏产业曾经的快速发展、如今的市场疲软、外部环境恶化等演化历程放在具体的博弈进程中分析,可以得到一些启示。例如,根据图7.2的分析结果,博弈的均衡策略取决于鞍点E的位置,而鞍点E的位置是由四边形$CEFO$决定的。由式(7-14)得到$S_{CEFO}=\frac{1}{2}\left[\frac{C_1-m}{\alpha\Delta r-g}+\frac{C_2-m}{(1-\alpha)\Delta r-g}\right]$,$\alpha$和$g$是一个常量,决定$S_{CEFO}$大小的参数包括政府补贴$m$,预期超额收益率$\Delta r$,以及扩张成本$C_1$,$C_2$,要讨论这些参数对$S_{CEFO}$的影响,可以通过求导的方式来证明。

7.5.2 政府补贴对光伏产业演化的影响

太阳能光伏产业作为战略性新兴产业,具有前期投入高、风险高、技术溢出外部性等特点,在前期萌芽期,其需要政府的大力扶持,也需要社会各方持续注入资金。政府对光伏产业的补贴,客观上也帮助了光伏产业由小到大的发展壮大,并且政府的补贴也释放出强烈的信号,政府对战略性新兴产业的重视,以及对战略性新兴产业的扶持,但是,由于补贴方法不得当,在实行的过程中,往往事与愿违。虽然我国光伏产业的规模在迅速扩大,但是技术创新能力,以及核心研发技术并没有得到实质提高,很多地方在发展光伏产业过程中,还是在走传统产业的老路,陷入求产量、求规模的低端发展困局中。在此部分,我们将详细分析政府补贴的种类以及对光伏产业的演化的影响。

不同政策的作用方式也有所不同,我们将之分为需求拉动型政策、供给型政策、投融资支持三类,下面依次详细分析:

(1)需求拉动型政策。需求拉动型政策主要是从市场需求入手,扩大光伏发电的市场容量和规模,最常见的就是上网电价补贴。上网电价补贴政策对我国光伏发展起到积极的推动作用。上网电价补贴由两部分构成,对不同的发电方式给予不同的补贴模式。第一种,分布式光伏发电。电网企业先接受国家的补贴,然后再将补贴支付给发电企业,"政府补贴"直接体现在电网企业会计报表项中。第二种,集中式光伏发电。由中央向电网企业按季发放补贴,电网企业再按特许电价卖给发电企业,与分布式光伏发电不同,这部分补贴是直接作为发电企业收入,是计入利润的(李凤梅,2017)。政府对企业的生产补贴是一把双刃剑。企业天然具有逐利性,扩大生产规模,就可以获取更多的补贴,政府补贴是光伏企业快速扩张的一个重要因素,但是这种利润率的提高,并不是市场竞争中资源优化而产生的利润,而是补贴带来的利润,这就容易掩盖市场发展规律,使得企业家依赖政府补贴。

(2)供给型政策。供给型政策也是政府使用最多的政策组合,常见的形式有给光伏企业提供优惠的土地价格、低息的信贷条件、优先的审批流程、优惠的土地价格,并为投资者协调进行,各地通过提供一揽子优惠条件吸引光伏企业落地,政策的激励也促进了很多生产光伏组件的企业扩大产量。常见的补贴方式有:政府直接采购光伏产品,政府返还光伏园区的税收,列出资助清单,对照清单中的规模企业实行奖励,帮助光伏企业申请各项国家优惠政策,甚至科研项目等。供给型政策种类繁多,也是地方政府经常施行的政策工具。各地争相引进光伏项目并提供一揽子优惠政策,使得从事组件制造企业的数量不断上升。出于对政绩追求的急迫心理,企业在跟政府谈判时也会提出很多条件,比如,"政府出资提供厂房或设备,政府协调给企业提供优惠的银行贷款",由政府协助获得各类创新载体项目、技术改造项目、人才项目的经费支持。例如,有的光伏企业借助政府协助,获得国家重大科研项目或省级科研项目,不仅提高了企业在行业内的知名度,也获得了丰厚的资金支持以及全面的配套。供给型政策对于激发企业的积极性有很大的拉动作用。

（3）投融资支持。政府的投融资支持是企业在短期内迅速形成生产规模的一个强力剂，具有投资周期短、见效快、拉动就业、技术要求低，获得中央的财政支持，改善政绩等多重效果。因此，这也是地方政府非常青睐的一种方法（郁建兴，2017）。在这个过程中，为了打造具有"名片"效应的知名企业，地方政府往往通过投融资平台大力支持企业的进一步扩张，而且，对光伏企业落户本地的迫切愿望也会使企业处于博弈的有利一方，产生"等、靠、要"的依赖心理。另外，因为企业的利益与政府的利益捆绑在一起，企业的亏损与政府也有直接的利益关系，比如，企业呆账、坏账会影响到地方官员的问责，这就导致政府不愿意企业倒闭，会想尽一切办法来拯救。例如，在金融危机期间，为了不让企业因为资金链断裂而倒闭，政府用行政命令干预的方式要求银行继续给企业提供贷款，否则将会终止政府与银行之间的业务往来，最低要求是逐步收回贷款。通过继续给骨干企业放贷虽然可以避免企业陷入资金链断裂的风险，但却破坏了劣者淘汰的市场规则，更重要的是，企业形成了依赖，在市场竞争中的自生能力得不到发展，而且政府既扮演裁判员，又扮演投资中介，也加大了地方政府的债务风险。这种现象用演化博弈的复制动态方程表示为：

$$\frac{\partial S}{\partial m} = -\frac{1}{2}\left[\frac{1}{\alpha \Delta r - g} + \frac{1}{(1-\alpha)\Delta r - g}\right] < 0 \quad （式7\text{-}15）$$

式(7-15)说明 S 是 m 的单调减函数，即 m（补贴）越大，S_{CEFO} 就越小，博弈结果越趋向于图 7.2 中点 $D(1,1)$，更易刺激光伏产业扩大生态位，其现实含义为：按照传统的思路，政府对新兴产业的扶持和补贴是必须的，但是政府的"好心"却未必办"好事"。光伏产业被我国大部分省份都作为新兴产业进行推广，政府对光伏产业的补贴不仅通过电费、土地、投资等方式直接对生产要素进行补贴，还通过复制明星企业等方式，行政干预相关企业的"优胜劣汰"，造成了产业规模的爆发式增长。按照博弈分析的结果，大部分的光伏企业都拼命扩张，造成了产能过剩又无法消化的尴尬局面,对行业的长期发展反而起到了不当的影响。

7.5.3 预期超额收益率对光伏产业演化的影响

2005—2011年,在光伏产业发展的初期,产业缺乏整体规划,国内光伏市场发育也较不完善。另外,光伏产业自身的研发周期长、风险大,以及不合理的知识产权制度缺乏对专利的保护,企业缺乏技术创新的外部环境,并且在不完善的市场环境下,企业仅需要用光伏产业链中的简单产品就可实现盈利,就忽视了创新的重要性。2012年是个转折点,受欧债危机影响,国内80%的光伏企业遭遇行业寒冬,大面积破产或停业。这对于在我国才刚处于起步阶段的光伏产业来说,也是一个重新调整的机会。为了缓解严峻的外部形势,政府的调控也由先前关注对供给侧的基础设施投资转向需求侧调控,从扩大国内市场入手。于是政府在2012年出台了促进光伏产业的15条政策,其中7条是鼓励需求端发展的。2013年,政府出台了《中国光伏分类上网电价政策研究报告》,报告中消除了以前资金补贴的不确定性和固定补贴的不合理,采用分段补贴的方式,向市场释放了重大利好,稳定的预期收益也吸引了企业加大对光伏的投资,尤其是吸引了社会资本加入光伏产业链的均衡发展。企业将技术进步作为盈利的重要手段。上网电价政策的实施使光伏企业有了稳定的收益率,收益率一般在8%~12%,所以光伏企业有非常高的积极性参与光伏电站的开发,光伏产业规模的迅速扩大也增加了对电池和组件的需求,由此带动了产业链中下游企业的发展。经济水平飞速发展,各地方政府急于寻求经济突破口。带动效益大、见效快,又是中央指定发展的战略性新兴产业,光伏产业就成为很多企业的理想投资对象,各地纷纷建起光伏基地。在2005—2011年,全国就有34个"光伏产业园"。这种现象用演化博弈的复制动态方程表示为:

$$\frac{\partial S}{\partial \Delta r} = -\frac{1}{2} \left\{ \frac{(1-\alpha)(C_2-m)}{[(1-\alpha)\Delta r - g]^2} + \frac{\alpha(C_1-m)}{[\alpha \Delta r - g]^2} \right\} < 0$$

(式 7-16)

式(7—16)说明 S 是 Δr 的单调减函数，Δr 越大，S_{CEFO} 就越小，博弈结果越趋向于图 7.2 点 $D(1,1)$。其现实经济含义为：欧洲市场对光伏产品需求量较大，通过颁布相关法规等方式鼓励消费，刺激光伏发电市场的扩容，欧盟各国也相应出台了法律法规明确支持光伏产品的应用。这些措施一定程度上激发了光伏产品的消费容量，对海外市场的超高预期也带热了光伏相应的配套产品供应。由于欧美国家人工成本高，生产这些价格低廉的光伏组件并不占优势，而与此同时，国内的光伏企业则敏锐地捕捉到市场机会，积极生产光伏组件产品，地方政府也大力扶持光伏产业，给予土地、税收、信贷补贴等各种优惠条件，积极发展光伏产业，很多光伏企业的利润都在 50% 以上，由此导致了大小光伏企业一拥而上的局面。

7.5.4 扩张成本对光伏产业演化的影响

光伏产业获得电站建设的途径是进行招标，招标遵循的是最低价中标的原则，这使得企业扩张成本很低。从政府的角度出发，这样是希望低价可以减小电站的建设成本，鼓励企业参与光伏电站的开发，但实际上，"低价"并不能有效反映光伏发电的实际市场价值。企业在竞标时，一味追求低价，反而忽视了发电量、使用寿命等关键因素，而且中标公司也影响了光伏产品在国际市场上的议价能力，人为压低了合理的利润。像之前的金太阳工程的政策设计针对装机量的补贴而不是发电量的补贴就助长了企业一味扩张、以次充好的行为。政府虽对违规行为进行说服教育，收回补贴款，但没有具体的实施细则，扩张成本低。此外，政府也没有建立合理的筛选机制，明确说明什么资质的企业才能实现项目备案，这实质上是由政府的"隐形审批"来决定，这些都使得光伏产业盲目扩张的风险较大。

光伏产业扩张成本低的第二个表现就是对光伏产品的知识产权保护不到位,使得行业整体陷入了研发动力不足,核心技术缺乏,一方面,对内,很多光伏企业只要上了光伏生产线就开始扩张规模,申请补助,企业把重心都放在如何扩张规模上,而不是用心提高产品技术、加强研发方面,另一方面,由于缺乏核心技术,产品出口海外市场时,受到了专利侵权的诉讼。对知识产权的保护是光伏产业实现可持续发展的重要保证,也是让企业在国际国内市场获得持久竞争力的重要条件。对此,应该重视知识产权保护性的重要性,推行光伏集群管理的试点,政府牵头组织知识产权的培训,鼓励企业申请专利、商标等。

光伏产业扩张成本低的第三个表现就是政府的各种鼓励,如前分析,在引进光伏项目时,地方政府出于对政绩的驱动,地方政府是不计成本、不计代价地给予很多的优惠措施,却导致很多企业盲目进入光伏产业,产能迅速膨胀扩张。但是市场规模却是有限的,这样造成了大量的产能过剩,而厂商为了生存,只能以更低的价格出口,由此带来的恶性竞争、低成本的扩张使得行业发展陷入低端锁定的发展困局中。这种现象用演化博弈的复制动态方程表示为:

$$\frac{\partial S}{\partial C_1} = \frac{1}{2(\alpha \Delta r - g)} > 0$$
$$\frac{\partial S}{\partial C_2} = \frac{1}{2[(1-\alpha)\Delta r - g]} > 0$$

(式 7-17)

式(7-17)说明 S 是成本 C 的单调增函数,扩张成本越低,S_{CEFO} 就越小,在图 7.2 中越倾向于 $D(1,1)$ 收敛。其现实经济含义是:国内大多数光伏企业的生产还集中在技术含量低、污染耗电严重的太阳能电池组件生产等低附加值环节,而且大多数都没有自身的核心技术,很多原来主营业务不是光伏产品或者跟光伏产业不相关的企业也纷纷加入光伏大军。一个很重要的原因是进入光伏产业的门槛低,生态位扩张的成本低。由此出现一个怪象,即光伏产业被作为战略性新兴产业而大加推动,但是生产光伏产品的制造流程、工艺却还是按照传统的制造业方式,产业链上游的硅料提纯技术被国外几大光伏巨头牢牢掌控,国内的光伏产业依然处于产业链的中下游。

7.6 本章小结

本章利用演化博弈模型分析光伏产业的空间形态演化过程,研究发现:政府补贴、预期市场收益率、生态位扩张成本等因素深刻影响光伏产业技术创新空间形态的演化。分析结果显示:政府补贴越高,预期收益率越高,扩张成本越低,光伏产业越倾向扩张生态位,甚至不顾自身的生产规模而盲目扩张。因为产量越多,预期的收益和政府补贴就会越高,由此造成的结果就是越多的光伏企业加入产能竞赛的循环中,在博弈结果的分析中即为(扩张,扩张)。综合博弈的结果将取决于鞍点的位置(如图7.2的鞍点E),即政府补贴额、预期的收益率、生态位扩张的成本决定了鞍点位置。我们以光伏产业为例,验证了博弈模型中政府补贴、预期市场收益率、扩张成本三个要素对光伏产业空间形态演化的重要影响。仿真结果对于光伏产业持续、健康发展有如下启发:

(1) 政府补贴对处于成长期的光伏产业必不可少,但是要有针对性,针对核心生产技术环节进行补贴,更关注补贴所带来的引导效应,否则将会出现越补贴越扩张,产能无法消化的局面。正如在案例分析中所指出的,地方政府可以通过设立专项科研资金对光伏生产的核心环节进行补贴(例如,光伏系统专用蓄电池的突破需要较高的研发成本),从"主导者"转型为"引导者",鼓励光伏企业通过技术创新提升生产工艺,改变过去"一刀切"的补贴方式。政府应该减少直接补贴,通过财政资金的引导作用,鼓励光伏企业提升产业链的竞争力和创新力。

(2) 引起光伏产业不断扩张生态位的另一个重要原因是预期收益

率过高,导致很多企业不计成本地盲目追求规模。例如,很多公司主营业务非光伏的企业也把大量的资源投入光伏产品生产,导致产能过剩,但是对上游的硅料开发等核心环节却缺乏控制权。这种情况下,需要培育国内的消费意识,扩大国内市场的消费容量,抵抗国际市场的风险。同时通过金融产品创新分散光伏产业的成长期风险,对可能的产品风险、技术风险、市场风险要有对应的防患措施。

(3)提高光伏产业的进入门槛。例如,在光伏企业生产的资质方面进行严格审查,建立有序的竞争机制来筛选有创新能力、专注产品品质提升的企业;适当提高无序扩张的成本,可以有效防止市场上"劣币驱逐良币"的现象,让那些深耕产品工艺流程,掌握核心技术的光伏企业通过良性竞争脱颖而出。

(4)从"态"和"势"两方面共同提升光伏产业的创新能力。"态"指的是过去状态的累积,"势"指的是未来的增长趋势。通过吸引优秀人才的加入,与高校科研机构合作,培养高水平研究人员,增强自主创新能力,光伏产业才能在未来有更强劲的发展。对于光伏产业而言,技术创新才能给光伏产业带来自主权,能更好地应对快速变化的市场环境。

8 企业技术创新的空间形态演化机制

8.1 引言

案例研究作为管理学中基本的研发方法之一,对于管理现象的分析、新概念及新理论的构建都有优势。案例研究方法,适合分析"为什么"以及"怎么样"的管理问题(Eisenhardt,1989),有助于管理者透过现象了解商业本质。本书研究希望从微观层面探讨战略性新兴产业中企业如何运用空间协作模式来构建企业的创新能力及推动企业的发展,采用案例研究方法是适合的(Dyer,1991)。根据前期企业的调研情况,本书研究采用双案例讨论企业的技术与市场空间协同的内在机制,目标案例选择遵循典型性、目的性和抽样的原则(樊霞,赵丹萍等,2012)。选择安徽科大讯飞信息科技股份有限公司(简称科大讯飞)以及中国国际海运集装箱(集团)股份有限公司(简称中集集团)这两个典型案例作为考察样本。科大讯飞是智能语音产业的领军企业,属于新一代信息技术产业。中集集团从集装箱业务起家,逐渐进入专用车辆领域,以及进入海洋工程装备制造等高端装备制造业。因此,这两个案例样本具有典型性和代表性,契合本书的主题,通过对比这两个案例样本,可以发现不同驱动模式下的战略性新兴企业空间协同的不同机制。

8.2 研究方法及案例对象的选择

8.2.1 研究方法说明

研究方法方面,采用的是文本分析、人员访谈、内部资料查阅等不同途径相互补充和交叉验证,确保信息来源的可靠性(原长弘,2013)。首先是文本分析,主要通过 CNKI、行业报告、重要报纸全文数据库等检索"科大讯飞""中集集团"的有关文献。其次是人员访谈,主要通过电话采访、微信访谈、钉钉会议等在线方式与企业的高层管理者进行沟通,协助核实有关信息,并在每次访谈后及时整理记录。再次是收集企业内部刊物,内部刊物及微信公众号一般会发布企业的实况新闻,这是了解企业动态信息的重要途径,像《今日讯飞》,还有《中集集团》等内刊,了解公司的最新情况。最后收集科大讯飞和中集集团上市以来的年报和中期报告,这也是获取两家企业信息的重要途径。通过以上不同的信息来源构成"三角验证",提高案例研究的可信度。

本部分需要探讨的是:在不同的驱动模式下,企业的空间协同机制有何不同?企业发展的不同阶段,空间协同的主体及相互关系如何?根据第二章中对相关文献的梳理和总结,本部分提出了一个战略性新兴产业中企业空间形态动态发展的概念模型,探讨战略性新兴企业从初创期到进化期的不同类型①,以及空间协同创新的影响机制,见图8.1。

本章采用探索性案例研究方法,遵循结构化(structure)—实用化(practicability)—情景化(situation)的案例研究逻辑,SPS研究逻辑对于路径演化具有较好的解决思路。选择科大讯飞和深圳中集集团,是因为这两个战略性新兴企业的发展过程覆盖了各个阶段,并且从驱动

---

① 中集集团和科大讯飞还没有到衰退期,因此,本部分只讨论初创期、成长期和成熟期。

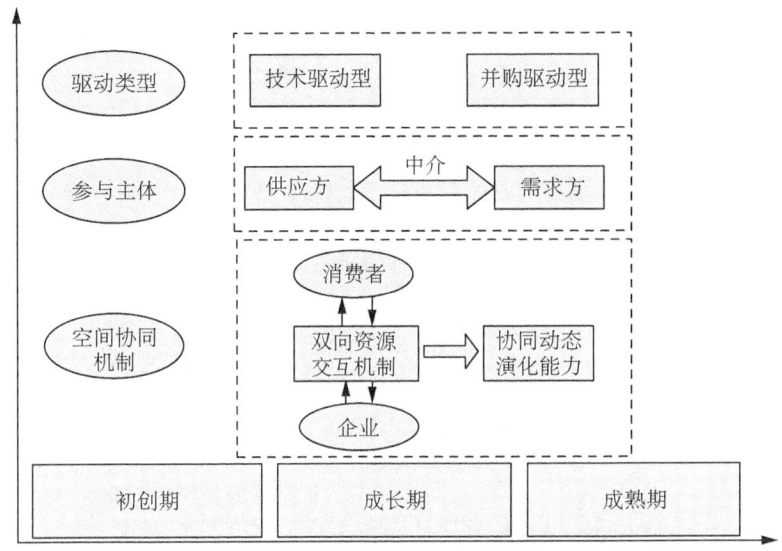

图 8.1　战略性新兴产业中企业空间形态动态分析模型

类型来说,科大讯飞是典型的技术驱动型战略性新兴企业,产品一直集中在语音人工智能方面,其发展过程也体现了技术型战略性新兴企业的演化。而中集集团是典型的市场驱动的企业,从全球最大的集装箱制造领导企业到进入专用车辆领域,再到布局高端海洋钻井平台,以及进入新能源高端装备制造领域。因此,对这两个典型案例的分析,可以更好地探索技术驱动和市场驱动对战略性新兴企业空间协同机制及空间形态的了解。

8.2.2　数据收集及分析过程

数据收集来源的渠道多样,包括从行业相关机构获得的行业发展现状,中国战略性新兴产业发展趋势,还有从官方渠道获取的企业发展大事记、发展历程,从媒体报道中获取的企业背景、企业发展大事记等。中集集团和科大讯飞案例资料的文本数据来源见表 8.1 和表 8.2。

表8.1　中集集团文本资料数据来源

数据来源	数据内容
中集集团上市年报	财务数据、股东大会简介、公司重要事项
中集集团官方网站、微信公众号、内刊	中集集团官网. http://www.cimc.com/ 中集集团微信公众号"中集集团" 中集集团内刊《中集集团》
公共媒体资料	① 搜狐. 转型升级、有质增长 https://www.sohu.com/a/194016562_683428 ② 哔哩哔哩. 中集集团,大国重器 https://www.bilibili.com/video/av11901514/ ③ 爱奇艺视频. 专访中集集团副总裁黄田化 https://www.iqiyi.com/v_19rwmv7424.html ④ 新浪视频. 中集集团2019年半年度业绩发布会 http://video.sina.com.cn/p/finance/2019-08-29/detail-ihytcitn2808452.d.html
相关文献与书籍	来自中国知网以及Web of Science等数据库中的信息,以及来自行业报告、重要报纸全文数据库 朱晓明著《走向数字经济》(朱晓明,2018) 郑贤玲著《中集:可以复制的世界冠军》(郑贤玲,2012)

表8.2　科大讯飞文本资料数据来源

数据来源	数据内容
科大讯飞上市年报	财务数据、股东大会简介、公司重要事项
科大讯飞官方网站、微信公众号、内刊	科大讯飞官网 https://www.iflytek.com/ 科大讯飞微信公众号"科大讯飞" 科大讯飞企业内刊:《今日讯飞》《讯飞大事记》
公共媒体资料	① 新浪访谈资料. 科大讯飞带你看人工智能 http://video.sina.com.cn/view/253187556.html?cre=live&mod=vr&loc=14&r=9&doct=0&rfunc=14&tj=none&wm=9007_1154 ② 腾讯访谈视频焦点访谈. 科大讯飞 https://v.qq.com/x/page/c0725d38h4p.html ③ 优酷视频. 让世界聆听我们的声音:专访科大讯飞创始人刘庆峰 https://v.youku.com/v_show/id_XMzYwNzMzNTczMg==.html?refer=seo_operation.liuxiao.liux_00003303_3000_Qzu6ve_19042900

(续表)

数据来源	数据内容
公共媒体资料	④ 爱奇艺视频. 2018AI 访谈录：专访科大讯飞吴国平 https://www.iqiyi.com/v_19rr4rd8s4.html ⑤ 杨澜访谈录. 探寻科大讯飞 https://www.iqiyi.com/lib/m_218400614.html ⑥ 凤凰网访谈资料. http://finance.ifeng.com/c/7r7X7RWGnoQ
相关文献与书籍	来自中国知网以及 Web of Science 等数据库中的信息 来自行业报告、重要报纸全文数据库

本书基于相关研究问题,并通过百度、谷歌等搜索引擎搜索有关科大讯飞和中集集团的消息,通过将各个渠道的数据相互验证,以确定数据的一致性,完成数据的筛选,并对筛选的数据进行整理及反复验证,直到数据间能够相互印证。

数据分析过程如下。首先,对中集集团和科大讯飞的案例资料进行分类,识别两个企业中不同参与主体扮演的角色;其次,挖掘关键事件,识别两家企业成长的三个阶段的空间协同机制;最后,归纳概括在战略性新兴企业动态发展中如何实现协同创新的模式,识别协同创新的主体、参与程度以及驱动类型的不同模式。

8.2.3 案例企业背景介绍

8.2.3.1 中集集团

中集集团于 1980 年创立于深圳蛇口,成立初期的主打产品是集装箱,当时公司的管理层就意识到必须要融入全球化的竞争环境中。因此,即使是在公司创办初期,规模还很弱小的情况下,也没有选择为国际大企业代工的传统路径,而是发展自己的品牌,主动参与全球化竞争。在全球集装箱市场的竞争中积累制造能力、管理能力和资金能力。1993 年,中集集团分别在华北、华南、华东三个大区通过并购建立了 20 多个主要生产基地,通过实行低成本的扩张战略,迅速奠定了在集装箱市场中的领导地位。到 1996 年,中集集团经过 15 年的发展,成为全球集装箱生产领域的领军企业,实现从一家区域性的小集装箱企业发展为世界级的集装箱大企业,主导了集装箱产业的整合与集团营运。1996年之后的15年,中集集团陆续通过技术并购等方式培育了多元化体系,实现从简单制造到系统集成的产业升级。从集装箱的提供商到专用车辆、海洋钻井平台工程、能源化工装备的提供商,产品复杂程度越来越高,中集集团在专用设备制造业领域走了一条从低端到高端的升级路线,选择了从批量化到个性化的发展方向。中集集团通过一次次地兼并收购优秀企业、组织变革和技术创新、提高现有生产要素质量和利用效率来实现经济增长和产业升级,构建了物流与能化两大持续发展的产业格局(郑刚,2016)。

8.2.3.2 科大讯飞

1999年创立的科大讯飞,经过多年的技术积累和发展,在语音识别、语音合成等领域拥有多项世界级的专利,产品与服务也广泛应用在教育、车载、金融等领域。2008年,科大讯飞在A股上市,这也是科大讯飞发展中里程碑的事件。资本市场的助力,推动科大讯飞的快速成长。伴随着人工智能产业的爆发性成长,科大讯飞也迎来了公司迅猛发展的时期。2010年,科大讯飞发布"讯飞语音云平台"。2014年,启动"讯飞超脑"计划。2015年,公司发布了人机交互界面AIUI。2017年,科大讯飞的用户超过9.1亿。2019年,科大讯飞的市值已达到729.18亿元。科大讯飞十年内市值增长近20倍,成为智能语音领域的领导者。

8.3 中集集团技术创新的空间形态

8.3.1 中集集团空间集聚形态分析

为了更深入了解中集集团与其他合作机构联合创新的情况,本节以中国国家知识产权局的专利检索服务平台为数据来源,将"中集集团"作为专利申请人,数据检索时间设置截至 2020 年 3 月 27 日,通过国家知识产权局搜索"中集集团"的专利情况,一共 989 条,扣除以"中国国际海运装备集团股份有限公司"和"中集集团集装箱控股有限公司"这两家母公司的单独专利申请情况,我们一共获得中集集团与其他公司或者中集子公司联合申请专利的总数量为 749 条。为了更深入了解中集集团技术创新的空间集聚形态,我们对这 749 条专利进行社会网络分析,采用 Unicet 软件,分析联合专利申请的团队合作情况,空间集聚形态见图 8.2。

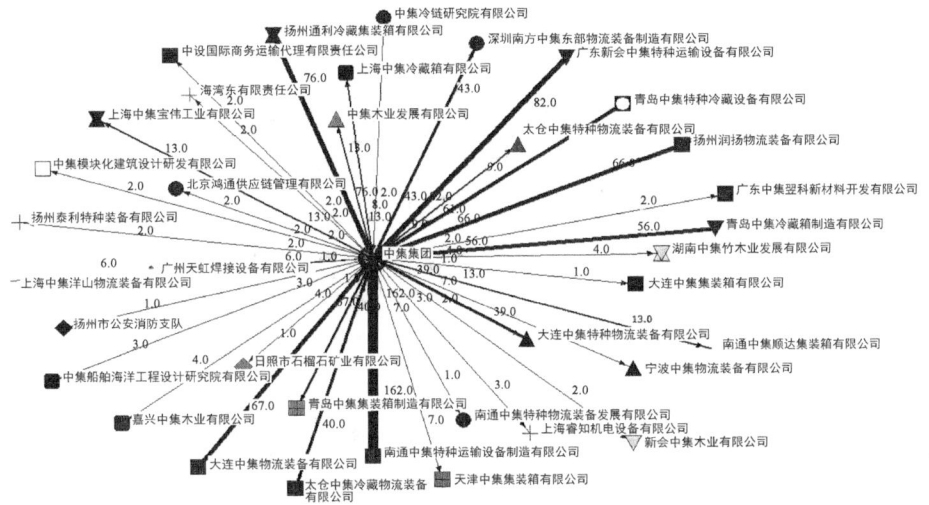

图 8.2　中集集团空间集聚形态

图 8.2 中,每个节点代表中集集团与其他合作机构的联合专利申请情况,网络图中线条越粗,就代表合作的次数越多,线条上的数字代表合作次数。从图 8.2 中可以看出,中集集团与南通特种运输设备有限公司合作次数最多,是 162 次,其次是大连物流装备有限公司 167 次,与广东新会特种运输设备有限公司合作次数达 82 次。其他合作比较频繁的企业有太仓冷藏物流装备有限公司(40 次),扬州润扬物流装备有限公司(66 次),青岛冷藏箱制造有限公司(56 次),中设国际商务

运输代理有限公司(76次),上海中集冷藏箱有限公司(76次),深圳南方东部物流装备制造有限公司(43次)。为了更进一步了解中集集团与其合作伙伴的区域分布情况,我们使用 Unicet 软件分析与中集集团合作的机构空间分布情况,见图 8.3。

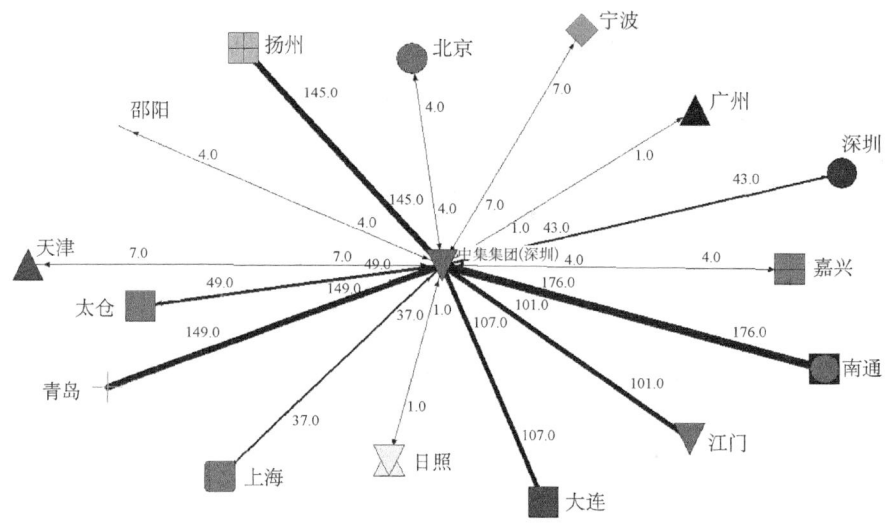

图 8.3　中集集团协同创新的空间分布

从与中集集团有合作关系的地区分布图上可以看出,南通是合作次数最多的,达 176 次;其次是青岛,合作次数达 149 次;扬州 145 次,还有大连 107 次,江门 101 次,太仓 49 次,深圳 43 次。从合作方的空间分布来看,以港口城市居多,因此,从图 8.3 与中集集团有合作关系的机构空间分布上,可以清晰地看出中集集团协同创新的空间形态。

8.3.2　中集集团跨区域协同机制分析

8.3.2.1　初创期:兼并收购构建创新能力基础(1980—2001 年)

中集集团在 1980 年创立于改革开放前沿阵地——深圳,是当时深圳特区唯一的集装箱厂。1988 年完成增资,1989 年 10 000 个集装箱下线,已经发展成为一家小而强的集装箱企业。集装箱在远洋运输中需要承受堆放压力以及海洋运输中的各种海浪冲击,对箱体的焊接技术要求高,而且要保证在运输中集装箱不能变形,按时交付,以及质量标准要求高等都是当时集装箱企业必须要面对的难题。中集集团经历过1986年的艰难生存的过程,对于集装箱的品质追求和及时交付有着信仰般的追求,这也是日后能够持续成长为世界级集装箱领军企业的重要因素,这种对品质的追求已经深刻地印入中集集团的文化中。中集集团的集装箱业务既是核心业务,也是日后发展多元化经营的基石。1980—1996年成长为世界级的集装箱企业,中集集团采取了几个关键性的策略,通过技术收购构建创新能力基础。

1) 技术收购战略——引进成熟罐箱技术

中集集团在集装箱领域的生产制造上,已经有十多年的生产制造经验,但因为技术原因一直没法进入对技术要求更高的罐箱领域。在国际市场上,灌式集装箱技术一度被南非的3家企业WelfitOddy,Trencor,Consani垄断。直至2000年,中集与英国UBHI签订"技术转让协议",引进不锈钢罐箱生产技术。为了尽快掌握新的技术要点,中集集团多次派技术人员赴英国UBHI现场培训,学习标准罐箱的生产。英国方面,也派出专家来中集指导,不断进行技术交流和学习。2001年,中集集团工人终于按UBHI质量要求,生产出样箱,并检验合格(郑刚,2016)。随后15个月内,中集罐式集装箱销量突破5 000台,市场份额也一跃至30%。在不锈钢罐箱领域的成功,激励中集集团继续通过技术并购的方式进入更多高端罐箱领域。遵循同样的技术并购思路,中集集团收购德国的Wagonbau公司,从而掌握冷藏集装箱制造和设计的主要技术。冷藏集装箱,涉及保温、制冷、机电一体化,还需要承受海运的巨大冲力,技术要求甚高。中集集团进一步通过技术并购,进入高端集装箱领域,并通过工艺改进和创新,掌握高端集装箱产品的制造。通过技术收购战略,中集集团的创新能力的积累速度非常快,并且大大提高了创新的效率。

2) 技术改进、产品升级形成创新能力基础

2001年,中集集团成立了ISO 9001认证工作小组,中集集团希望借助认证的过程做成一流的管理平台。他们通过招标方式选择国内一流的质量评审专家在公司培训两年,要求在每个工厂建体系,夯实基础平台。中集集团的产品质量按照达标工程分成A/B/C/D/E五个等级,其中A是最高等级,C是合格产品,D、E是不合格产品,要求不能有E级产品,D级产品必须控制在很低的比例,公司要求产品合格率达到90%。通过统一认证,中集集装箱整体质量得以大幅度提升。通过绩效看板及时发布各工厂的成本控制状况,并通过对比择优选出最佳成本控制方案,并普及推广。最开始是南方中集,然后南通中集也融入进来,并向其他下属企业宣传推广。在集装箱的生产制造中,中集集团高层也鼓励一线工人调整优化工序,通过流程创新提高效率,降低生产成本。例如,对不锈钢罐箱的生产,一线工人虽然在生产样箱中出现过失败,但是经过多次的反复试验和修改,降低了成本,使单箱利润提高150~200美元,年创汇超过3 000万美元。中集集团从引进先进成熟技术起步,通过技术改进、产品升级、将知识嵌入组织惯例,并通过技术改进、产品升级奠定了创新基础。中集集团初创期的协同创新见图8.4。

8.3.2.2 成长期:创新能力的升级(2002—2010年)

企业的竞争不能仅仅局限在个别要素的优势上,寻求全球资源的优化配置才是真正建立全球竞争力的基础。集装箱属于改革开放后第一代中国制造的受益产业,中集集团也享受到了这个过程带来的丰厚回报。但是随着环境的变化,原有的优势已经不足以支撑中集集团未来的发展,必须建立具有中国优势的全球化运营体系。2002年4月16日,中集集团在深圳举办厢式半挂车产品发布会,正式启动半挂车业务。中国加入WTO后,给物流业的发展提供了良好的外部环境。2002年中国半挂车市场需求增长30%以上,这给中集集团新业务的开端给予了良好的市场环境。在启动国内市场的同时,中集集团也与美

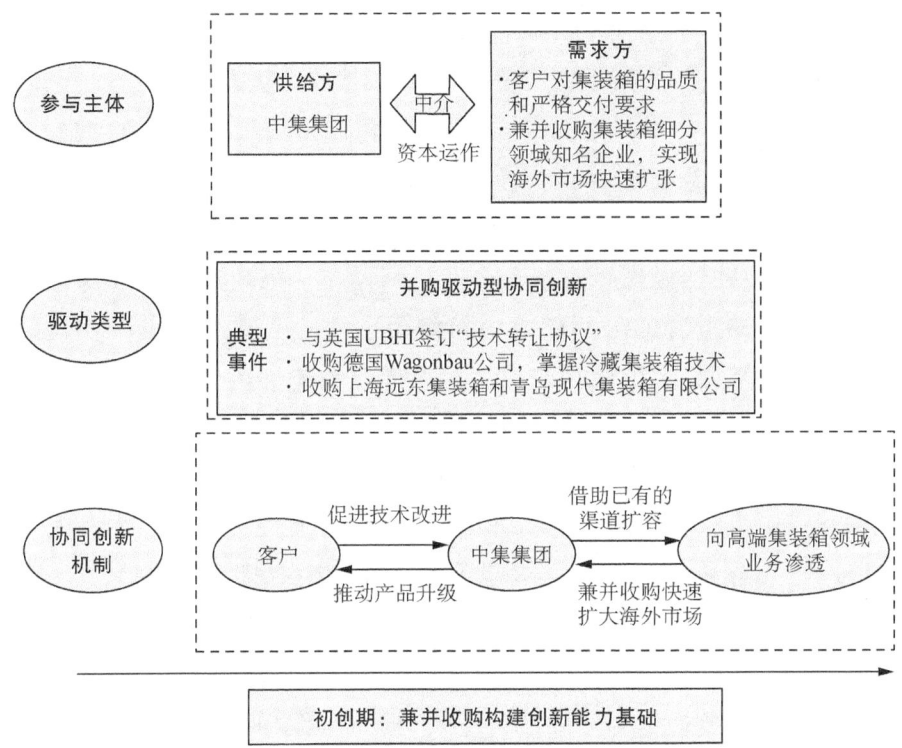

图 8.4 中集集团初创期:构建创新基础

国市场积极互动,将北美零部件生产基地布点到上海。

1) 技术战略——并购技术领先公司

在初创期,通过技术收购构建创新能力。在成长期,中集集团又瞄准了专用车辆市场,并通过技术并购战略,进一步升级创新能力。在成长期,主要的典型性技术并购有以下几个关键事件。

第一,收购国外的挂车企业完成厢式挂车的全球化布局。全球化下的中国制造业,在走过了低成本发展阶段后必须探寻全球资源整合及全球的发展路径。因为对欧美国家的经济环境以及法律法规不熟悉,中集集团付出了很大的学习成本。中集集团进军厢式挂车市场后尝试的全球营运模式是一种创新也是一种探索,虽然运营效果不尽如人意,但是中集集团认为要做一家世界级的企业就必须要建立全球营运平台。中集集团通过收购国外的挂车企业完成厢式挂车的全球化布局;2002 年,第一辆骨架车出口美国,并在该年成立美国公司;2003 年,收购美国第五大半挂车厂,成立 Vanguard 公司;2007 年,合并成立中集-泰国公司,兼并收购成立中集澳洲公司和博格(欧洲)公司;2008 年,兼并收购 Direct Chassis LIC(美国);2009 年成立美国冷藏车公司。

第二,收购国内最好的挂车企业扬州通华。扬州通华也成为中集开启国内市场重要的敲门砖。中集集团过往的资源主要集中在集装箱和登机桥领域,做车辆不像集装箱那样有领先于市场的管理能力和国际客户。对中集集团来说,扬州通华拥有国内专用汽车最好的技术和最多的车型,而且拥有一支非常优秀的专用汽车经营人才队伍,扬州通华是中集整合国内车辆行业的基石,对中集集团发展国内车辆业务具有重要意义,为后来收购华骏和其他车辆企业打下了基础。

第三,收购扬州通华让中集集团成为专用车领域的龙头企业,紧接着,中集又在山东收购了山东临工旗下的济南考格尔。考格尔是山东临工与德国考格尔车辆制造有限公司的合资企业,也是该品牌在中国的唯一的合法商标持有人,考格尔拥有世界领先的冷藏车先进技术,其冷藏技术刚好与中集冷藏集装箱对接。因此,收购考格尔既符合中集车辆业务高端化的需求,也符合公司华北地区布局的战略规划。

第四,在区域布局上,收购河南、安徽、山东区域专用车辆市场内的佼佼者,进一步提高中集集团的专用车辆创新能力。2007 年 2 月、3 月、9 月,中集集团与洛阳宇通汽车、安徽芜湖瑞江汽车以及山东岳挂车制造有限公司正式签订合资协议,这三家企业均为各自区域市场内的佼佼者,具有良好的经营管理团队和丰富的市场经验。通过对这三家公司的收购,中集集团在罐式专用车、栏板半挂车等产品上的市场占有率进一步提升,竞争力得到进一步提升。

2) 整合全球产业创新链资源

中集集团尝试的全球营运体系最大的挑战就是如何控制总成本。中国工人的平均工资只相当于美国工人的 1/6,要控制总成本,就要把足够的工作量放在国内生产。但采用这种模式就必须保证国内的零部件有良好的转配性,并且生产责任都可以追溯到源头。另一个可以抠出成本的地方就是海运环节,这显然是中集集团的专业优势,一方面可以设计专用集装箱提高运输效率,另一方面如果有空箱出去可以尝试跟客户商量借用他们的箱子,费用分担。除了制造成本,如何压缩交付时间也是全球化运营的挑战,中集集团设计了一种"2+4+2"的交付模式。原来需要3个月的交付时间,尝试新模式后,24小时内接单回复,订单确认后准备材料,交到码头,在国内两个星期内做完,这样就可以节省半个月的时间。为了适应全球化运营,中集集团尝试做了很多改变,包括时间成本和制造成本的控制,以及运输方案的系统优化。中集集团成长期的协同创新见图8.5。

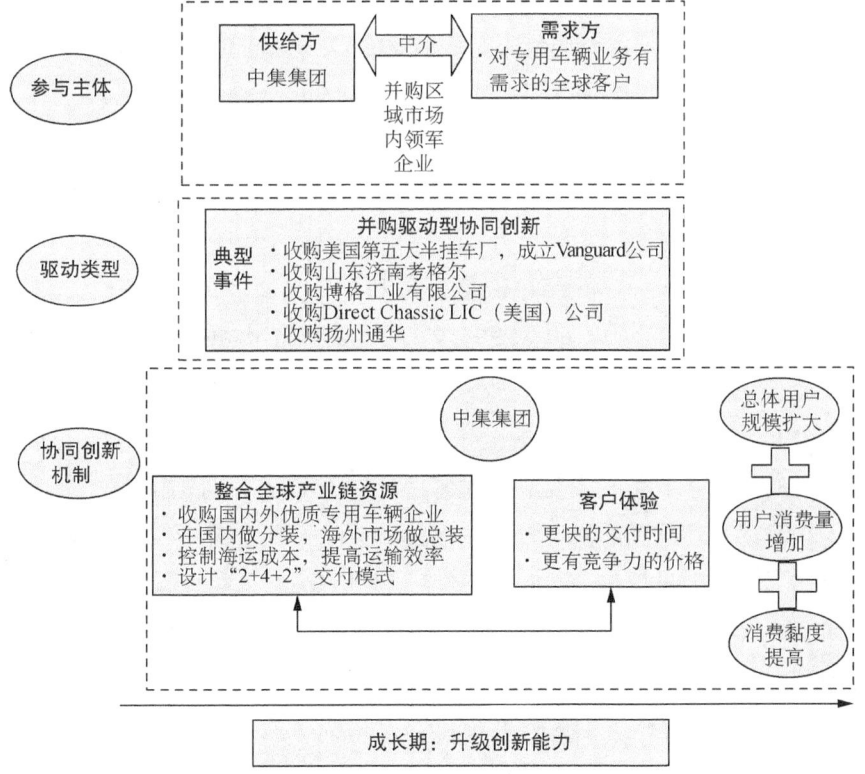

图 8.5 中集集团成长期:升级创新能力

8.3.2.3 成熟期:形成系统创新能力(2008年至今)

中国经济持续的高增长增加了对能源的巨大消费,同时,人口的增长、城市化的进程和工业的快速发展也使得节能环保成为人类所共同关心的问题。中集集团没有进入太阳能、风能、汽车电池等炙手可热的新兴产业,而是选择了国际上成熟的能源装备产业,即天然气和海洋石油装备,从物流装备到能源化工装备,在顺应中国经济增长的趋势同时,也是中集集团走向高端化的产业升级之路。2000年,中集集团进入罐式集装箱领域,开始战略性地考虑进入低温和高压储运装备行业。通过多次收购,围绕天然气(LNG/CNG)等清洁能源储运装备产业链,逐步构建在能源领域的装备制造、工程服务能力,并且初步构建面向化工、能源两大行业的储运装备制造及服务能力(王炳根,2017)。中集集团从集装箱到罐式装备再到把罐式装备整合成中集能源化工食品板块,反映的是以罐式装备为中心,向能源、化工、食品领域的装备行业进行一系列同心圆多元化的战略扩张,尤其是在能源行业上,中集集团瞄准了天然气产业发展的巨大潜力,将公司在能源行业上的主要发展方向锁定在天然气产业链的关键装备的生产制造上。

1) 技术并购——扩大知识整合与利用

中集集团通过技术并购,扩大不同专业领域的知识整合。例如,收购安瑞科,进入天然气领域。安瑞科能源公司是新奥集团控股的装备制造公司,在中国香港创业板上市,2007年7月,中集集团收购安瑞科42.18%的股份。完成安瑞科的收购后,中集集团在清洁能源产业上的布局初具雏形,并开始进入天然气领域。另一有重要意义的事件是收购博格,打开欧洲市场。2006年2月,中集集团发布有关拟收购博格公司的相关公告,以合资的方式与博格原股东成立新公司,新公司拥有博格100%的权益。完成这宗跨国并购后,中集集团一举获得了博格公司在专用车辆以及罐式码头设备的新业务及渠道,不仅丰富了自身的产品结构,而且借助博格公司提升了在海外市场的品牌影响力。

中集集团还收购 TGE Gas，进入工程设计施工领域。TGE Gas 是一家设在德国波恩的气体工程公司，在 LNG，LPG 及石油化工总承包业务方面拥有 25 年的丰富经验。2008 年 6 月，中集集团以 2 000 万欧元收购 TGE Gas Investment SA 的 60% 股权，并签订收购协议。对 TGE Gas 的并购，除了业务链条的补充，也让中集集团从制造业务向工程服务领域延伸，在战略层面，给了中集集团领导层和管理团队一个全新的战略视野。中集集团进入海洋工程装备领域是通过收购莱佛士获得海工装备的制造经验。莱佛士具有世界一流的造船设施，是一个非常好的载体基础，当时在中国做海工的企业除了莱佛士，也就只有大连造船厂，因此，收购莱佛士就意味着中集集团拥有了中国最好的海工平台。

2) 延伸系统服务升级创新能力

从集装箱到车辆，再到能化食品装备，中集集团从单纯的产品加工生产进入现代装备制造业的设计、制造、施工、服务一体化的阶段。相应地，在组织上也要有所创新。中集集团形成了"以集成为牵引，以设备制造为支撑，以系统服务为延伸"的模式。在装备制造领域，客户需要的不是单一的装备产品，而是一套解决方案。中集集团也从单纯的产品销售转向提供"产品＋服务＋融资＋工程＋……"的一体化解决方案，实现产品价值从产品层面向更高层面的飞跃。在组织结构层面，中集集团形成分层管理，总部调整为"战略管控式"模式。公司提出"再造组织，提升能力"的口号，其目的是清晰集团、板块、企业各层关系，构建"集权有道、分权有序、授权有章、用权有度"的责任体系。在分层管理的体系下，中集集团各级组织有非常清晰的定位和要求，并分别承担增长的责任和权利，在这样的体系下，每个员工都愿意并且能够在增长的舞台上扮演精彩角色。分层管理是制度层面的变革，而不是业务层面的变革，改变的是权责利的架构机制、管理思想、组织文化、人力资源（欧阳莹，2019）。在这个过程中，与分层管理推进相对应的是总部功能的调整。总部调整为"战略管控型"，给每个产业更大的自主权利。

通过延伸系统服务,实施组织结构变革,以及实施系统化的人才评价体系,中集集团升级创新能力,系统的创新能力也让中集集团形成全球联动的平台,成功地从产品制造商转型为解决方案的提供商。中集集团在成熟期的协同创新见图8.6。

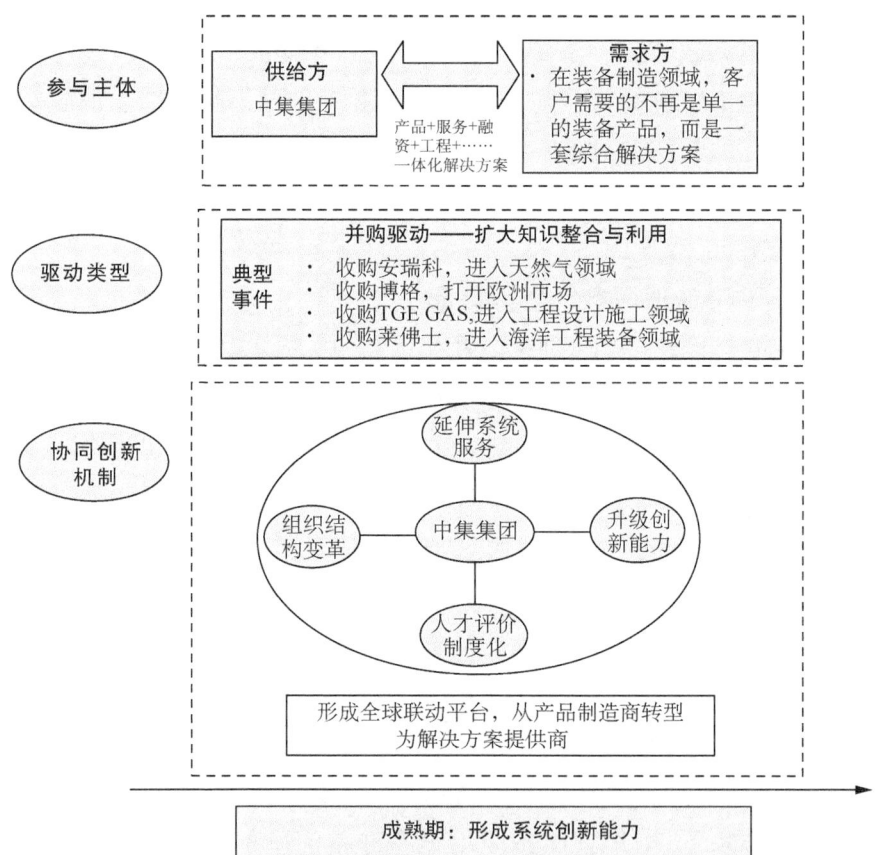

图 8.6 中集集团成熟期:形成系统创新能力

将中集集团在每个阶段的空间形态变化总结成表8.3。

8 企业技术创新的空间形态演化机制

表 8.3 中集集团技术创新的空间形态总结

生命周期	初创期	成长期	成熟期
类型	单一产品型	多元产品型	高端装备领域综合解决方案提供商
特征	技术收购构建创新能力基础	并购技术领先公司,升级创新能力	形成系统创新能力
参与主体	对集装箱业务有需求的客户	对集装箱和专用车辆业务有需求的全球客户	对集装箱、专用车辆、高端装备制造综合解决方案有需求的全球用户
协同创新机制	技术改进与产品升级形成创新基础	并购技术领先公司,整合全球产业创新资源	扩大技术并购的知识整合与利用,延伸系统服务,升级创新能力
驱动类型	单一产品市场驱动	多元产品市场驱动	产业链市场驱动

8.4 科大讯飞技术创新的空间形态

8.4.1 科大讯飞空间集聚形态分析

本节通过研究科大讯飞的专利申请情况,了解科大讯飞技术创新在空间上的集聚形态,以及与科大讯飞合作的机构,通过创新形成的网络效应。数据来源方面,本书以中国国家知识产权局的专利检索服务平台为数据来源,将"科大讯飞"作为专利申请人,数据检索时间设置截至 2020 年 3 月 27 日,通过国家知识产权局搜索"科大讯飞"的专利情况,一共 1 633 条,其中与他方或者与科大讯飞子公司联合申请专利 192 条。我们对这 192 条专利进行分析,采用 Unicet 软件分析,研究联合专利申请的团队合作情况。科大讯飞空间集聚形态见图 8.7。

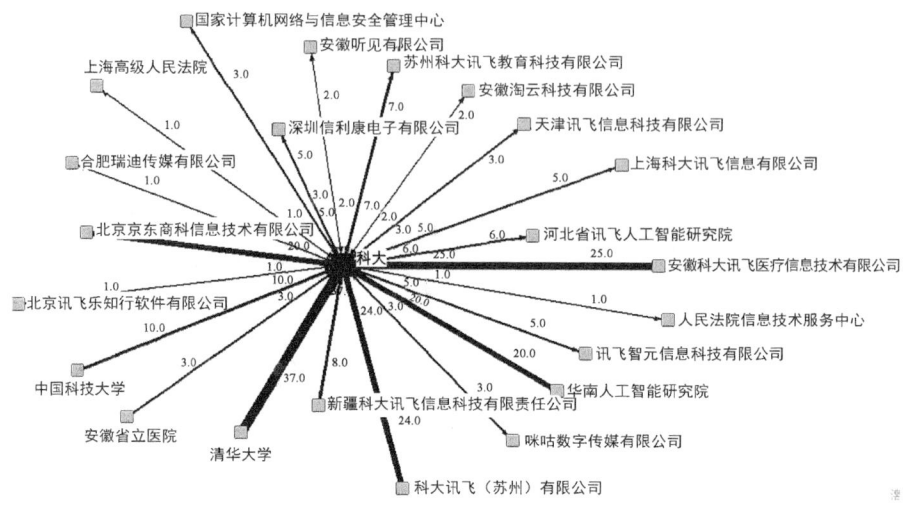

图 8.7　科大讯飞空间集聚形态

图 8.7 中,每个节点代表与科大讯飞联合申请专利的机构,线条越粗,代表合作的次数越多,线条上的数字表示与科大讯飞合作的次数。从图 8.7 中可以清晰看到,科大讯飞与清华大学的合作最多,达到 37 次,然后是安徽科大讯飞医疗信息技术有限公司(25 次),科大讯飞苏州有限公司(24 次),再接下来依次是华南人工智能研究院(20 次)、北京京东商科信息技术有限公司(20 次),中国科技大学(10 次),新疆科大讯飞信息科技有限公司(8 次)。

为了更进一步了解科大讯飞与合作机构的区域分布情况,我们继续用 Unicet 软件分析地域分布,见图 8.8。

从与科大讯飞有合作关系的地区分布图上可以看出,北京是合作最密切的区域,达到 62 次,然后是合肥 48 次,其次是苏州 31 次,广州 20 次。这四个地区的相关机构与科大讯飞的合作是最密切的。其余的城市,比如廊坊 6 次,深圳 5 次,上海 6 次,乌鲁木齐 8 次,天津 3 次,杭州 3 次。从图 8.8 的空间分布上,我们可以清晰地看出科大讯飞技术创新的空间分布情况。

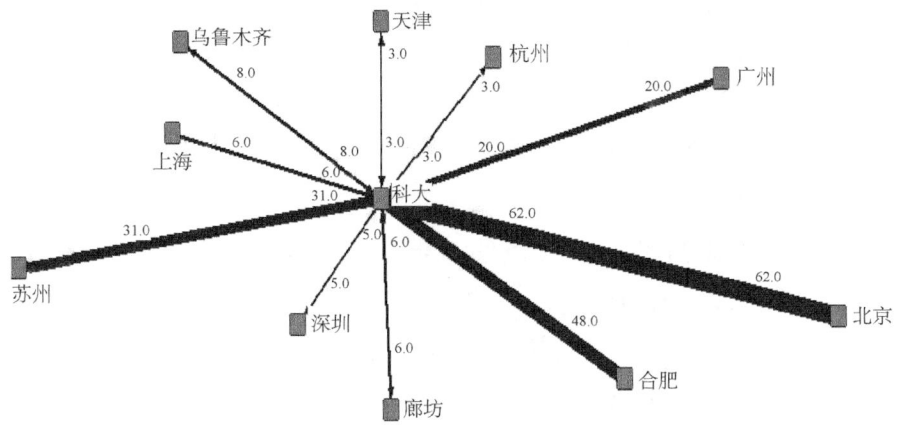

图 8.8 科大讯飞协同创新的空间分布

8.4.2 科大讯飞跨区域协同机制分析

案例研究中先抽取案例对象发展中的重要事件。根据访谈情况以及课题组对科大讯飞近二十年发展过程中关键事件的梳理,本研究将科大讯飞发展过程分为初创期、成长期以及成熟期三个阶段①。

8.4.2.1 初创期:协同创新促进创业资源整合(1999—2003 年)

科大讯飞的初创阶段是 1999—2003 年。1999 年,在国内大学生创业潮下,创始人刘庆峰带着创业团队创办了科大讯飞,并在 2000 年开发出"畅言 2000"和"话王 98"两款明星产品,但是智能语音市场还处于刚开发阶段,技术不成熟、应用场景少、通信技术落后,导致这两款产品的市场表现并不理想(Garnsey,2008)。在激烈市场竞争淘汰压力下,2001 年创始人团队在巢湖举行了一次改变公司命运的重要会议,这次会议明确了科大讯飞日后发展的重要战略性方向:第一,智能语音一定是未来世界经济发展的趋势;第二,科大讯飞要做中文语音产业的领导者以及全球出色的多语音提供商;第三,在坚持语音核心技

---

① 根据企业生命周期理论,科大讯飞目前还未进入衰退周期,所以,本书只讨论它发展的三个阶段。

术大方向不变的前提下,根据环境变化波浪式调整公司业务。在新的发展战略明确后,科大讯飞适时调整业务方向,从关注消费者市场转向关注企业市场,同时为配合新业务的开展,研发出针对大中型企业语音业务需求的 iFLYinside 平台。在战略思路的调整下,科大讯飞将业务资源转向呼叫中心。

当时市场对呼叫中心业务的需求量非常大,智能语音业务的火爆,也带来了巨大的商机。在当时的背景下,科大讯飞仅是一家规模很小的初创型企业,公司无论从人才储备还是业务能力方面,都无法单独承接企业智能语音业务的大订单。经过市场的深入调研与分析,科大讯飞与运营商以及外部合作伙伴(包括大客户、国际领先的智能语音公司等)进行协同创新,完成自身惊险的一跃,渡过生存期。初创期,科大讯飞遇到的难关是技术方面,科大讯飞采取的策略是与合作伙伴协同创新,攻克技术难题。例如,科大讯飞联合国际语音技术的领军企业 Nuance 合作进行研发,克服技术难关,并在 2002 年成功开发出自动语音应答系统,为华为等企业的语音业务服务。科大讯飞在初创期的协同创新见图 8.9。

8.4.2.2 成长期:协同创新优化网络效应(2004—2008 年)

基于 iFLYinside 平台,科大讯飞将语音的应用场景从呼叫中心逐渐扩展到车载、金融等领域,同时也改变了曾经入不敷出的局面。2004年,科大讯飞实现盈亏平衡,全年销售收入近亿元,实现了从实验室到商业落地的全面蜕变。科大讯飞在成长期的协同创新体现在以下几点:

第一,寻找更广泛的外部合作伙伴,将语音识别技术成果产业化,将语音技术应用场景从单一的语音识别扩展到更广泛的应用场景中。

第二,抓住 3G 的发展浪潮,积极布局,并与教育产业进行协同创新,推动语音技术在智慧教育、语音阅卷、口语考试等多场景的使用,并在国家 863 项目的中文语音合成比赛中夺冠。

第三,建立科大讯飞研究院,通过自主研究推动产品的快速市场

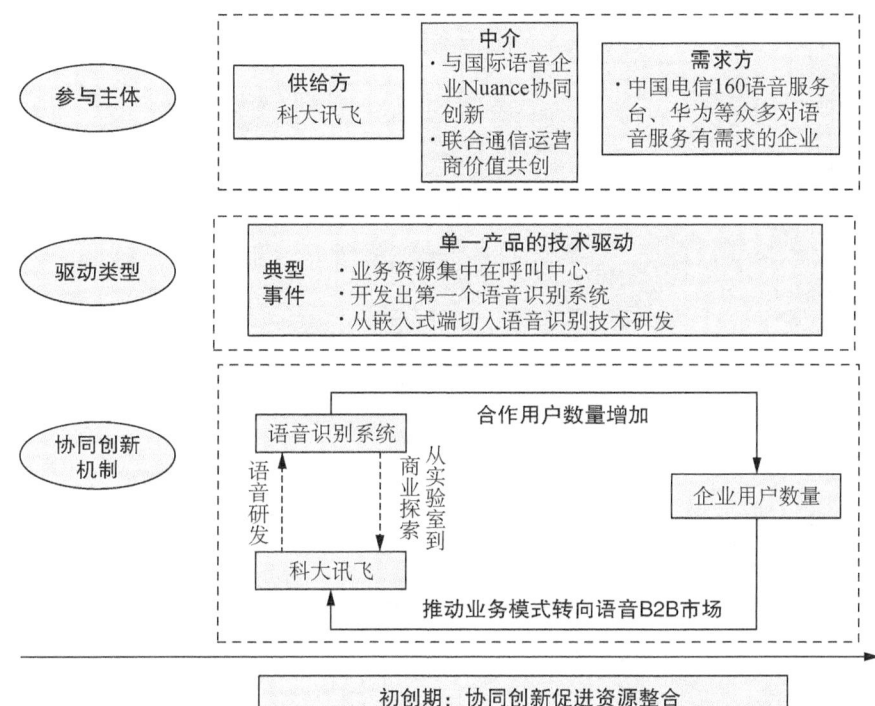

图 8.9 科大讯飞初创期:协同创新促进资源整合

化,2005年,语音产品收入达1.5亿元,带动产业约10亿元,由科大讯飞自主研发的产品获得英文语音合成国际大赛第一名。

第四,进入资本市场。2008年,科大讯飞在深交所上市,同年营收达到2.57亿元。科大讯飞在成长期的协同创新见图8.10。

8.4.2.3 成熟期:协同创新扩展生态效应(2009—2019年)

科大讯飞实现从单一语音提供方到语音生态平台的转变。最主要的是环境的变化推动科大讯飞的转型。2010年开始,深度学习算法在语音识别领域广泛引用,除了算法升级,移动互联网也在飞速发展,移动互联网和深度学习算法加快了技术迭代,技术开发周期从几个月缩短到几周、几天甚至更短,语音识别准确率从70%提高到90%。随着越来越多的科技巨头,像苹果、谷歌、微软、亚马逊、百度、阿里、腾讯

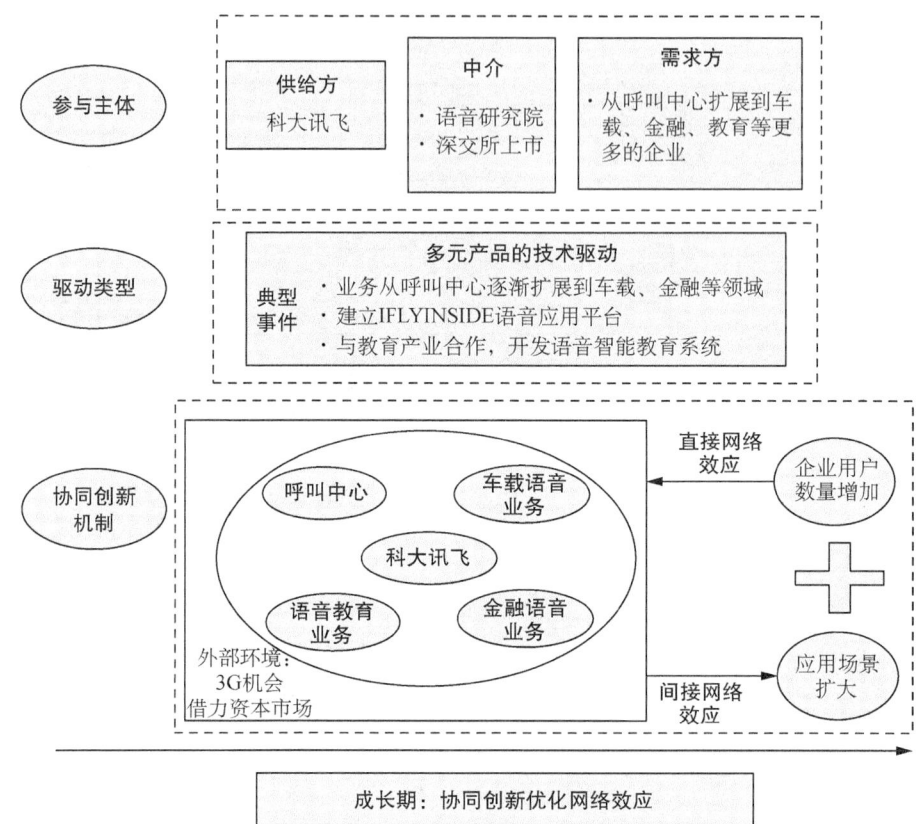

图 8.10 科大讯飞成长期：协同创新优化网络效应

等公司纷纷加入智能语音产业，智能语音产业也迎来了产业爆发期，全球智能语音技术需求迅速扩大，应用场景也更加丰富。外围环境的激烈倒逼科大讯飞思考如何从单一的技术提供商转到生态层面。虽然科大讯飞已经成长为国内智能语音领域的领军企业，但是其语音产品离让机器"能理解会思考"的要求还是有很大差距。在人工智能浪潮下，科大讯飞将战略调整为"成为人工智能产业的先行者"，"超脑计划"也是在此背景下应运而生。科大讯飞在成熟期进行的协同创新重要的策略主要有以下几点：

第一，业务模式转化，实现从 B2B 到 B2B2C 的转变。此前，科大讯飞的客户主要集中在大中型企业,在移动互联网的浪潮席卷下,2010年,"讯飞语音云平台"正式发布,此举标志着科大讯飞从企业市场转向消费者市场。智能语音平台的搭建,起到了双赢的效果:对创业者来说,可以节省在服务器资金上的巨额投入;对科大讯飞来说,中小企业有更广阔的市场和更大的商机。同时,服务思路重新进行调整,推出专门针对移动互联网用户需求的产品。"讯飞语音云"也升级为"讯飞开放平台",移动互联网用户可以在"讯飞开放平台"上获取更便捷的智能语音服务。

第二,积极调动内部人才参与协同创新。2014 年,科大讯飞启动"超脑计划",吸引全球顶尖的语音专家加盟。科大讯飞还推出鼓励内外部的战略合作机制。内部鼓励员工孵化新业务,外部与京东等大企业合作,同时深度切入手机、教育、家居和车载领域,形成一个语音生态的完整产业圈。例如,在手机领域,科大讯飞与中国移动等运营商和手机厂商结成战略联盟;在教育领域,与人民教育出版社合作,推出教育评价云;在智能家居领域,与运营商及主要电视品牌商合作,通过智能语音助手遥控家电设备;在车载领域,科大讯飞与奔驰、宝马、丰田等汽车公司开展合作,研发基于 AIUI 的汽车智能互联系统——"飞鱼助理"。

第三,建设语音生态系统平台。讯飞研究院在 2016 年成立,研究院立足于大数据与人工智能技术的应用开发,将人工智能技术拓展到智慧城市、教育、金融等领域。研发人员在技术创新方面取得重大突破,尤其在机器学习和深度学习方面取得了质的飞跃,获得国际知识图谱构建大赛核心任务世界第一,并研发出了人机交互界面 AIUI 系统,该系统对于中国的人工智能产业发展具有里程碑的意义,多家机器人公司在 AIUI 界面上进行应用开发。科大讯飞还积极拓展应用场景,跨界合作,实现在语音生态平台上的迭代更新。例如,与教育产业的深度结合,让机器人阅卷批改作业,实现教育的个性化要求。科大讯飞在成熟期的协同创新见图 8.11。

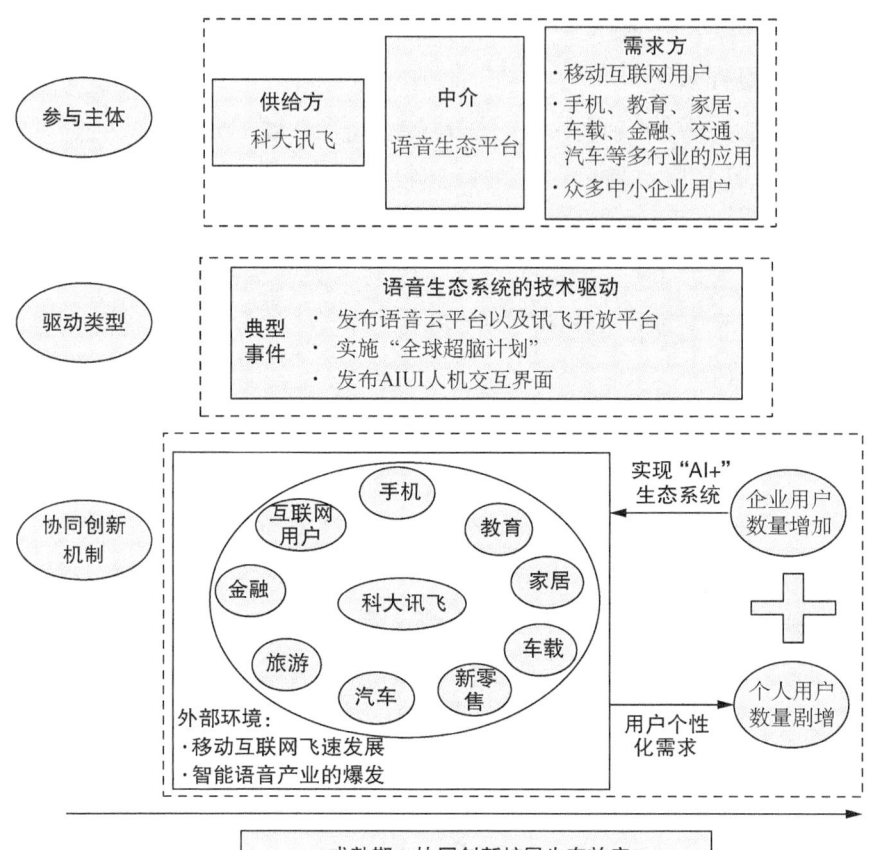

图 8.11　科大讯飞成熟期:协同创新扩展生态效应

将科大讯飞在每个阶段的空间形态总结成表 8.4。

表 8.4　科大讯飞技术创新的空间形态总结

生命周期	初创期	成长期	成熟期
类型	单一产品型	多元产品型	语音创新生态系统
作用平台	提出 iFLYside 平台战略,以呼叫中心为业务突破口	业务逐渐扩展到车载和金融领域	产品迭代周期加快,业务范围更广,形成"AI+"的人工智能大生态平台,广泛结合社会各领域,如医疗、金融、教育、媒体等

（续表）

生命周期	初创期	成长期	成熟期
环境	公司内部	公司内部以及外部合作者	人工智能浪潮推动下的质变
特征	从实验室到商业化的探索	合作领域拓展	构建智能语音的创新生态系统
参与主体	消费者、企业	消费者、企业及相关合作产业	企业、消费者、平台参与者以及社会各服务领域的参与者
协同创新机制	与运营商和外部合作伙伴价值共创	研发成果产业化；与教育产业深度合作建立讯飞研究院，走自主研发之路	全面串联城市、消费者、教育、金融等多个领域；语音识别领域实现重要的研发技术突破；发布人机交互界面AIUI，构建人工智能的生态体系
驱动类型	单一产品的技术驱动	多元产品的技术驱动	语音生态系统的技术驱动

8.5 中集集团与科大讯飞双案例的比较

本研究通过对中集集团和科大讯飞两家企业的对比，主要发现如下：

（1）从驱动类型来说，作为高端装备制造业代表性企业的中集集团，通过市场驱动、资本驱动来构建创新能力。例如，中集集团从一开始就通过技术收购战略，引进成熟罐箱技术，产品升级等途径奠定创新能力基础。在成长期和成熟期，也是通过大量的技术并购，将触角延伸到专用车辆领域和高端能源装备制造领域，实现技术的原始快速积累。例如，通过收购圣达因公司，中集集团进入低温储运装备领域。通过并购国内领先的燃气装备制造商安瑞科，进入LNG集装箱及LCNG（液化压缩天然气）加气站系统，收购莱佛士，获得海洋工程装备领域的制造经验，收购TGE Gas进入工程设计施工领域，形成完整的高端装备产业链。作为中国新兴信息技术领域代表性企业,科大讯飞则通过掌握智能语音核心技术,进而发展演变为语音生态系统的构建者。例如,在初创期,只有语音合成技术的科大讯飞非常有效地运用由内向外的创新模式,在公司规模很小的时候,就与拥有先进技术的国际智能语音公司 Nuance 合作研发推出语音应答系统,迅速抓住呼叫中心对智能语音识别技术的需求,灵活并精确地满足潜在市场,这种思路对于新兴信息技术领域创业型公司尤其重要。因为对技术要求较高的新兴产业领域,创业公司常面对技术创新成本高、投入周期长的困境,开放式创新路径有助于突破创业初期的困境。

(2) 从参与主体来说,中集集团通过技术并购方式及时抢占市场,抓住先机,对产业链的延伸和前瞻布局,再结合原有的生产制造优势和成本控制优势,积极开展产学研、知识整合等活动,延伸系统服务,升级创新能力。从初创期积累的制造能力优势,到成长期通过技术并购介入专用车辆领域,再到成熟期转型成为高端装备制造商,中集集团不断升级创新能力,将中集集团的核心竞争力提升到了一个新的高度,系统创新能力也让中集集团形成全球联动的平台,并成功从产品制造商转型为能源、物流、海洋工程等领域提供高端装备制造和整体解决方案。科大讯飞在智能语音市场还未成熟时,公司果断专注于B2B的应用场景,以开放的心态抓住了 B 端用户的需求,从而积累技术资源,保证竞争优势;当智能语音市场迎来爆发性增长时,行业竞争逐渐加大,科大讯飞又果断发展平台战略并运用云端技术,以中小企业的需求为出发点,通过积累外部用户的数据样本,不断迭代自己的语音识别算法,实现技术上的接连突破。这种企业盈利与技术创新同步发展,通过外部用户驱动技术创新的模式,保证科大讯飞持续获得和创造更高的用户价值。

(3) 从协同创新机制分析,中集集团在公司总体的发展思路上沿用集装箱产业的"先做平,再做高"的战略,伴随着世界集装箱制造基地的转移而成长,从集装箱到专用车辆,再到化工能源装备和海洋钻井工程平台设备提供商,中集集团在高端装备制造业领域走出了一条从低端到高端的升级路线,从批量化到个性化的发展方向。客观上,专用车辆、能化装备所对应的客户不再像集装箱那样集中,而海洋工程平台更是需要根据工作环境做个性化设计,未来主导产业发展的主要力量必须是"技术牵引"。在协同创新方面,中集集团先后成立了车辆研究院、集装化研究院、上海海工研究院、烟台海工研究院,并收购了南京扬子石化研究院。通过延伸系统服务,实施组织结构变革,以及实施系统化、制度化的人才评价体系,中集集团升级创新能力,将中集集团的核心竞争力提升到一个新的高度。系统创新能力也让中集集团形成全球联动的平台,成功地从产品制造商转型为解决方案的提供商。而作为新一代信息技术产业的代表,科大讯飞在初创期采用协同创新促进创业资源整合,通过研发语音识别系统,为众多对语音有需求的企业服务,实现从实验室技术到商业化应用的探索,同时也增加了合作用户的数量。在成长期,通过协同创新优化网络效应。例如,科大讯飞借助 3G 产业爆发的机会,让其研发的智能语音产品更多地与呼叫中心、车载产业、金融产业、教育产业合作,通过扩大语音智能应用场景,实现用户数量的井喷增长。在成熟期,通过协同创新扩展生态效应。科大讯飞借助移动互联网的飞速发展和智能语音产业的爆发时机,将语音智能技术更多地嵌入社会不同产业中,实现"语音人工智能+"的布局,同时科大讯飞也转型为语音智能生态系统,与更多的系统用户产生链接,实现个人用户与企业用户的剧增。

8.6 科大讯飞空间形态的演化机制

本节重点解决的问题是在协同创新中领导型企业与相关合作企业之间要如何协调才能共同获利,推动创新生态系统的良性发展。除此之外,影响领导型企业与系统相关企业演化的因素都有哪些。由于双方之间的协调过程要经过多次反复博弈,才能建立比较稳固的合作关系，并且学习的过程也是由低级到高级的循环演进，根据对手的策略来调整自身的策略，从而达到在有限理性下的最大化收益。因此，用演化博弈模型来分析空间形态的演化机制是比较合适的（王发明，2019）。基于此，本研究首先通过建立复制动态方程，分析新兴信息技术产业中领导型企业科大讯飞与相关合作企业的动态博弈过程，通过对复制动态方程寻求稳定解，找到博弈的最佳策略，并用微积分求导的方法求出影响演化的六个主要因素。其次，结合科大讯飞建立语音生态系统的过程，科大讯飞与合作伙伴之间协同创新的经历，来验证博弈模型。最后，将演化的结论推广到更多的新兴企业，为战略性新兴企业的成长以及策略选择提供有价值的参考。

从文献的发展来看，对协同创新协调机制的研究主要从三个方面展开：

第一，从系统的层面研究参与各方在协同创新中的贡献，例如，Vargo（2010）指出价值、服务与情境之间有密切的相互关系。FitzPatrick（2015）认为有三个区域共同构成了创新的价值创造，三个区域分别是由我、他和我们三角区间共同构成的。Vargo（2016）特别强调制度在协同创新中的影响。

第二，从参与个体的角度研究协调机制如何有助于参与个体获得更多的知识、信息以及公共资源。Vargo（2008）提出了协同创新的基础是由二元关系决定的，这二元关系是指企业和顾客之间的服务互动。Ramaswamy 和 Randall（2013）认为生态系统中的节点企业，通过与利益相关者合作，从而实现资源的整合。McColl-Kennedy（2015）认为服务体验是动态的，顾客可以与其他顾客、企业员工交换资源，他提出了共创的 CSEP 模型。

第三，从协调机制的影响因素层面展开，包括协调带来的超额收益、协调需要的成本以及可能发生的风险等。Yin（2014）使用来自 iPhone 应用生态系统的数据，研究了"杀手级应用"（出现在最高收入排名中的应用）的开发如何因市场和应用程序特征而变化。研究发现，发展机会、竞争水平和需求偏好是反向创新过程的驱动因素。Alexy (2013)等认为选择性揭示是重塑企业与其他参与者协同的战略机制，他指出，选择性披露可能为已知的合作机制提供一种有效的替代方案，特别是在合作伙伴高度不确定性、高协调成本和不愿意的情况下。

8.6.1 研究假设与模型构建

为方便模型的建立与讨论，本部分作如下假设：

（1）在某一战略性新兴产业的细分领域，有领导型企业 A 和相关合作企业 B，相关合作企业包括竞争对手、运营商、技术中介、研究机构等。

（2）当领导企业与相关合作企业 B 处于（合作,合作）状态时，双方进行协同创新，生态系统向着良性循环的路径发展，当有一方采取不合作行为时，双方难以进行协同创新，生态系统内会产生很多矛盾，甚至解散。

（3）相关合作企业的反应对策对领导型企业的战略选择至关重要，因此，双方的策略选择是一个动态博弈过程，最好的策略是（合作,合作），可以让协同创新利益最大化，生态系统整体利润增加，总成本和风险也可以降到最低，但是双方都是有限理性的。在决策时，从自身利益出发，采取不合作的策略。

（4）该动态博弈过程是混合策略博弈，也就是策略选择多样化，在一定的概率条件下采取对当事方有利的策略，博弈过程也是根据对方的策略进行调整(陈瑜,谢富纪等,2018)。

8.6.2 博弈过程分析

8.6.2.1 博弈中的收益问题

在创新生态系统中存在多次博弈，每次博弈的主体由领导型企业 A 和系统中的相关企业 B 进行。两者可能使用的策略组合有（合作,合作）（合作,不合作），（不合作,合作）（不合作,不合作），当 A 与 B 之间无合作关系时，各自分别进行市场开拓可以得到的最大化收益为 P_1,P_2。当双方合作，进行协同创新时，对整个创新生态系统有益，可以创造额外的收益为 ΔP。A 和 B 将对 ΔP 进行分配,假定分配系数为 α 和 $1-\alpha$,并且 $\alpha \in (0,1)$(陈瑜,2018)。

8.6.2.2 博弈的成本问题

在博弈过程中,协调 A 与 B 的行为是需要成本的。假设协调成本为 C,成本的分担系数为 β,那么平台领导型企业的成本为 βC,系统相关企业的协调成本为 $(1-\beta)C$,并且 $\beta \in (0,1)$。

8.6.2.3 系统中的核心技术自主研发与被模仿问题

作为战略性新兴企业,技术门槛要求是非常高的。早期他们需要付出大量的精力和成本开发技术,技术门槛也是他们能在商业经济中立足的核心竞争力,但是在合作中,也存在"搭便车"或者"窃取"技术的问题。如果出现这样的情况,那么双方所付出的成本将大大高于合作的收益。当然,这种情况也是很多初创技术型公司担心的重要问题,也是导致他们不敢轻易寻找合作伙伴的阻碍因素。如果出现核心技术被模仿,那么模仿方会得到的技术模仿收益是 M_1, M_2。因此,为了保护系统中进行自主研发的一方,双方在进行合作时,需要引进奖惩措施,如果发生核心技术被模仿或"窃取",那么其中一方要给另外一方一定的金额补偿,并且会受到相应的惩罚,F 表示罚金。

8.6.2.4 博弈中的策略集问题

在双方的动态博弈过程中,存在着四种策略,每种策略的收益函数见图 8.12 的博弈支付矩阵。

		相关合作企业 B	
		合作(y)	不合作($1-y$)
平台型领导企业 A	合作(x)	$P_1+\alpha\Delta R-\beta C$ $P_2+(1-\alpha)\Delta R-(1-\beta)C$	$P_1-\beta C+F$ P_2+M_2-F
	不合作($1-x$)	P_1+M_1-F $P_2-(1-\beta)C+F$	P_1 P_2

图 8.12 博弈支付矩阵

8.6.3 模型稳定策略求解

8.6.3.1 复制动态方程求解

对于领导企业 A 来说,在协同创新的过程中,合作的期望收益为 E_{a1},不合作的期望收益为 E_{a2},平均期望收益为 E_a,则对应的公式为:

$$E_{a1} = y(P_1 + \alpha \Delta R - \beta C) + (1-y)(P_1 - \beta C + F)$$
$$= y\alpha \Delta R + (1-y)F + P_1 - \beta C \quad \text{(式 8-1)}$$

$$E_{a2} = y(P_1 + M_1 - F) + (1-y)P_1 = P_1 + yM_1 - yF \quad \text{(式 8-2)}$$

$$E_a = xE_{a1} + (1-x)E_{a2} = xy\alpha \Delta R + (x-y)F + y(1-x)M_1 + P_1 - x\beta C \quad \text{(式 8-3)}$$

对于合作企业 B 来说,在协同创新的过程中,合作的期望收益为 E_{b1},不合作的期望收益为 E_{b2},平均期望收益为 E_b,则对应的公式为:

$$E_{b1} = x[P_2 + (1-\alpha)\Delta R - (1-\beta)C] + (1-x)[P_2 - (1-\beta)C + F]$$
$$= x(1-\alpha)\Delta R + (1-x)F + P_2 - (1-\beta)C \quad \text{(式 8-4)}$$

$$E_{b2} = x(P_2 + M_2 - F) + (1-x)P_2 = xM_2 - xF + P_2 \quad \text{(式 8-5)}$$

$$E_b = yE_{b1} + (1-y)E_{b2} \quad \text{(式 8-6)}$$

在此基础上得到双方的复制动态方程为:

$$\frac{\mathrm{d}x}{\mathrm{d}t} = x(E_{a1} - E_a) = x(1-x)[y(\alpha \Delta R - M_1) + F - \beta C] \quad \text{(式 8-7)}$$

$$\frac{\mathrm{d}y}{\mathrm{d}t} = y(E_{b2} - E_b) = y(1-y)\{x[(1-\alpha)\Delta R - M_2] + F - (1-\beta)C\}$$

(式 8-8)

8.6.3.2 领导型企业 A 的稳定策略

令 $\frac{\mathrm{d}x}{\mathrm{d}t}=0$,该方程的稳定解有三个,分别是 $x_1^*=1$, $x_2^*=0$, $x_3^*=\frac{\beta C - F}{\alpha \Delta R - M_1}$

对式(8-7)进行求导,并令 $\frac{\mathrm{d}^2 x}{\mathrm{d}^2 t}=0$,则有

$$\frac{\mathrm{d}^2 x}{\mathrm{d}^2 t} = (1-2x)[y(\alpha \Delta R - M_1) + F - \beta C] \qquad (式 8-9)$$

接下来,分三种情况讨论 A 在不同概率下的稳定解。

(1) 当 $y > \frac{\beta C - F}{\alpha \Delta R - M_1}$ 时,$x_1^*=1$ 为稳定策略,说明平台领导型企业会选择与相关企业合作,相位图见图 8.13。

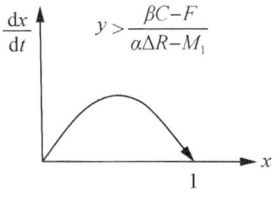 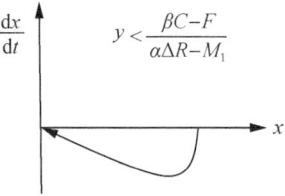

图 8.13 $y > \frac{\beta C - F}{\alpha \Delta R - M_1}$ 时的稳定策略　　图 8.14 $y < \frac{\beta C - F}{\alpha \Delta R - M_1}$ 时的稳定策略

(2) 当 $y < \frac{\beta C - F}{\alpha \Delta R - M_1}$ 时,$x_2^*=0$ 为稳定策略,此时平台领导型企业会选择不合作。相位图见图 8.14。

(3) 当 $y = \frac{\beta C - F}{\alpha \Delta R - M_1}$ 时,$\frac{\mathrm{d}x}{\mathrm{d}t}=0$,任意一点都是稳定状态,相位图

见图 8.15。

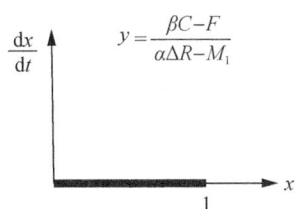

图 8.15　$y=\dfrac{\beta C-F}{\alpha \Delta R-M_1}$ 时的稳定策略

8.6.3.3　相关合作企业 *B* 的稳定策略

同样,令 $\dfrac{dy}{dt}=0$,式(8-8)有三个稳定解,$y_1^*=1$,$y_2^*=0$,$y_3^*=\dfrac{(1-\beta)C-F}{(1-\alpha)\Delta R-M_2}$,依然分三种情况讨论相关合作企业 *B* 在不同概率下的稳定解。

(1) 当 $x>\dfrac{(1-\beta)C-F}{(1-\alpha)\Delta R-M_2}$ 时,$y_1^*=1$ 为稳定策略,说明相关企业会选择合作策略,相位图见图 8.16。

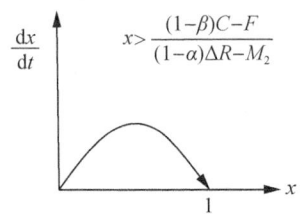 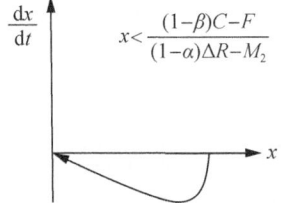

图 8.16　$x>\dfrac{(1-\beta)C-F}{(1-\alpha)\Delta R-M_2}$ 时的稳定策略　　图 8.17　$x<\dfrac{(1-\beta)C-F}{(1-\alpha)\Delta R-M_2}$ 时的稳定策略

(2) 当 $x<\dfrac{(1-\beta)C-F}{(1-\alpha)\Delta R-M_2}$ 时,$\dfrac{dy}{dt}>1$,$y_2^*=0$ 为稳定策略,此时相关企业选择不合作,相位图见图 8.17。

(3) 当 $x = \dfrac{(1-\beta)C - F}{(1-\alpha)\Delta R - M_2}$ 时，$\dfrac{\mathrm{d}y}{\mathrm{d}t} = 0$，此时所有的 y 都是稳定状态。相位图见图 8.18。

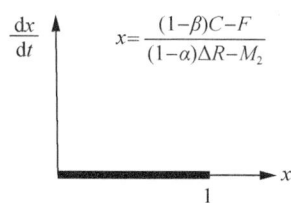

图 8.18　$x = \dfrac{(1-\beta)C - F}{(1-\alpha)\Delta R - M_2}$ 时的稳定策略

8.6.3.4　A 与 B 的综合博弈过程

现在将 A 与 B 的博弈过程综合进行分析。首先，我们分析 A 采取不同策略时，B 的反应。

(1) 当 $\dfrac{\beta C - F}{\alpha \Delta R - M_1} < 0$ 时，恒有 $y > \dfrac{\beta C - F}{\alpha \Delta R - M_1}$，说明无论 B 的反应如何，A 都会义无反顾采用合作策略。

(2) 当 $\dfrac{\beta C - F}{\alpha \Delta R - M_1} = 0$ 时，恒有 $y = 0$，说明 x 取任何值都稳定，也就是 A 采取合作或不合作都无特别的动力。

(3) 当 $\dfrac{\beta C - F}{\alpha \Delta R - M_1} > 1$ 时，有 $y < \dfrac{\beta C - F}{\alpha \Delta R - M_1}$，说明无论 B 反应如何，A 都采取不合作策略。

同理，我们再来分析，B 采取不同策略时 A 的反应。

(1) 当 $\dfrac{(1-\beta)C - F}{(1-\alpha)\Delta R - M_2} < 0$，恒有 $x > \dfrac{(1-\beta)C - F}{(1-\alpha)\Delta R - M_2}$，说明无论 A 的反应如何，B 只会采取合作策略。

(2) 当 $\dfrac{(1-\beta)C - F}{(1-\alpha)\Delta R - M_2} = 0$，有 $x = 0$，说明 y 取任何值都稳定，也就是说，B 无特别动力采取合作或不合作，这两种结果对 B 都差不多。

(3) 当 $\dfrac{(1-\beta)C-F}{(1-\alpha)\Delta R-M_2} \geqslant 1$，恒有 $x < \dfrac{(1-\beta)C-F}{(1-\alpha)\Delta R-M_2}$，也就是说，无论 A 反应如何，B 只采取不合作策略。

将这几种综合博弈结果体现在图 8.19 中：

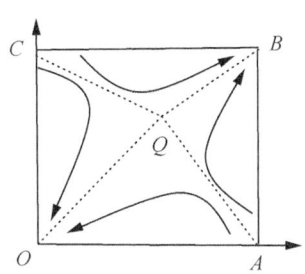

图 8.19　A 与 B 的综合博弈过程

图 8.19 中，有 5 个均衡点，分别是 $O(0,0)$，$B(1,1)$，$A(1,0)$，$C(0,1)$，$Q\left[\dfrac{\beta C-F}{\alpha\Delta R-M_1},\dfrac{(1-\beta)C-F}{(1-\alpha)\Delta R-M_2}\right]$。在区域 $OAQC$ 内，双方博弈演化的结果趋于 $O(0,0)$，即都选择不合作策略；在区域 $ABCQ$ 内，双方博弈结果趋于 $B(1,1)$，即都选择合作策略，$A(1,0)$ 和 $C(0,1)$ 都是不稳定点，Q 是鞍点。因此，演化的结果是双方都选择合作，或双方都选择不合作。一方合作，一方不合作的模式是不稳定的，而双方同时选择合作或不合作的概率就取决于鞍点 Q 的位置。Q 点越向 B 点靠近，双方都选择合作的概率越高；Q 点越向 O 点靠近，双方选择不合作的概率就越高。

8.6.3.5　对影响博弈结果因素的讨论

进一步观察 Q 点的位置，它是由两个三角形 $\triangle OQC$ 和 $\triangle OQA$ 构成，因此对 Q 点位置的讨论可以转化为对四边形 $\square OAQC$ 的讨论。

$$S_{\square OAQC} = S_{\triangle OQC} + S_{\triangle OQA} = \dfrac{1}{2}\left[\dfrac{\beta C-F}{\alpha\Delta R-M_1} + \dfrac{(1-\beta)C-F}{(1-\alpha)\Delta R-M_2}\right]$$

(式 8-10)

(1) 当 $S_{\square OAQC} > S_{\square QABC}$，向 O 点演化，说明双方都采取不合作的策略。

(2) 当 $S_{\square OAQC} < S_{\square QABC}$，向 B 点演化，说明双方都采取合作的策略。

(3) 当 $S_{\square OAQC} = S_{\square QABC}$，向 O 点或 B 点演化概率均等。

现在通过微积分求导方式，更详细地了解每一个因素对演化结果的影响。

(1) 对超额分配系数 α 的讨论。

$$\frac{dS}{d\alpha} = \frac{1}{2}\left\{\frac{(1-\beta)C-F}{[(1-\alpha)\Delta R - M_2]^2} - \frac{\beta C - F}{(\alpha \Delta R - M_1)^2}\right\} \quad (式\ 8\text{-}11)$$

对 α 求二阶导，$\frac{d^2 S}{d^2 \alpha} > 0$，说明 $S_{\square OAQC}$ 有极小值，所以当 α 较大时，演化方向是双方都采取合作策略。

(2) 对超额收益率 ΔR 的讨论。

$$\frac{dS}{d\Delta R} = -\frac{1}{2}\left\{\frac{\alpha(\beta C - F)}{(\alpha \Delta R - M_1)^2} + \frac{(1-\alpha)[(1-\beta)C - F]}{[(1-\alpha)\Delta R - M_2]^2}\right\} < 0$$

(式 8-12)

$\frac{dS}{d\Delta R}$ 是减函数，说明 ΔR 与 $S_{\square OAQC}$ 反向变动，也就是 ΔR 越大，对双方来说，就越有强烈的意愿进行合作，共同进行协同创新。

(3) 对技术模仿的额外收益 M_1，M_2 的讨论。

$$\frac{dS}{dM_1} = \frac{1}{2}\left[\frac{(\beta C - F)}{(\alpha \Delta R - M_1)^2}\right] \quad (式\ 8\text{-}13)$$

$$\frac{dS}{dM_2} = \frac{1}{2}\left\{\frac{(1-\beta)C - F}{[(1-\alpha)\Delta R - M_2]^2}\right\} \quad (式\ 8\text{-}14)$$

求导结果说明对技术模仿方来说，如果"盗版"技术成本很低，他们会采取不合作的策略，对协同创新的演化无益；如果"盗版"技术成本很高,他们会采取与领导型企业合作。

(4) 对 β 的讨论。

$$\frac{\mathrm{d}S}{\mathrm{d}\beta}=\frac{1}{2}\left[\frac{C}{\alpha\Delta R-M_1}-\frac{C}{(1-\alpha)\Delta R-M_2}\right] \quad (式8-15)$$

当 $\frac{C}{\alpha\Delta R-M_1}<\frac{C}{(1-\alpha)\Delta R-M_2}$,$\frac{\mathrm{d}S}{\mathrm{d}\beta}$ 是一个减函数。这种情况下,β 值越大,双方会向共同合作演进。

当 $\frac{C}{\alpha\Delta R-M_1}>\frac{C}{(1-\alpha)\Delta R-M_2}$,$\frac{\mathrm{d}S}{\mathrm{d}\beta}$ 是一个单调增函数,这种情况下,β 值越大,双方会向都不合作演进。

(5) 对 C 的讨论。

$$\frac{\mathrm{d}S}{\mathrm{d}C}=\frac{1}{2}\left[\frac{\beta}{\alpha\Delta R-M_1}+\frac{1-\beta}{(1-\alpha)\Delta R-M_2}\right]>0,说明 \frac{\mathrm{d}S}{\mathrm{d}C} 是一个单$$
调增函数,也就是增加合作成本,对双方来说,都更愿意采取不合作策略,合作成本减小,双方更有意愿采取合作策略。

(6) 对罚金 F 的讨论。

$$\frac{\mathrm{d}S}{\mathrm{d}F}=-\frac{1}{2}\left[\frac{1}{\alpha\Delta R-M_1}+\frac{1}{(1-\alpha)\Delta R-M_2}\right]<0,说明 \frac{\mathrm{d}S}{\mathrm{d}F} 是单调$$
减函数,F 减小,$S_{\square OAQC}$ 越大,越向不合作转换,所以罚金力度也是影响生态系统中的协同行为,罚金少,技术搭便车,"盗版"技术等行为就会增加,影响合作机制;罚金高,对生产技术一方进行有效保护,反而能促进生态系统中的协同创新。

8.6.4　影响科大讯飞协同创新的因素

科大讯飞逐步建立了语音创新生态系统,并与系统内多家企业合作共同创造价值,实现了从语音技术提供商向语音生态龙头企业的转型。科大讯飞与合作企业协同创新的过程和建立语音生态创新系统的经验非常具有代表性。它的成长道路和遇到的困惑是中国战略性新兴企业的缩影。根据演化博弈模型,研究探讨了科大讯飞语音生态系统建立的协同创新过程,讨论影响协同创新的六个因素。

8.6.4.1 分配系数 α

随着互联网技术的发展,科大讯飞投入巨资打造开发者平台。在分配系数方面,科大讯飞坚持为合作伙伴带来更多利益,并将相关技术共享给开放平台。同时,继续降低创新门槛,与开发者共同推动语音交互技术领域的应用创新。2010年,在 Echo 和 Alexa 推出之前,科大讯飞推出了首个中文语音开发平台——科大讯飞语音云,免费为开发者提供语音识别技术。在此期间,腾讯 QQ、高德、携程等互联网公司都是科大讯飞的客户。仅仅5年后,科大讯飞 AIUI 成功上线,向开发者共享了丰富的开放资源、强大的定制能力和完整的个性化功能,提出人机交互的新场景和新概念,并运用自身的源代码创新技术,实现了更多创新创业者的梦想。

8.6.4.2 超额收益 ΔR

科大讯飞秉承"携手共享产业成果"的理念,积极与高校、科研机构合作,建立合作研发联合实验室,坚持在合作中不与发展伙伴直接竞争。科大讯飞与相关企业结成战略联盟,共同开展创新活动,推动中国语音技术进步,实现产业发展。表8.5显示了科大讯飞与合作伙伴的协同创新活动。在获取超额收益方面,各合作企业以科大讯飞的技术创新平台为基础,推动了"市场化、企业化、产学研结合"的智能语音产业的形成和演进。在这一过程中,科大讯飞始终扮演着核心企业的角色,在中国智能语音产业创新生态系统的发展中发挥着关键作用。

表8.5 科大讯飞与合作伙伴的协同创新活动

年份	协同创新伙伴	协同创新项目	协同创新内容
2000	华为,IBM,Intel,Analog 等百家企业	科大讯飞联盟中心建立	语音技术产业化合作

(续表)

年份	协同创新伙伴	协同创新项目	协同创新内容
2006	清华大学电子工程系多媒体信号与智能信息处理实验室	共建清华科大讯飞语音技术联合实验室	语音识别、音频内容分析、语音检索、语言理解、数据挖掘等领域的重大技术突破
2011	中国科学技术大学	智能语音与语言信息处理国家工程实验室建立	人机交互、人工智能、海量信息处理与挖掘研究
2012	与中国移动、中国电信、中国联通、华为、联想等19家公司合作	联合成立中国语音产业联盟	构建健康的语音产业生态系统,促进语音产业发展
2014	哈尔滨工业大学	共建"哈尔滨工业大学·科大讯飞语言认知计算联合实验室"	语言认知计算领域的长期深入合作
2015	约克大学	科大讯飞神经计算与深度学习实验室的建立	专注于深度学习和人工智能
2018	麻省理工学院计算机科学与人工智能实验室	人工智能联盟	语音处理、推理、认知与人工智能的合作

8.6.4.3 技术模仿的附加效益 M_1, M_2

许多科技型企业在起步阶段面临的一大风险是核心技术被竞争对手模仿。科大讯飞在起步阶段也面临这样的问题,但他们的解决方案是设置更高的技术门槛,急剧降低竞争对手想通过模仿获得的收益,这也是科大讯飞未来成为语音产业领导者的重要因素。科大讯飞创业初期也面临着发不出工资的困境,但是科大讯飞创始人刘庆峰在首次风险投资3 000万元后,先进行了资源整合。他拿出3 000万元,与当时国内领先的研究机构建立了联合实验室,整合了语音技术的所有资源。此后,科大讯飞研究院成立,通过自主研究推动产品快速市场化。2014年,"超级大脑计划"启动,吸引世界顶级声音专家加入。2016年,建立核心研究平台,开发人机交互AIUI系统,将人工智能技术拓展到智慧城市、教育、金融等领域。高技术门槛也保证了科大讯飞在发展中的自主性和独立性。

8.6.4.4　成本分担系数 β

伴随着移动互联网的兴起,科大讯飞意识到消费者市场的巨大商机。在此之前,科大讯飞的业务重心是服务大中型企业,开发成本过高。转向中小企业市场后,通过成本分担,大大降低协调成本。2010年,发布"科大讯飞语音云平台",该平台的推出大大降低了语音生态系统中合作伙伴之间的协调成本。可以直接在语音云平台上开发产品,免去了花巨资投入服务器。对于科大讯飞来说,它不仅为中小企业提供了一个"语音云平台",也为自己开拓了一个新的市场。

8.6.4.5　合作成本 C

在智能语音市场尚不成熟的情况下,科大讯飞果断聚焦B2B应用场景,把握B端用户需求,积累技术资源。比如,华为、中兴、数字中国等国内智能网、呼叫中心、业务系统都需要使用智能语音技术。科大讯飞以较低的成本向合作伙伴提供语音平台,合作伙伴做具体应用,不仅有助于合作伙伴降低研发成本,也促进科大讯飞拥有更多的商机。这是"iFLYinside"模式的建立思路。在智能语音市场正经历爆炸式增长的同时,行业竞争也在逐步加剧。科大讯飞决定开发云技术平台,根据中小企业的需要,将继续迭代语音识别算法。对于中小企业来说,使用"科大讯飞语音平台"可以减少在服务器上的巨额资金投入。对于科大讯飞来说,可以获得中小企业广阔的语音云成长市场。通过降低合作成本,领先企业和合作企业可以紧密加强合作。

8.6.4.6　罚金 F

对战略性新兴企业来说,维护知识产权是非常重要的。专利保护就是保护产品研究的核心竞争力。在罚金问题上,科大讯飞对重要业务进行知识产权探索和监测,在评估体系中增加知识产权保护,制定保护激励措施。科大讯飞建立了专利监测预警系统,根据分析结果,将企业分为红、橙、蓝三级预警。如果专利布局和技术方向受到影响,则紧急发布红色专利预警,并召开紧急会议,灵活调整专利战略。如果对企业有明显但不严重的影响的,可以发布专利橙色预警,并向知识产权部门报告侵权情况。如果专利状态正常,系统将检测并显示蓝色警告。

8.7 本章小结

本章采用案例研究方法,社会网格分析方法和演化博弈理论分析了战略性新兴企业空间协同机制以及影响演化的因素,讨论了技术驱动型的新兴企业与并购驱动型的新兴企业之间的区别,结合企业生命周期理论和空间形态理论,详细分析了在演化的不同阶段,参与主体、协同创新机制、驱动类型的不同之处。本章的主要研究结论如下:

(1) 从驱动类型来说,作为高端装备制造业代表性企业的中集集团,则是通过市场驱动、资本驱动来构建创新能力。在初创期,通过技术收购战略,引进成熟罐箱技术,产品升级等途径奠定创新能力基础。在成长期和成熟期,也是通过大量的技术并购,将触角延伸到专用车辆领域和高端能源装备制造领域,实现技术的原始快速积累。科大讯飞通过掌握智能语音核心技术,进而发展演变为语音生态系统的构建者,是属于技术驱动型的新兴企业。但是这种驱动类型,处于初创期时,普遍比较弱小,而且在技术上也不完全成熟,会遇到市场和商业的双重"峡谷",仅仅依靠自身是很难跨越这样的"峡谷"的。因此,就需要通过协同创新激发生态效应。例如,科大讯飞通过与国际领先的语音提供商 Nuance 合作,迅速推出自动语音应答系统,联合运营商获得终端客户数据,渡过了初创期的"峡谷"期。

(2) 从参与主体来说,中集集团通过技术并购方式及时抢占市场,抓住先机,延伸产业链和前瞻布局,再结合原有的生产制造优势和成本控制优势,积极开展产学研、知识整合等活动,延伸系统服务,升级创新能力。在初创期积累的制造能力优势,到成长期通过技术并购介入专用车辆领域,再到成熟期转型成为高端装备制造商,成功从产品制造商转型为能源、物流、海洋工程等领域提供高端装备制造和整体解决方案。科大讯飞在初创期集中在 B2B 市场,服务的客户以企业为主,从而积累技术资源和竞争优势,在成熟期,才开始同时转向 C 端用户和 B 端用户。

(3) 从协同创新机制来说,中集集团先后成立了车辆研究院、集装化研究院、上海海工研究院、烟台海工研究院,并收购了南京扬子石化研究院。通过延伸系统服务,实施组织结构变革,以及实施系统化、制度化的人才评价体系,中集集团升级创新能力,将中集集团的核心竞争力提升到一个新的高度。系统创新能力也让中集集团形成全球联动的平台,成功地从产品制造商转型为解决方案的提供商。科大讯飞在初创期采用协同创新促进创业资源整合;在成长期,通过协同创新优化网络效应;在成熟期,通过协同创新扩展生态效应。科大讯飞借助移动互联网的飞速发展和智能语音产业的爆发时机,将语音智能技术更多地嵌入社会不同产业中,实现"语音人工智能+"的布局,同时科大讯飞也转型为语音智能生态系统,与更多的系统用户产生链接,实现个人用户与企业用户的剧增。

(4) 以科大讯飞为例,基于演化博弈方法分析了影响战略性新兴企业空间形态演化的六个因素,分别是获取超额收益率、超额收益率的分配系数、合作成本、系统中的成本分担系数、合作伙伴模仿技术的额外收益以及奖惩力度,并在此基础上,研究了每一要素对企业演化路径的影响。

9 总结、建议与展望

9.1 研究总结

本书用空间形态的思想来研究战略性新兴产业布局优化与协同机制问题。通过对现有研究在产业技术创新的空间分布、集聚形态、跨区域协同和演化机制四个维度的理论研究和行业实践观察进行归纳总结,提出了一个新的空间形态演化理论框架,并从国际、全国、区域、产业和企业五个层次由国际到国内,由整体到局部逐层深入进行实证分析,找出了战略性新兴产业技术创新的空间形态演化路径和协作机制,为战略性新兴产业空间布局优化、产业间协同发展提供有效的路径和政策指导,以便促进产业布局优化,资源配置合理,并减少新兴产业建设中盲目投资,提高技术创新绩效。本书的主要成果如下。

(1)通过战略性新兴产业实践观察和相关理论的文献综述,提出了一个新的空间形态演化理论框架,把产业的空间分布、空间集聚形态、跨区域协同机制、演化机制四个维度整合起来,形成产业技术创新的空间形态演化理论。

(2)从国际层面对产业技术创新的空间形态演化理论进行实证分析,验证美、德、日等发达国家新兴产业技术创新的空间形态演化对技术创新绩效的积极影响,以及对我国战略性新兴产业发展路径的启示。研究发现:

第一,在空间分布格局方面,政府政策影响新兴产业的空间分布。

美国把创新作为新兴产业发展的总纲领,持续推进新能源、生物技术、先进制造业等新兴产业的发展;德国风力发电技术创新能力的霸主地位确立与其国家战略对新能源技术的支持有关;日本通过科技和服务创造新的经济价值,促进经济的可持续发展。

第二,在空间集聚形态方面,新兴产业的技术创新水平不仅取决于产业自身的结构和质量,也取决于产业空间结构及空间形态。例如,美国的创新空间形态大致可以分为三类:核心枢纽模式、科技园区模式、城市更新模式。这种新趋势对城市的空间发展和功能转型起到重要作用,也对创新空间塑造、资源集聚和城市发展产生深远影响。德国的风电产业在空间形态上呈现出以中心城市为核心、向外辐射扩散的形态特征,并且中心城市与外围存在着紧密的空间联系。日本的新兴产业空间集聚形态呈带状分布,沿太平洋沿岸形成一条带状产业。

第三,在跨区域协同机制方面,美国的新兴产业发展,主要通过构建创新空间网络,加快产业空间融合,提升区域协同创新水平;德国主要通过政策的强有力保障,充分发挥区位优势和资源禀赋推动区域的协同创新;日本通过培养科技人才,以及推动产学研等方法促进新兴产业的空间协同。

第四,美、德、日新兴产业空间形态对我国新兴产业建设的启示有:体系化和针对性的政策设计是决定新兴产业空间分布的重要因素,区域创新资源禀赋和制度环境决定新兴产业集聚形态,产业创新体系是新兴产业空间协同的支撑。

(3)从全国层面对中国战略性新兴产业的空间形态演化理论进行实证分析,验证中国战略性新兴产业技术创新的空间形态演化中产业整体布局、资源配置的合理性和总产出效率。研究发现:

第一,在空间分布格局方面,技术、人才、已有产业基础决定了战略性新兴产业的空间形态。东部地区由于人才优势、技术力量强,已有经济基础较好,战略性新兴产业分布非常集中;中部以发展资源型的战略性新兴产业为主;而西部地区产业类型单一,以新材料新能源为主。

9 总结、建议与展望

另外,战略性新兴产业两极分化格局非常明显,东西部发展不平衡,行业集聚的差异程度也非常大,而趋同性和过度集聚并不能带来资源的有效配置,需要根据每个省份的自身特色挖掘产业亮点。

第二,在空间集聚形态方面,通过空间基尼系数的测算,空间集聚程度最高的是航空航天制造业,其次是计算机及办公设备制造业,而电子通信产业和医药制造业则体现分散的特征。根据空间基尼系数的计算结果,结合产业价值链理论,提出要充分利用全球产业链的分工,把生产、研发、制造、渠道的优势发挥到最大,对缺乏优势的环节要主动"放弃",基于产业链的新型区域分工与空间协作,才能有效提高战略性新兴产业的效率,避免一哄而上,盲目发展,产能过剩的情况。

第三,在跨区域协同机制方面,基于产研合作专利申请数据分析跨区域的空间协作情况,并用社会网络方法分析战略性新兴产业空间协作的网络演化情况,发现网络中利益相关或者地域相邻的创新主体更容易进行协作。创新方式的主导性发生变化。2008年以后,环境的剧烈改变,迫使新兴产业需要开展更多的外部协作,合作的多元化和创新的开放性,共同影响了空间协同的网络形态。使用中心度、结构洞和网络密度进一步刻画新兴产业空间协同的网络拓扑特征。其中,北京、湖南、天津、广东、上海等省(市)在新兴产业协同创新的网络中处于桥梁和枢纽的位置,对新兴产业的创新要素和核心资源有较高的控制权。

(4) 从区域层面对长三角区域战略性新兴产业技术创新的空间形态演化理论进行实证分析,验证该区域产业形态结构的合理性和协同机制的创新效率。研究发现:

第一,在空间分布格局方面,新兴产业的发展对长三角地区城市群的深度一体化具有巨大的推动作用,但是具体到区域内部,核心城市(上海、南京、苏州、无锡、杭州、宁波)在创新要素配置中依然占据主导地位,并且长三角地区城市网络展现出多中心结构,城市体系也由"等级体系"向"网络体系"转变,呈现省内纵向联系和跨省水平联系相交织的特点。

第二,在空间集聚形态方面,长三角地区正从单一中心向多中心模式转变,这种组团式的协同创新,是长三角地区新兴产业发展的有效空间集聚形态,尤其是2010年后网络化程度明显升级,跨区域协同的产业纵向扩张现象日益增多,并且核心城市在长三角城市网络体系中对创新资源配置占据绝对领导地位。

第三,在跨区域协同机制方面,规模以上企业数量、贸易开放度、金融机构的贷款额度对长三角地区跨区域协同创新的影响最大,是实现长三角区域新兴产业的跨区域协同的主要因素,宏观政策制定应该重点考虑这三个因素的影响。

(5)从产业层面对新兴产业技术创新的空间形态演化理论进行实证分析,主要以电子通信产业和光伏产业为例来检验产业技术创新的空间形态演变对产业绩效的影响。研究发现:

第一,在空间分布格局方面,电子通信产业存在正向空间相关性,形成强-强、弱-弱集聚的空间形态,另外,产业配套以及产业链的完整性程度也是影响电子通信产业的关键因素。局部空间相关性分析表明,电子通信产业区域分化非常明显,HH型的只是点状,集中在东部沿海的少数区域,而中西部大片的电子通信产业落后地区呈带状分布,点状集中和带状断层分块现象非常明显。

第二,在空间集聚形态方面,电子通信产业的空间形态存在扩散和集聚两种显著特征,江苏、浙江、上海、广东、北京是电子通信产业的强集聚区,而中西部大部分地区作为加工基地,处于产业链的中下游。

第三,在跨区域协同机制方面,研发人员数量、研发经费、新产品开发经费和技术改造经费都对创新产出产生正向影响,并且,新产品开发经费是最显著的,对创新产值贡献最高,每增加1%的新产品开发经费投入,创新边际产值可以提高0.589 2%。研究说明电子通信产业发展需要较高的资本投入、信息投入以及人力资本投入,因此,加大这三种要素的投入可以刺激创新产出。

第四,在演化机制方面,利用演化博弈模型分析光伏产业的演化过程,发现政府补贴、预期市场收益率、生态位扩张成本等因素深刻影响光伏产业生态位的演化。政府补贴越高,预期收益率越高,扩张成本越低,战略性新兴产业越倾向扩张生态位,甚至不顾自身的生产规模而盲目扩张,由此造成的结果就是更多的企业加入产能竞赛的循环中。综合博弈的结果将取决于鞍点的位置,即政府补贴额、预期的收益率、生态位扩张的成本决定了鞍点位置,这三个要素对光伏产业生态位演化有重要影响。

(6) 从企业微观层面对新兴产业技术创新的空间形态演化理论进行实证分析,主要以中集集团和科大讯飞为案例来检验企业技术创新的空间形态演化对创新绩效的影响。研究发现:

第一,在空间集聚形态方面,企业的技术创新能力受不同机制的驱动,其中,中集集团通过市场驱动、资本驱动来构建创新能力,通过大量的资本并购,将业务范围延伸到高端装备制造领域,成功从产品制造商转型为提供高端装备制造和整体解决方案提供商;科大讯飞通过技术驱动构建创新能力,通过掌握智能语音核心技术,进而发展演变为语音生态系统的构建者,与更多的系统用户产生链接,成功转型为语音智能生态系统的领导平台。

第二,在跨区域协同机制方面,在产业链上实现资源整合与协同是企业提升创新能力的主要途径。其中,中集集团通过产业链的纵向一体化战略以及整合全球产业链资源进行跨区域的协同创新;科大讯飞则通过开放语音开发平台、构建语音生态系统进行跨区域的协同创新。

第三,在演化机制方面,产业技术创新的演化路径是企业获取创新绩效的关键,通过建立演化博弈模型,发现超额收益率、对超额收益率的分配系数、协调成本、系统中的成本分担系数、合作伙伴模仿技术的额外收益以及奖惩力度六个指标影响企业技术创新的演化路径。

9.2 政策建议

基于前面几部分的研究,结合我国近些年来战略性新兴产业发展的实际情况,研究发现,跨区域的空间联系对战略性新兴产业的创新行为表现出显著影响。战略性新兴产业的发展也逐渐从封闭式创新走向开放式创新、空间协同创新,但是在这个过程中,存在政策设计的不统一、行政区域壁垒以及盲目建设等各种现象。因此,需要总结与明确战略性新兴产业发展过程中的主要问题,了解战略性新兴产业技术创新的演化路径呈现怎样的规律和特点,如何能提高战略性新兴产业的创新效率,如何能达到政策设计的预期目标。具体来说,通过本书的研究,对应每个部分的研究结论,提出的针对性政策建议如下。

9.2.1 全国总体规划层面

(1) 在空间分布格局方面,对战略性新兴产业要宏观引导,优化产业布局,中央与地方形成联动机制。战略性新兴产业是国家经济增长的新动力,对其空间布局也需要有前瞻性,虽然国家出台了有关规划文件,对未来战略性新兴产业的发展方向给了明确的方向和指示,但是根据前面的分析,不可避免地存在趋同、重复建设、产能过剩的问题,尤其是经过了前期的规模扩张后,各省(市)已经有了一定的建设基础,在新一轮的发展过程中,发展战略性新兴产业一是要理清七大战略性新兴产业在全国的产业链、分布情况,缺失环节在哪个领域最容易突破,这样政策的支持才更有针对性。二是要中央与地方形成联动机制,吸纳地方加入新兴产业的布局编制过程,制定差异化的扶持政策,政策激励以经济方式为主,尽量减少行政手段的干预。

(2) 在空间集聚形态方面,结合区域禀赋和比较优势,主抓产业链的核心环节建设,发展特色新兴产业集群。发展战略性新兴产业,要结合本区域现有的产业基础和地区优势,合理选择适合本地区的产业,

9 总结、建议与展望

避免盲目发展。一方面,要关注本地区独特的交通条件、经济性、生产规模、独特的自然资源等,另一方面,更要结合本地区传统产业的基础。发展战略性新兴产业不是完全脱离传统产业去发展,而是要与传统产业相结合,这样战略性新兴产业才有基础,同时实现传统产业的改造升级,地方要结合本地区的资源禀赋和比较优势,以及综合考虑新兴产业在全球价值链中的战略地位,有针对性地发展区域特色的战略性新兴产业。目前对战略性新兴产业全产业链关注还不够多,基本上按照国务院颁发的战略性新兴产业七大领域,建设中也存在着重复建设、产业选择趋同的问题,少数地区才占据战略性新兴产业链发展的高端环节,未来更需要关注战略性新兴产业全产业链的发展,尤其是抓住核心环节,以关键环节作延伸,对关键环节大力支持,可以避免盲目建设及过度竞争。

(3) 在跨区域协同机制方面,实行中西部资源互补和行业领先策略,通过科学的产业转移实现中西部差异错位发展。战略性新兴产业涉及的生产环节多,需要在更广阔的区域内进行分工协作,各地区根据本区的特点形成专业化优势,有专业化的生产部门。按照产业发展的规律,在低级阶段,产业总是先在某一地域集聚,然后再向其他区域扩展。从空间形态上说,产业发展初期阶段是极核发展形态,成熟阶段则表现为缩小地区经济差异的整面发展形态,我国战略性新兴产业发展还处于初级阶段,东部地区战略性新兴产业集聚的现象未曾改变,中西部大部分省份仍然没有找到适合自身发展的道路,区域间仍然有很大差距,这种情况下,需要加强中西部的基础设施建设,谋划重点突破,实行中西部资源互补和行业领先策略,中西部有差异地错位发展,通过差异化竞争,进行科学合理的产业转移。在布局中,考虑未来的经济格局变化和市场变化,由于市场的不完善性,随着生产要素成本以及交易成本的提高,战略性新兴产业向中西部转移一定会成为未来发展的趋势。发达地区通过跨区域投资,把部分的制造生产环节调整到其他劳动力成本有比较优势的区域,在本地区的产业发展上实现价值链的升级,这种转移趋势对区域产业结构调整以及区域间的经济关系优化都具有重要意义。

9.2.2 区域规划与协同层面

(1) 在空间分布格局方面,促进政府规划与市场主导结合,完善创新体系和产业体系,推动长三角区域创新要素自由流动。政府应进一步发挥市场机制,在战略性新兴产业空间集聚与扩散中合理配置,从比较优势的角度,促进战略性新兴产业产业链的完善,加强区域内的分工协作和产业的有序转移。长三角地区作为全国经济的领头羊,以战略性新兴产业发展为契机,带动长三角地区甚至全国经济结构变化,政策制定除了形成战略性新兴产业集聚,还要深入区域间的交流沟通,产生更多的溢出和扩散效应,政府还可以考虑从组织要素发挥的方面,完善创新体系、产业体系,为长三角地区战略性新兴产业未来有更大的发展创造条件。

(2) 在空间集聚形态方面,加强长三角地区战略性新兴产业的空间扩散和带动作用,以新兴产业带动长三角地区传统产业的转型升级。在长三角地区战略性新兴产业空间形态的演化过程中,空间的集聚与扩散相互依存,交替发展,形成集聚—扩散—再集聚—再扩散的产业演变框架,推动新兴产业不断发展,集聚伴随着人流、资本流、技术流、信息流的共同作用,产业在空间上不断扩张。例如,近几年,长三角出现了很多国家级、省级等战略性新兴产业发展园区,像宁波北仑注塑机和嘉善新型电子元器件、临安电线电缆等5家基地被批准成为国家级特色产业基地。因此,在政策设计方面,需要进一步加强产业空间扩散,让新兴产业发展更深入,向更大范围内拓展,以新兴产业带动传统产业的转型。

(3) 在跨区域协同机制方面,加大贸易开放力度,完善长三角地区新兴产业的信贷体系,促进长三角地区的协同发展。研究中,我们发现,贸易开放度和金融机构贷款对长三角地区创新产出的促进效果是非常显著的,因此,加强金融与战略性新兴产业的融合,完善新兴产业的金融服务体系,建立更加多元化的信贷体系,并积极引导和鼓励民间资本通过多种方式投资战略性新兴产业,建立长三角地区内外的自由贸易市场,促进技术、人才、资金等生产要素向战略性新兴产业流动。

9.2.3 产业规划与调控层面

(1) 在空间分布格局方面,突破地域限制,积极融入全球信息化产业浪潮中,通过嵌入全球电子通信产业价值链高端环节获得更大发展。我国还处于电子通信产业全球价值链的中低端,产业基础主要是以外资驱动为主,属于外生型产业。跨国公司转移到我国的始终是非核心业务,而核心生产环节及关键技术始终被外国公司牢牢控制。如果我们不在核心技术上发力,将始终受制于人,在全球价值链中处于劣势。因此,要从全球视角来考虑我国电子通信产业未来的发展方向,突破原有地域限制,积极融入全球信息化和工业化,尤其是吸收国外电子通信产业发展的经验教训,多与国外广泛开展合作,在引进国外技术基础上,消化吸收创新,树立全球竞争意识。受2008年金融危机影响,发达国家跨国企业由于成本上升和环境压力,经济增长减速,同时把中下游产业转移到国外地区,我国可以通过接收跨国企业向外转移出的产能和环节,形成完整的产业发展体系。跟国外发达国家相比,我们拥有丰富的劳动力资源,低廉的运营成本,稳定的社会环境,这些都为电子通信产业发展创造了良好条件。从长远来考虑,研发有竞争力的核心技术,进入研发、设计、品牌、营销等有较高壁垒的区间,突破目前在价值链中的地位,争取发展到价值链的高端。

(2) 在空间集聚形态方面,加大技术吸收和消化力度,发展高附加值产品,通过精细化产业链促进电子通信产业的集群升级。电子通信产业是高研发投入行业,首先,需要充分发挥研发人员的创新动力,提高创新活动在电子通信产业发展方面的驱动作用,尤其是在电子通信产业的演化过程中要优化资源配置,提高创新绩效,从时间维度和空间维度有方向性地选择,遵循产业空间集聚与区域协同发展的规律,提高创新绩效。其次,增强自主创新能力,加大技术吸收和消化力度。产业链升级依靠的是技术能力的提升,电子通信产业具有研发周期短并且技术更新频繁迅速的特点,因此需要相互之间的合作,推动技术升级。技术创新不仅有利于企业在产业链上进一步细化,也有利于专业化分工系统的形成以及集群的升级。我国电子通信产业不仅要面临国内同行的挑战,同时也要面临来自国外企业的竞争,技术的更新速度在加快,只有实现技术的突破性飞跃,才能实现由低端制造直接向设计研发环节转移。例如,华为就是通过提升自主创新能力,建立品牌优势,跨国并购,成功实现产品功能升级。电子通信产业应该以产品升级和功能升级为重点,掌握核心技术,向产品的研发和技术上突破,尤其是重点发展高附加值和有自主知识产权的产品,通过产品来带动整个产业链的发展,从长远考虑,向更高级的产业链环节跨越发展。

(3)在跨区域协同机制方面,政府应该更关注对电子通信产业创新能力的培养,对破坏创新机制的惩罚,通过建立完善的知识产权制度保护跨区域合作。第一,相对于生产要素的直接投资,政府应该更关注对电子通信产业创新能力的培养,对破坏创新机制的惩罚,营造出只能通过创新才能更好发展的环境。通过建立完善的知识产权制度保护跨区域合作的创新行为,减少直接的行政干预,对市场放权,让市场机制在企业竞争中产生实效,让市场机制来决定企业的优胜劣汰,并且加强对企业自身权利的约束以及加强企业自身能力建设的制度机制。第二,在跨区域合作方面,政府干预有需要,但不应该成为常态,在规划上要多考虑均衡和长久规划发展,并且在电子通信产业发展的不同时期要有针对性,电子通信产业发展初期,建立融资保障体系,政府退出当投融资决策人的角色,由市场来决定;在电子通信产业发展中期,政府需要完善创新系统使企业逐步脱离对政府的依赖而走向市场化。

（4）在演化机制方面，政府对光伏产业的补贴要有针对性，分区差异实行补贴，并调整补贴模式，通过政策设计让补贴流向提高企业核心技术的关键环节。

第一，政府对光伏产业的补贴模式需要转换，由传统的装机补贴调整为发电量补贴，即根据实际发电量，从补贴发电端到补贴用户端，虽然同是补贴，但是效果完全不一样，发电端补贴方式让企业盲目扩张规模，赚取补贴利润，对用户端的补贴，是扩大国内市场的有效手段。

第二，对光伏产业的补贴也需要根据每个区域的实际成本来定，公开招标，避免补贴的一刀切。分区差异实行补贴，拓展了不同区域光伏企业的合作空间，加强公共设施的配套供给，降低使用成本，通过各个地方电网之间的密切联系，让光伏企业的入网难度降低，形成对光伏发展有利的生态环境。

第三，对光伏产业补贴的引导也非常重要，避免重蹈覆辙，只补贴生产端的模式，通过政策设计让补贴流向提高光伏企业核心技术的关键环节，加快质量体系的认证标准建立，尤其是行业技术标准的设立，以及行业监管体系的完善，这样才可以从源头上避免光伏产品出口到国际市场出问题，推动光伏产业的长期良性发展。

9.2.4 微观企业创新能力构建及空间优化层面

（1）在空间分布格局方面，合理优化企业空间布局，积极开展技术合作、战略联盟、产业链分工，降低经营成本，获得规模效应。新兴企业应通过积极与其他相关企业开展技术合作、战略同盟、产业链上下游分工等一系列方式，合理优化企业的空间布局，降低企业因距离产生的生产成本，并积极开展产学研、知识整合等活动，提升企业的技术创新能力。无论是通过技术驱动还是资本驱动，前瞻性的空间布局才能及时抢占市场、抓住先机，升级创新能力。

（2）在空间集聚形态方面，甄选合作伙伴，完善分配机制，将超额收益分配比例与成本分担比例制度化，是合作伙伴形成紧密集聚的关键。战略性新兴企业创始团队大都具有一定的技术门槛，但也很容易陷入"唯技术论"的狭隘认识中，从技术到产品商业化再到产业化，要走过很漫长的探索之路，因此，要打破"唯技术独大"的狭隘认识，建立广泛的合作机制。合作伙伴的选择非常重要，寻找能够优势互补、风险共担、利益共享的伙伴，完善利益的分配机制，将超额收益分配比例与成本分担的比例制度化，建立合理的标准，是系统中生态伙伴之间长期合作的关键所在。

（3）在跨区域协同机制方面，参与各方精耕自身最擅长的业务，既提高自身规模优势，也给合作伙伴更多机会，降低生态系统中企业之间的合作成本。通过降低生态伙伴的合作成本，系统中参与协同创新的参与方会越来越多，降低合作成本的途径有在生态系统内部基于专业化分工形成的合作互补。这样参与方只需在自己最擅长的业务上深耕，既提高自身核心业务的规模，同时也给合作伙伴更多的机会。在这个过程中，领导型企业需要培育和扶持，提高对合作伙伴的协调和服务。协同创新才能推动生态系统的良性发展，良性发展才能对系统中所有成员有利，而协同创新的基础就是要有科学合理的合作机制和伙伴选择标准。

（4）在演化机制方面，建立系统良性运转的约束机制，加强对知识产权的保护，明确参与各方的责、权、利。在合作中，不免存在"搭便车""技术窃取"这样影响系统良性运转的事件，这就需要加大对系统中参与成员的惩罚与监督机制，加强对知识产权的保护，抑制参与方的机会主义行为，在合作开始之前，明确责、权、利，用有效的法律契约进行约束，对"技术窃取"等事件加大惩罚力度，只有把系统良性运转的约束机制建立起来，才能对所有参与主体形成有效保护，培育适宜战略性新兴产业发展的土壤。

9.3 研究局限与未来展望

9.3.1 研究的局限性

本书在撰写过程中,在研究数据源的获取以及研究方法等方面还存在不足之处,主要如下。

1) 数据来源的局限性

首先,因为能够查阅到的统计年鉴只到2017年,所以书中的数据更新只到2016年,缺乏2017年、2018年的数据;其次,因为在长三角地区战略性新兴产业的研究中,要找全所有城市从2007—2016年的创新数据比较困难,所以在指标选择方面,选取的是10年数据完整的专利申请数还有工业总产值、外商投资总额,但是一些重要的创新指标如科研人员数量、各地实际科研投入经费等要素并未列入。

2) 演化博弈模型的设计

在第7章中,讨论光伏产业空间形态演化机制时,使用的研究方法是演化博弈模型,但是为了方便讨论,只设计了两个企业 A 和 B,所得的结论是在博弈条件限制下得出的,具有一定的局限性。

3) 采用双案例分析新兴企业

本书受企业调研资源的限制,对微观新兴企业的研究采用的是双案例的研究方法,只选取了中集集团和科大讯飞,有一定的局限性。最好是针对战略性新兴产业的七大细分子领域,对每个子领域都挑选样本企业,进行多案例研究,得出更普适性的结论。

9.3.2 未来展望

本书还存在很多不足之处,未来可以在此基础上完善,并在以下几个方面进一步深入:

1) 区域层面的分析更深入

本书在区域层面只研究了长三角地区的新兴产业情况,未来可以在此基础上拓展至珠三角、环渤海地区,并进行横向比较,研究在不同的区域环境中,战略性新兴产业空间协同创新的机制有何不同。

2) 企业层面的分析可以采用多案例研究

本书中企业部分只选择了中集集团和科大讯飞两家企业。未来可以针对战略性新兴产业的每个子产业选择样本企业,进行多案例研究,得出更一般性的研究结论,从微观的角度了解战略性新兴企业的初创期、成长期、成熟期的不同特征,以及不同成长阶段的生态属性和空间属性,在微观运营层面作更多有价值的探讨。

参 考 文 献

[1] 鲍伶俐.资本逻辑、技术逻辑与经济空间生成机制——浦东层级经济空间体系生成案例[J].上海财经大学学报,2010,12(3):3-10.

[2] 蔡昉,王美艳,曲玥.中国工业重新配置与劳动力流动趋势[J].中国工业经济,2009,(8):5-16.

[3] 蔡之兵.空间经济学视角下的产业政策研究[J].经济学家,2017,9(9):20-26.

[4] 曹霞,刘国巍.资源配置导向下产学研合作创新网络协同演化路径[J].系统管理学报,2015,24(5):769-777.

[5] 曾菊新.空间经济:系统与结构[M].武汉:武汉出版社,1996.

[6] 陈栋生.论区域经济协调发展[J].工业技术经济,2005,(2):2-6.

[7] 陈劲,王焕祥.演化经济学[M].2008,清华大学出版社.

[8] 陈建军,胡晨光.产业集聚的集聚效应——以长江三角洲次区域为例的理论和实证分析[J].管理世界,2008,(6):68-83.

[9] 陈明明,张国胜,郑猛.技术选择中是否存在格雷欣法则——一个演化经济学分析框架[J].经济学家,2019,2(2):34-46.

[10] 陈瑜,谢富纪,于晓宇,等.战略性新兴产业生态位演化的影响因素及路径选择[J].系统管理学报,2018,27(3):414-421.

[11] 陈瑜.新兴产业空间形态创新研究[D].上海:上海交通大学博士学位论文,2014.

[12] 陈衍泰,孟媛媛,张露嘉,等.产业创新生态系统的价值创造和获取机制分析——基于中国电动汽车的跨案例分析[J].科研管理,

2015,36(S1):68-75.

[13] 陈衍泰,张露嘉,汪沁,等.基于二阶段的新能源汽车产业支持政策评价[J].科研管理,2013,34(S1):167-174.

[14] 陈衍泰,宁钟,宁玹钰.全球风能产业动态演化——企业能力与公共政策互动视角[J].科学学与科学技术管理,2012,33(09):74-82.

[15] 陈衍泰,程鹏,梁正.影响战略性新兴产业演化的四维度因素分析——以中国风机制造业为例的研究[J].科学学研究,2012,30(08):1187-1197.

[16] 程永明,平力群.日本的产业技术扶持政策与实施手段——以太阳能产业为例[J].外国问题研究,2010,(2):72-77.

[17] 单许昌.空间经济研究中马克思主义与新古典两条路径的关联——基于资本逻辑与空间基本规律的比较视角[J].财经研究,2012,(8):136-145.

[18] 丁刚,黄杰.区域战略性新兴产业的产业链图谱表达方式研究[J].中国石油大学学报,2012,28(3):24-27.

[19] 樊霞,赵丹萍,何悦.企业产学研合作的创新效率及其影响因素研究[J].科研管理,2012(2):33-39.

[20] 范群林,邵云飞,唐小我,等.结构嵌入性对集群企业创新绩效影响的实证研究[J].科学学研究,2010,28(12):1891-1900.

[21] 方远平,谢蔓.创新要素的空间分布及其对区域创新产出的影响——基于中国省域的ESDA-GWR分析[J].经济地理,2012,32(9):8-14.

[22] 高洪深.区域经济学[M].北京:中国人民大学出版社,2002.

[23] 关伟,卢莹.高新技术产业园区与城市空间结构演变[J].辽宁师范大学学报(自然科学版),2007,30(4):509-512.

[24] 关莹莹.我国战略性新兴产业发展的路径选择[D].长春:吉林大学硕士学位论文,2012.

[25] 郝寿义,安虎森.区域经济学[M].北京:经济科学出版社,2004.

[26] 胡静,赵玉林.我国战略性新兴产业集聚度及其变动趋势研究——基于上市公司的经验证据[J].经济体制改革,2015(6):102-106.

[27] 贾根良.理解演化经济学[J].中国社会科学,2004,(2):33-41.

[28] 李凤梅,柳卸林,高雨辰.产业政策对我国光伏企业创新与经济绩效的影响[J].科学学与科学技术管理,2017,38(11):49-62.

[29] 李健,屠启宇.创新时代的新经济空间:美国大都市区创新城区的崛起[J].城市发展研究,2015,22(10):85-91.

[30] 李金华.中国战略性新兴产业聚集雏形已现[J].中国战略新兴产业,2014,(16):64-66.

[31] 李金华.中国战略性新兴产业空间布局现状与前景[J].学术研究,2015,(10):76-84.

[32] 李琳,吴越.地理邻近、网络位置对产学联盟合作创新的影响[J].中国科技论坛,2014(9):75-78.

[33] 李萍.战后日本产业技术政策的特点和成果[J].经济导刊,2008,(7):30-31.

[34] 李文军.战略性新兴产业的技术政策[J].中国科技论坛,2014,(4):51-55.

[35] 李习保.中国区域创新能力变迁的实证分析:基于创新系统的观点[J].管理世界,2007,(12):18-30.

[36] 李洋,刘伟.基于演化博弈理论的软件隐形需求开发研究[J].系统管理学报,2015,24(4):480-485.

[37] 李桢,刘名远.中国战略性新兴产业培育与发展支撑体系建设研究[J].经济与管理,2012,26(2):5-9.

[38] 梁琦.知识溢出的空间局限性与集聚[J].科学学研究,2004,22(1):76-81.

[39] 梁正,李代天.科技创新政策与中国产业发展40年——基于演化

创新系统分析框架的若干典型产业研究[J].科学学与科学技术管理,2018,39(09):21-35.

[40] 刘臣,张庆普,单伟,等.组织内部知识网络中的知识共享进化博弈分析[J].系统管理学报,2011,20(2):218-224.

[41] 刘辉锋.演化经济学中的企业理论述评[J].国外社会科学,2005(5):33-40.

[42] 刘艳.中国战略性新兴产业集聚度变动的实证研究[J].上海经济研究,2013,25(2):40-51.

[43] 刘志阳,苏东水.战略性新兴产业集群与第三类金融中心的协同演进机理[J].学术月刊,2010,(12):68-75.

[44] 刘志阳,姚红艳.战略性新兴产业的集群特征、培育模式与政策取向[J].重庆社会科学,2011,(3):49-55.

[45] 柳卸林,高伟,吕萍,等.从光伏产业看中国战略性新兴产业的发展模式[J].科学学与科学技术管理,2012,33(1):116-125.

[46] 柳卸林,高雨辰,雪辰.寻找创新驱动发展的新理论思维——基于新熊彼特增长理论的思考[J].管理世界,2017,(12):8-19.

[47] 柳卸林,杨培培,葛爽.互补者领导力与部件领导力对企业绩效的影响——基于生态系统视角[J].科学学研究,2019,37(11):1999—2007.

[48] 陆大道.区域发展及空间结构[M].北京:科学出版社,1999.

[49] 吕岩威,孙慧.中国战略性新兴产业集聚度演变与空间布局构想[J].地域研究与开发,2013,32(4):15-21.

[50] 吕政.国际产业转移与中国制造业发展[M].北京:经济管理出版社,2006.

[51] 马宁,董俐.全球价值链下的太阳能光伏产业研究[J].中国市场,2011,(23):189-191.

[52] 孟玉静.战略性新兴产业集群推进产业结构升级和经济发展方式转变的研究[J].商业时代,2011,(3):114-115.

[53] 欧阳桃花,丁玲,郭瑞杰.组织边界跨越与IT能力的协同演化:海尔信息系统案例[J].中国工业经济,2012,297(12):128-140.

[54] 欧阳莹,桑晓明,罗文峰等.中集先进制造精益生产模式的创新路径分析[J].化工管理,2019,(8):19-20.

[55] 邵云飞,杜晓明.产业集群内基于时间和距离的技术创新扩散模型研究[J].科技进步与决策,2011,28(20):67-71.

[56] 申俊喜.创新产学研合作视角下我国战略性新兴产业发展对策研究[J].科学学与科学技术管理,2012,33(2):37-43.

[57] 盛朝迅.发达国家新兴产业政策的新动向与启示[J].经济纵横,2016(11):76-81.

[58] 盛朝迅.比较优势动态化与我国产业结构调整——兼论中国产业升级的方向与路径[J].当代经济研究,2012,(9):63-67.

[59] 施祖麟.区域经济发展:理论与实证[M].北京:社会科学出版社,2008.

[60] 宋来胜,苏楠,付宏.创新创业能力的空间分布及其经济增长效应——基于GMM方法的实证分析[J].经济经纬,2013,(1):6-10.

[61] 苏宁.美国大都市区创新空间的发展趋势与启示[J].城市发展研究,2016,(12):56-78.

[62] 谭崇台.发展经济学[M].山西:山西经济出版社,2001.

[63] 汤尚颖,孔雪.区域空间形态创新理论的发展与前沿[J].数量经济技术经济研究,2011,(2):148-161.

[64] 汤尚颖.中部地区区域空间形态创新发展路径选择研究[J].宏观经济管理,2009,(6):40-44.

[65] 汤长安,张丽家,殷强.中国战略性新兴产业空间格局演变与优化[J].经济地理,2018,38(5):101-107.

[66] 万钢.把握全球产业调整机遇,培育和发展战略性新兴产业[J].求是,2010,(01):28-30.

[67] 王炳根.中集:布局 LNG 海外业务[J].股市动态分析,2017,(12):32-35.

[68] 王承云,张婷婷.长三角地区研发产业的空间结构演化[J].地理科学进展,2012,31(8):989-996.

[69] 王承云.日本研发产业的空间集聚与影响因素分析[J].地理学报,2010,65(4):387-396.

[70] 王发明,朱美娟.创新生态系统价值共创行为协调机制研究[J].科研管理,2019,40(5):71-79.

[71] 王力年.区域经济系统协同发展理论研究[D].长春:东北师范大学博士学位论文,2012.

[72] 王立平.我国高校 R&D 知识溢出的实证研究:以高技术产业为例[J].中国软科学,2005,(12):54-59.

[73] 王利政.我国战略性新兴产业发展模式分析[J].中国科技论坛,2011,(1):8-9.

[74] 王珊珊,邓守萍,Sarah,等华为公司专利产学研合作:特征、网络演化及其启示[J].科学学研究,2018,36(04):701-713,768.

[75] 魏后凯.大都市区新型产业分工与冲突管理——基于产业链分工的视角[J].中国工业经济,2007,(2):28-34.

[76] 魏江,李拓宇,赵雨菡.创新驱动发展的总体格局、现实困境与政策走向[J].中国软科学,2015(05):21-30.

[77] 魏江,王铜安,陆江平.知识密集型服务企业创新组织结构特征及其与创新绩效关系实证研究[J].管理工程学报,2009,23(3):103-110.

[78] 邬滋.新集聚的空间分布与空间关联模式[J].经济与管理研究,2010,(3):38-41.

[79] 吴福象,王新新.行业集中度、规模差异与创新绩效——基于 GVC 模式下要素集聚对战略性新兴产业创新绩效影响的实证分析[J].上海经济研究,2011,(7):69-76.

[80] 吴建楠,曹有挥,姚士谋,梁双波.基础设施与区域经济系统协调发展分析[J].经济地理,2009,29(10):1624-1628.

[81] 吴玉鸣,何建坤.研发溢出、区域创新集群的空间计量经济分析[J].管理科学学报,2008,11(4):59-66.

[82] 夏丽娟,谢富纪,王海花.制度邻近、技术邻近与产学协同创新绩效:基于产学联合专利数据的研究[J].科学学研究,2017,35(5):782-791.

[83] 熊勇清,李世才.战略性新兴产业与传统产业的良性互动发展[J].科技进步与对策,2011,28(5):54-58.

[84] 徐维祥,汪彩君,唐根年.中国制造业资本积累动态效率变迁及其与空间集聚关系研究[J].中国工业经济,2011,(3):78-87.

[85] 徐鑫,姜斯韵,成卓.我国战略性新兴产业空间布局的理论探讨[J].工业经济论坛,2015,2(2):9-22.

[86] 薛澜,林泽梁,梁正,等.世界战略性新兴产业的发展趋势对我国的启示[J].中国软科学,2013,(5):18-26.

[87] 阎萍.日本产业技术政策探析[J].日本研究,2009,(4):52-56.

[88] 姚愉芳.中国经济增长与可持续发展——理论、模式、应用[M].北京:社会科学文献出版社,1998.

[89] 姚芸芸,蔺楠,余淑萍.我国战略性新兴产业集群公共风险资本与私人风险资本介入研究[J].科技进步与对策,2012,29(19):55-58.

[90] 于新东,牛少凤,于洋.培育发展战略性新兴产业的背景分析、国际比较与对策研究[J].经济研究参考,2011,(16):2-39.

[91] 郁建兴,王茵.光伏产业财政补贴政策的作用机制——基于两家光伏企业的案例研究[J].经济社会体制比较,2017,32(4):127-138.

[92] 喻登科,涂国平,陈华.战略性新兴产业集群协同发展的路径与模式研究[J].科学学与科学技术管理,2012,33(4):114-120.

[93] 袁康,汤超颖,李美智,等.导师合著网络对博士生科研产出的影响[J].管理评论,2016,28(9):228-237.

[94] 原长弘,田元强,佘建华.用案例研究方法构建产学研合作理论探析[J].科研管理,2013(1):140-146.

[95] 张公嵬,梁琦.产业转移与资源的空间配置效应研究[J].产业经济评论,2010,9(3):1-21.

[96] 张纪.产品内国际分工中的收益分配——基于笔记本电脑商品链的分析[J].中国工业经济,2006(7):36-44.

[97] 张庆昌,唐红.信息不对称条件下的中国民营企业技术创新[J].产业经济研究,2010,(1):76-83.

[98] 张庆丰.打造战略性新兴产业集群的十项措施[J].现代经济信息,2011,(16):287-287.

[99] 赵改栋,赵花兰.产业——空间结构:区域经济增长的结构因素[J].财经科学,2002,(02):112-115.

[100] 郑刚,郭艳婷,罗光雄,等.新型技术追赶、动态能力与创新能力演化——中集罐箱案例研究[J].科研管理,2016,37(3):31-41.

[101] 郑贤玲.中集:可以复制的世界冠军[M].北京:机械工业出版社,2012.

[102] 周立,吴玉鸣.中国区域创新能力:因素分析与聚类研究——兼论区域创新能力综合评价的因素分析替代方法[J].中国软科学,2006,(8):96-103.

[103] 周清杰.演化经济学企业理论的基本逻辑与分析框架[J].外国经济与管理,2006,(04):9-14.

[104] 朱晓明.走向数字经济[M].上海:上海交通大学出版社,2018.

[105] 庄德林,杨羊,晋盛武.基于战略性新兴产业的长江三角洲城市网络结构演变研究[J].地理科学,2017,12(04):69-76.

[106] 邹秀萍,徐增让,胥彦玲.德国风电技术创新集群的空间演化机制分析[J].科研管理,2014,35(12):69-75.

[107] ALEXY O, GEORGE G, SALTER A I. Cui bono? the selective revealing of knowledge and its implications for innovative activity

[J]. Academy of Management Review, 2013, 38(2):270-291.

[108] ANDERSSON R, JOHN M. Quigley agglomeration and the spatial distribution of creativity [J]. Papers in Regional Science, 2005, 84(3):445-464.

[109] ARBIA G, ESPA G, GIULIANI D. Spatio-temporal clustering in the pharmaceutical and medical device manufacturing industry: A geographical micro-level analysis [J]. Regional Science and Urban Economics, 2014, 49(3):298-304.

[110] AWATE S, AJITH V. AJWANI-RAMCHANDANI R. Catch-up as a Survival Strategy in the Solar Power Industry[J]. Journal of International Management, 2018, 24(2):179-194.

[111] BADE F J, BODE E, CUTRINI E. Spatial fragmentation of industries by functions[J]. Annals of Regional Science, 2015, 54(1):215-250.

[112] BAHLMANN M D. Geographic Network Diversity: How does it Affect Exploratory Innovation? [J]. Industry and Innovation, 2014, 21(7):633-654.

[113] BATHELT H, LI P F. Global cluster networks-foreign direct investment flows from Canada to China [J]. Journal of Economic Geography, 2014, 14(1):45-71.

[114] BAUERNSCHUSTER S, FALCK O. Culture, spatial diffusion of ideas and their long-lasting imprints-evidence from Froebel's kindergarten movement [J]. Journal of Economic Geography, 2015, 15(3):601-630.

[115] BENDLE N, VANDENBOSCH M. Competitor orientation and the evolution of business markets[J]. Marketing Science, 2014, 21(33):781-795.

[116] BETTENCOURT L M A, LOBO J, STRUMSKY D.

Invention in the city: increasing returns to patenting as a scaling function of metropolitan size[J]. Research Policy, 2007, 36(1):107-120.

[117] BI J X. SARPONG, D. B. From imitation to innovation: The discursive processes of knowledge creation in the Chinese space industry[J]. Technological Forecasting and Social Change, 2017, 34(120):261-270.

[118] BINZ C, TRUFFER B, COENEN L. Why space matters in technological innovation systems – Mapping global knowledge dynamics of membrane bioreactor technology[J]. Research Policy, 2014, 43(1):138-155.

[119] BOTCHIE D, SARPONG D, BI J X. A comparative study of appropriateness and mechanisms of hard and soft technologies transfer[J]. Technological Forecasting and Social Change, 2018, 131(3):214-226.

[120] BRAKMAN S, GARRETSEN H, ZHAO Z. Spatial concentration of manufacturing firms in China[J]. Papers in Regional Science, 2017, 96(1):179-214.

[121] BYCHKOVA, Olga. Innovation by coercion: Emerging institutionalization of university – industry collaborations in Russia[J]. Social Studies of Science, 2016, 46(4):511-535.

[122] CANAY I A. A simple approach to quantile regression for panel data[J]. Econometrics Journal, 2011, 14(3), 368-386.

[123] CARAGLIU A, NIJKAMP P. Space and knowledge spillovers in European regions: the impact of different forms of proximity on spatial knowledge diffusion[J]. Journal of Economic Geography, 2016, 16(3):749-774.

[124] CARDAMONE P, SCOPPOLA M. The pattern of EU FDI in

the manufacturing industry: What role do third country effects and trade policies play? [J]. Annals of Regional Science, 2015, 54(2):511-532.

[125] CARSTEN M K, UHL-BIEN, MARY, WEST B J. Exploring social constructions of followership: A qualitative study [J]. Leadership Quarterly, 2010, 21(3):543-562.

[126] CHAN K, VASARDANI M, WINTER S. Getting Lost in Cities: Spatial Patterns of Phonetically Confusing Street Names [J]. Transactions in Gis, 2015, 19(4):535-562.

[127] CHEN S H, LIN W T. Analyzing determinants for promoting emerging technology through intermediaries by using a DANP-based MCDA framework [J]. Technological Forecasting and Social Change, 2018, 131:94-110.

[128] CHEN Y, LIU B S, SHEN Y H. Spatial analysis of change trend and influencing factors of total factor productivity in China's regional construction industry [J]. Applied Economics, 2018, 50(25): 2824-2843.

[129] COLEMAN J S. Social capital in the creation of human capital [J]. American Journal of Sociology, 1988, 94: 95-120.

[130] COLOMBELLI A, KRAFFT J, QUATRARO F. The emergence of new technology-based sectors in European regions: A proximity-based analysis of nanotechnology [J]. Research Policy, 2014, 43(10):1689-1696.

[131] DAHLANDER L, MCKELVEY M. The occurrence and spatial distribution of collaboration: biotech firms in Gothenburg, Sweden [J]. Technology Analysis & Strategic Management, 2005, 17(4):409-431.

[132] DAIM T U, YOON B S, Lindenberg, John. Strategic road

mapping of robotics technologies for the power industry: A multicriteria technology assessment [J]. Technological Forecasting and Social Change, 2018, 131:49-66.

[133] DING J, HUANG R. Multiscale analysis of innovation difference in the Yangtze river economic belt based on the number of patents[J]. Resources and Environment in the Yangtze Basin, 2016, 25(6): 868-876.

[134] DURANTONG, PUGA D. From sectorto functional urban specialization[C]. Cambridge, MA. 2002, National Bureau of Economic Research.

[135] DUTTA D K, GWEBU K L, WANG J. Personal innovativeness in technology, related knowledge and experience, and entrepreneurial intentions in emerging technology industries: a process of causation or effectuation? [J]. International Enterpreneurship and Management Journal, 2015, 11(3):529-555.

[136] DYER W G, WILKINS A L. Better Stories, not better constructs, to generate better theory: a rejoinder to Eisenhardt [J]. Administrative Science Quarterly, 1991, 16(3):613-619.

[137] EISENHARDT K M. Building theories from case study research [J]. Academy of Management Review, 1989, (14):532-550.

[138] FALCK O, HEBLICH S, KIPAR S. Industrial innovation: direct evidence from a cluster - oriented policy[J]. Regional Science and Urban Economics, 2010, 40(6):574-582.

[139] FERNANDEZ LOPEZ, SARA; Perez Astray, Braulio; Rodeiropazos, David. Are firms interested in collaborating with universities? An open - innovation perspective in countries of the South West European Space[J]. Service Business, 2015, 9(4):637-662.

[140] FERRU M. Partners Connection Process and Spatial Effects: New Insights from a Comparative Inter – Organizational Partnerships Analysis[J]. European Planning Studies, 2014, 22(5):975-994.

[141] FLORES M, VILLARREAL A, FLORES S. Spatial co – location patterns of aerospace industry firms in Mexico[J]. Applied Spatial Analysis and Policy, 2017, 10(2):233-251.

[142] GALLEGO J M, GUTIERREZ L H, LEE S H. A firm – level analysis of ICT adoption in an emerging economy: evidence from the Colombian manufacturing industries[J]. Industrial and Corporate Change, 2015, 24(1):191-221.

[143] GARNSEY E, LEONG Y. Combining resource – based and evolutionary theory to explain the genesis of bio – networks[J]. Industry and Innovation, 2008, 15(6):669-689.

[144] GELDES C, FELZENSZTEIN C, PALACIOS – FENECH J. Technological and non – technological innovations, performance and propensity to innovate across industries: The case of an emerging economy[J]. Industrial Marketing Management, 2017, 61(3) :55-56.

[145] GERACIM BOTTAI M. Quantile Regression for Longitudinal Data Using the Asymmetric Laplace Distribution[J]. Biostatistics, 2007, 8(1):140-154.

[146] GERACI M, BOTTAI M. Linear Quantile Mixed Models[J]. Statistics and Computing, 2014, 24(3), 461-479.

[147] GHANI E, KERR W R. O'CONNELL, STEPHEN. Spatial Determinants of Entrepreneurship in India [J]. Regional Studies, 2014, 48(6):1071-1089.

[148] GIULIANI D, ARBIA G, ESPA G. Weighting Ripley's K –

Function to Account for the Firm Dimension in the Analysis of Spatial Concentration [J]. International Regional Science Review, 2014, 37(3):251-272.

[149] GLAESER E L, KERR W R. Local industrial conditions and entrepreneurship: how much of the spatial distribution can We explain[J]. Journal of Economics & Management Strategy, 2009, 18(3):623-663.

[150] GOERZEN A. Small Firm Boundary - spanning via Bridging Ties: Achieving International Connectivity via Cross - border Inter - cluster Alliances [J]. Journal of International Management, 2018, 24(2):153-164.

[151] GORGOGLIONE M, PETRUZZELLI A M, PANNIELLO U. Innovation through tradition in the Italian coffee industry: an analysis of customers' perceptions [J]. Review of Managerial Science, 2018, 12(3):661-682.

[152] GRANGER R C. Spatial - Relational Mapping in Socio - Institutional Perspectives of Innovation [J]. European Planning Studies, 2014, 22(12):2477-2489.

[153] GRILICHES Z. Patent statistics as economic indicators: a survey[J]. Journal of Economic Literature, 1990, 28(28): 1661-1707.

[154] GUIMON J, CHAMINADE C, MAGGI C. Policies to Attract R & D - related FDI in Small Emerging Countries: Aligning Incentives With Local Linkages and Absorptive Capacities in Chile[J]. Journal of International Management, 2018, 24(2): 165-178.

[155] HANA D. Hellebrandova, Lenka. Spatial and sectoral differentiation of support to innovative companies from EU

funds in Czechia[J]. European Planning Studies, 2018, 26(8): 1598-1615.

[156] HANSEN U E, OCKWELL D. Learning and technological capability building in emerging economies: The case of the biomass power equipment industry in Malaysia. [J]. Technovation, 2014, 34(10):617-630.

[157] HAGRDOOM J, CLOODT M. Measuring innovative performance: is there an advantage in using multiple indicators? [J]. Research Policy, 2003, 32(8):1365-1379.

[158] HOHBERGER J, ALMEIDA P, PARADA P. The direction of firm innovation: The contrasting roles of strategic alliances and individual scientific collaborations[J]. Research Policy, 2015, 44(8):1473-1487.

[159] HOOGE S, KOKSHAGINA O, LE M P. Gambling versus Designing: Organizing for the Design of the Probability Space in the Energy Sector[J]. Creativity and Innovation Management, 2016, 25(4):464-483.

[160] HU M C. Technological Innovation Capabilities in the Thin Film Transistor - Liquid Crystal Display Industries of Japan, Korea, and Taiwan[J]. Research Policy, 2012, 41(3):541-555.

[161] HUANG Y, PORTER A L, CUNNINGHAM S W. A technology delivery system for characterizing the supply side of technology emergence: Illustrated for Big Data & Analytics[J]. Technological Forecasting and Social Change, 2018, 130:165-176.

[162] HUANG Y C, SWAMIDASS P, RAJU D A. The nature of innovation in emerging industries in China: an exploratory study[J]. Journal of Technology Transfer, 2016, 41(3):451-468.

[163] HUNT R A. An opportunity space odyssey: historical exploration of demand-driven entrepreneurial innovation[J]. European Journal of Innovation Management, 2018, 21(2): 250-273.

[164] HURTADO-TORRES N E, ALBERTO ARAGON-CORREA J, ORTIZ-DE-MANDOJANA N. How does R&D internationalization in multinational firms affect their innovative performance? The moderating role of international collaboration in the energy industry[J]. International Business Review, 2018, 27(3):514-527.

[165] ISABELLA R F. International technological dynamics in production sectors: An empirical analysis[J]. Cepal Review, 2015, 115:23-39.

[166] ISABELLA R F. Compact organizational space and technological catch-up: Comparison of China's three leading automotive groups [J]. Research Policy, 2015, 44(1):258-272.

[167] IVANOVA I A, LEYDESDORFF L. Rotational symmetry and the transformation of innovation systems in a Triple Helix of university-industry-government relations[J]. Technological Forecasting and Social Change, 2014, 86(4):143-156.

[168] KIROFF L. Auckland and the creative industries: the spatial distribution of the design subsector[J]. Urban Geography, 2017, 38(10):1573-1602.

[169] KOENKER R. Quantile regression for longitudinal data[J]. Journal of Multivariate Analysis, 2004, 91(1):74-89.

[170] KRUGMAN P R. Increasing returns, industrialization, and indeterminacy of equilibrium[J]. The Quarterly Journal of Economics, 1991, 32(11):469-478.

[171] KUECHLE G. Reginal concentration of entrepreneurial activities [J]. Journal of Economic Behavior and Organization, 2014, 21(102):59-73.

[172] LAVIE D. Capability Reconfiguration: An Analysis of Incumbent Responses to Technological Change[J]. Academy of Management Review, 2006, 31(1):153-174.

[173] LEMOINE F, PONCET S, UENAL D. Spatial rebalancing and industrial convergence in China [J]. China Economic Review, 2015, 34(4):39-63.

[174] LI D Y, HUANG M, REN S G. Environmental legitimacy, green innovation, and corporate carbon disclosure: evidence from CDP China [J]. Journal of Business Ethics, 2018, 150(4):1089-1104.

[175] LI J M, ZHANG W Z, CHEN H X. The spatial distribution of industries in transitional China: A study of Beijing[J]. Habitat International, 2015, 49(12):33-44.

[176] LI T, LIU J M, ZHU H. The international investment in theme parks: Spatial distribution and decision-making mechanism, an empirical study for China [J]. Tourism Management, 2018, 67(7):342-350.

[177] LI X B. Exploring the spatial heterogeneity of entrepreneurship in Chinese manufacturing industries[J]. Journal of Technology Transfer, 2017, 42(5):1077-1099.

[178] LICHTENTHALER U. Absorptive Capacity, Environmental Turbulence, and the Complementarily of Organizational Learning Process [J]. Academy of Management Journal, 2009, 52(4):822-845.

[179] LIU H, SILVA E. Examining the dynamics of the interaction

between the development of creative industries and urban spatial structure by agent-based modelling: A case study of Nanjing, China[J]. Urban Studies, 2018, 5(5):1013-1032.

[180] LIU X F, CHEN J, XIE Y Y. Strategic transformation through innovation in emerging industry: a case study [J]. International Journal of Technology Management, 2016, 72(3):192-209.

[181] LIU Y C, YANG W, MAI C C. Identifying determinants of branch performances in agricultural bank of China: a spatial econometric approach[J]. World Economy, 2015, 38(1):21-47.

[182] LO TURCO A, MAGGIONI D. On firms' product space evolution: the role of firm and local product relatedness[J]. Journal of Economic Geography, 2016, 16(5):975-1006.

[183] LOPEZ F A, PAEZ A. Spatial clustering of high-tech manufacturing and knowledge-intensive service firms in the Greater Toronto Area[J]. Canadian Geographer - Geographe Canadien, 2017, 61(2):240-252.

[184] MAGNUSSON T, BERGGREN C. Competing innovation systems and the need for redeployment in sustainability transitions[J]. Technological Forecasting and Social Change, 2018, 126(23):217-230.

[185] MAINE ELICIA, THOMAS V J, Utterback James. Radical innovation, from the confluence of technologies: Innovation management strategies for the emerging nanobiotechnology industry [J]. Journal of Engineering and Technology Management, 2014, 32(S1):1-25.

[186] MARCON E, PUECH F. A typology of distance-based

measures of spatial concentration[J]. Regional Science and Urban Economics, 2017, 62(9):56-67.

[187] MARIOTTI I, PACCHI C, DI V S. Co-working Spaces in Milan: Location Patterns and Urban Effects[J]. Journal of Urban Technology, 2017, 24(3):47-66.

[188] MASSARD N, MEHIER C. Proximity and innovation through an 'accessibility to knowledge' lens[J]. Regional Studies, 2009, 43(1):77-88.

[189] MCCOLL-KENNEDY J R, CHEUNG L, FERRIER E. Co-creating service experience practices[J]. Journal of Service Management, 2015, 26(2):249-275.

[190] MCGUIRE STEVEN, ISLAM N. Indigenous technological capabilities, emerging market firms and the aerospace industry[J]. Technology Analysis & Strategic Management, 2015, 27(7):739-758.

[191] MCKELVEY M. Firms navigating through innovation spaces: a conceptualization of how firms search and perceive technological, market and productive opportunities globally[J]. Journal of Evolutionary Economics, 2016, 26(4):785-802.

[192] MIGUELEZ E, MORENO R, SURINACH J. Inventors on the move: tracing inventor's mobility and its spatial distribution[J]. Papers in Regional Science, 2010, 89(2):251-274.

[193] MOEHRLE M G, WUSTMANS M, GERKEN J M. How business methods accompany technological innovations — a case study using semantic patent analysis and a novel informetric measure[J]. R & D Management, 2018, 48(3):331-342.

[194] MONTEALEGRE R. A Process Model of Capability Development: Lessons from the Electronic Commerce Strategy at Bolsa de Valoresde Guayaquil[J]. Organization Science, 2002, 5(13): 514-531.

[195] MORI T, SMITH T E. On the spatial scale of industrial agglomerations[J]. Journal of Urban Economics, 2015, 89(2): 1-20.

[196] MORKUTE G, KOSTER S, VAN D J. Employment growth and inter - industry job reallocation: spatialpatterns and relatedness[J]. Regional Studies, 2017, 51(6):958-971.

[197] MUKIM M. Does agglomeration boost innovation: an econometric evaluation[J]. Spatial Economic Analysis, 2012, 7(3):357-380.

[198] NAN D, LIU F C, MA R K. Effect of proximity on recombination innovation in R&D collaboration: an empirical analysis[J]. Technology Analysis & Strategic Management, 2018, 30(8):921-934.

[199] NEWELL J P, SIMEONE J. Russia's forests in a global economy: how consumption drives environmental change[J]. Eurasian Geography and Economics, 2014, 55(1):37-70.

[200] NILSSON I M, SMIRNOV O A. Clustering vs. relative location: Measuring spatial interaction between retail outlets[J]. Papers in Regional Science, 2017, 96(4):721-732.

[201] PAN F H, ZHAO S X B, WOJCIK, DARIUSZ. The rise of venture capital centres in China: A spatial and network analysis[J]. Geoforum, 2016, 75(7):148-158.

[202] PELAEZ A, YU M Y, LANG K R. Social Buying: The Effects of group size and communication on buyer performance [J]. International Journal of Electronic Commerce, 2013, 18 (2):

127-157.

[203] PINHEIRO J C, BATES D M. Mixed-Effects models in S and S-PLUS[M]. Springer-Verlag, 2000, New York.

[204] PINKSE, JONATAN; BOHNSACK, RENE; KOLK, ANS. The role of public and private protection in disruptive innovation: the automotive industry and the emergence of low-emission vehicles [J]. Journal of Product Innovation Management, 2014, 31(1):43-60.

[205] PRUD'HOMME, DAN. Dynamics of China's provincial-level specialization in strategic emerging industries[J]. Research Policy, 2016, 45(8):98-115.

[206] RANDALL R, RAMASWAMY V, OZCAN K. Strategy and co-creation thinking[J]. Strategy & Leadership, 2013, 41(6):5-10.

[207] REICH B J, BONDELL H D, WANG H J. Flexible bayesian quantile regression forinde-pendent and clustered data [J]. Biostatistics, 2010, 11(2), 337-352.

[208] Relationality in the service logic of value creation[J]. Journal of Services Marketing, 2015, 29(6/7):463-471.

[209] RONG K, SHI Y J, SHANG T J. Organizing business ecosystems in emerging electric vehicle industry: Structure, mechanism, and integrated configuration[J]. Energy Policy, 2017, 107:234-247.

[210] RUNIEWICZ-WARDYN, Malgorzata. Geographic and technological pattern of knowledge spilloversas evidenced by technical universities in CEE Countries[J]. Inzinerine Ekonomika-Engineering Economics, 2014, 25(4):466-473.

[211] SAFARZYNSKA K, BERGH V D, JEROEN C J M. An

evolutionary model of energy transitions with interactive innovation – selection dynamics [J]. Journal of Evolutionary Economics, 2013, 23(2):271-293.

[212] SAKAI T, KAWAMURA K, HYODO T. Spatial reorganization of urban logistics system and its impacts: Case of Tokyo[J]. Journal of Transport Geography, 2017, 60(10):110-118.

[213] SALGE T O, BARRETT M I, DOPSON S. When Does Search Openness Really Matter? A Contingency Study of Health – Care Innovation Projects [J]. Journal of Product Innovation Management, 2013, 30(4):1-17.

[214] SCHOLL T, GARAS A, SCHWEITZER F. The spatial component of R&D networks[J]. Journal of Evolutionary Economics, 2018, 28(2):417-436.

[215] SHEN Z X, SHANG Y Y. Financial payoff in patent alliance: evolutionary dynamics modeling [J]. IEEE Transactions on Engineering Management, 2014, 61(4):730-737.

[216] SI L B, QIAO H Y. Evaluation of technological innovation efficiency in equipment manufacturing industry based on input orientation — Panel data analysis based on data envelopment model[J]. Journal of Discrete Mathematical Sciences & Cryptography, 2017, 20(6):1381-1386.

[217] SIGLER T, SEARLE G, MARTINUS K. Metropolitan land – use patterns by economic function: a spatial analysis of firm headquarters and branch office locations in Australian cities[J]. Urban Geography, 2016, 37(3):416-435.

[218] SMIRNOVA Y V. University – industry knowledge transfer in an emerging economy: Evidence from Kazakhstan[J]. Science and Public Policy, 2016, 43(5):702-712.

[219] SOHN J. Industry classification considering spatial distribution of manufacturing activities[J]. Area, 2014, 46(1):101-110.

[220] SONG B D, KO Y D. Quantitative approaches for economic use of emerging technology in the tourism industry: unmanned aerial vehicle systems[J]. Asia Pacific Journal of Tourism Research, 2017, 22(12):1207-1220.

[221] SONNENBURG F, BRAUN B. impact of airports on spatial patterns of metropolitan employment: the case of Australia[J]. Erdkunde, 2017, 71(4):287-300.

[222] SOSKICE D W, HALL P A. Varieties of Capitalism: The Institutional Foundations of Comparative Advantage[M]. Oxford University Press Oxford, 2001.

[223] STARE M, KRIZAJ D. Evolution of an innovation network in tourism: towardssectoral innovation eco-system[J]. Amfiteatru Economic, 2018, 20(48):438-453.

[224] STUART T E, SORENSON O. Liquidity events and the geographic distribution of entrepreneurial activity[J]. Administrative Science Quarterly, 2003, 48(2):175-201.

[225] SUN L Y, MIAO C L, YANG L. Ecological-economic efficiency evaluation of green technology innovation in strategic emerging industries based on entropy weighted TOPSIS method[J]. Ecological Indicators, 2017, 73(2):554-558.

[226] SUN Y M, LU Y L, WANG T Y, et al. Pattern of patent-based environmental technology innovation in China[J]. Technological Forecasting & Social Change, 2008, 75(6):1032-1042.

[227] SWEENEY S, GOMEZ-ANTONIO M. Localization and industry clustering econometrics: an assessment of gibbs

models for spatial point processes[J]. Journal of Regional Science, 2016, 56(2):257-287.

[228] TABUCHI T, THISSE J F, ZHU X W. Does OES technological progress magnify regional disparities?[J]. International Economic Review, 2018, 59(2):647-663.

[229] TAN L L, ZENG D Z. Spatial inequality between developed and developing economies[J]. Papers in Regional Science, 2014, 93(2):345-358.

[230] THI X N, DIEZ J R. Multinational enterprises and industrial spatial concentration patterns in the Red River Delta and Southeast Vietnam[J]. Annals of Regional Science, 2017, 59(1):101-138.

[231] TREVINO C, JESUS A. Mapping poverty and its spatial hierarchy in mexico. a new method for identifying the spatial pattern of social problems[J]. Trimestre Economica, 2016, 83(332):679-723.

[232] TSAI H T, HUANG S Z, WANG C H. Cross-border R&D alliance networks: an empirical study of the umbilical cord blood banking industry in emerging markets[J]. Asian Journal of Technology Innovation, 2015, 23(3):383-406.

[233] VALVERDE R, SAADE R G. The effect of e-supply chain management systems in the north american electronic manufacturing services industry[J]. Journal of Theoretical and Applied Electronic Commerce Research, 2015, 10(1):79-98.

[234] VARGO S L, LUSCH R F. Institutions and axioms: an extension and update of service-dominant logic[J]. Journal of the Academy of Marketing Science, 2016, 44(1):5-23.

[235] VARGO S L, LUSCH R F. Service-dominant logic: continuing the evolution[J]. Journal of the Academy of Marketing Science, 2008, 36(1):1-10.

[236] VARGO S L, LUSCH R F. From repeat patronage to value co-creation in service ecosystems: a transcending conceptualization of relationship[J]. Journal of Business Market Management, 2010, 4(4):169-179.

[237] VERSPAGEN B, SCHOENMAKERS W. The spatial dimension of patenting by multinational firms in Europe[J]. Journal of Economic Geography, 2004, 4(4):23-42.

[238] VIDOLI F, CARDILLO C, FUSCO E. Spatial nonstationarity in the stochastic frontier model: An application to the Italian wine industry[J]. Regional Science and Urban Economics, 2016, 61(5):153-164.

[239] VILLANI E, RASMUSSEN E, GRIMALDI R. How intermediary organizations facilitate university-industry technology transfer: a proximity approach[J]. Technological Forecasting and Social Change, 2017, 114:86-102.

[240] WANG C H, QUAN X H. the effect of r&d alliance diversity and network position on firm innovation performance: evidence from the emerging biotechnology industry[J]. Science Technology and Society, 2017, 22(3):407-424.

[241] WANG Y S, HSU T H. Dynamic capabilities of biologics firms in the emerging business market: Perspective of dynamic capabilities evident[J]. Industrial Marketing Management, 2018, 71(3):5-18.

[242] WANG Y Y, KOCKELMAN K M, DAMIEN P. A spatial autoregressive multinomial probit model for anticipating land-

use change in Austin, Texas[J]. Annals of Regional Science, 2014, 52(1):251-278.

[243] WASSMANN P, SCHILLER D, THOMSEN S L. Spatial cooperation patterns and their impact on innovation outcomes: lessons from firms in a low - technology region[J]. European Planning Studies, 2016, 24(5):833-864.

[244] WATKINS A R. The spatial distribution of economic activity in Melbourne, 1971-2006[J]. Urban Geography, 2014, 35(7): 1041-1065.

[245] WINTERHALTER S, ZESCHKY M B, NEUMANN L. Business models for frugal innovation in emerging markets: the case of the medical device and laboratory equipment industry [J]. Technovation, 2017, 66:3-13.

[246] WONG C Y, FUNG H N. Science - technology - industry correlative indicators for policy targeting on emerging technologies: exploring the core competencies and promising industries of aspirant economies[J]. Scientometrics, 2017, 111 (2):841-867.

[247] WU C Y, WEI Y H D, HUANG X J. Economic transition, spatial development and urban land use efficiency in the Yangtze River Delta, China[J]. Habitat International, 2017, 63(9):67-78.

[248] XIE X, FANG L, ZENG S. Collaborative innovation network and knowledge transfer performance: A fsQCA approach[J]. Journal of Business Research, 2016, 69(11): 5210-5215.

[249] YAN W, CUI Z J, ALVAREZ G, MARIA JOSE. Assessing the impact of environmental innovation in the airline industry: An empirical study of emerging market economies [J]. Environmental Innovation and Societal Transition, 2016, 21

(3):80-94.

[250] YANG C. Government policy change and evolution of regional innovation systems in China: evidence from strategic emerging industries in Shenzhen[J]. Environment and Planning C - Government and Policy, 2015, 33(3):661-682.

[251] YANG Z S, SONG T, CHAHINE T. Spatial representations and policy implications of industrial co-agglomerations, a case study of Beijing [J]. Habitat International, 2016, 55(4): 32-45.

[252] YAO Y C, WANG Y, XING L N. An optimization method of technological processes to complex products using knowledge-based genetic algorithm [J]. Journal of Knowledge Management, 2015, 19(1):82-94.

[253] YIN P L, DAVIS J P, MUZYRUA Y. Entrepreneurial innovation: killer Apps in the iphone ecosystem[J]. Discussion Papers, 2014, 104(5):255-259(5).

[254] YIN C H, HE Q S, LIU Y F. Inequality of public health and its role in spatial accessibility to medical facilities in China[J]. Applied Geography, 2018, 92(9):50-62.

[255] YU J, XIAO X, ZHANG Y. From concept to implementation: The development of the emerging cloud computing industry in China [J]. Telecommunications Policy, 2016, 40(3):130-146.

[256] YU W J, ZHOU W Q. Spatial pattern of urban change in two Chinese megaregions: contrasting responses to national policy and economic mode[J]. Science of the Total Environment, 2018, 634(34):1362-1371.

[257] ZHOU J H, JIAO H, LI J Z. Providing appropriate technology for emerging markets: case study on China's solar

thermal industry[J]. Sustainability, 2017, 9(2):178-192.

[258] ZHOU L, XIONG L Y. Natural topographic controls on the spatial distribution of poverty-stricken counties in China[J]. Applied Geography, 2018, 90(10):282-292.